기호적 인간

기호적 경험의 체험주의적 해명

Homo Symbolicus
The Experientialist Account of Symbolic Experience

기호적 인간

기호적 경험의 체험주의적 해명

노양진 지음

기호적 인간
기호적 경험의 체험주의적 해명

노양진 지음

펴낸이 | 김신혁, 이숙
펴낸곳 | 도서출판 서광사
출판등록일 | 1977. 6. 30.
출판등록번호 | 제 406-2006-000010호

(10881) 경기도 파주시 회동길 77-12 (문발동)
대표전화 (031) 955-4331   팩시밀리 (031) 955-4336
E-mail: phil6161@chol.com
http://www.seokwangsa.co.kr | http://www.seokwangsa.kr

제1판 제1쇄 펴낸날 ― 2021년 2월 28일

ISBN 978-89-306-2041-3   93160

|지은이의 말|

지난 한 세기 동안의 기호학적 탐구는 '기호'(signs)가 특수한 현상이 아니라 우리 삶에 편재적인 동시에 '인간적' 삶의 핵심적 국면이라는 사실을 확신시키기에 충분할 만큼 폭넓고 섬세한 논의를 펼쳐왔다. 그러나 이처럼 진지한 탐구의 축적에도 불구하고 정작 기호의 본성과 구조에 관한 해명은 여전히 불투명한 숙제의 하나로 남아 있다. 기호학자들은 '기호'가 '다른 무엇의 의미적 대체물로 채택될 수 있는 모든 것'[1]이라는 대체적 정의에 대부분 동의하지만, 과연 어떤 것이 어떻게 다른 것의 대체물이 될 수 있는지의 문제에 관해서는 충분한 해명에 이르지 못했기 때문이다.

필자는 전통적인 기호학적 탐구의 결정적 수수께끼가 근원적으로 부적절한 이론적 가정에서 비롯된다고 보았다. 즉 전통적인 기호학이 기호의 문제를 우리 밖의 사건이나 사태, 현상의 문제로 보았다는 것이다. 이러한 실재론적 태도에 오랫동안 가려져 왔던 중요한 국면은 기호의 산출과 관련된 우리의 인지적 작용 문제다. 필자는 기호의 문

---

1 움베르토 에코, 『일반 기호학 이론』, 김운찬 역 (서울: 열린책들, 2009), p. 23.

제가 '기호적 경험'(symbolic experience)의 문제라는 사실에 주목
했으며, 따라서 기호적 경험의 문제는 우리 경험 일반의 본성과 구조
에 관한 해명의 일부가 되어야 한다고 보았다.

필자에게 기호에 관한 이런 생각을 떠올리게 해 준 것은 '체험주
의'(experientialism)라는 새로운 철학적 시각이다. 1980년대 언어학
자인 레이코프(G. Lakoff)와 언어철학자인 존슨(M. Johnson)이 창
도했던 체험주의는 새로운 '은유'(metaphor) 이론에서 출발했다. 즉
은유는 단순한 '언어적 기교'의 문제가 아니라 우리의 사고와 행위를
이끌어 가는 핵심적 원리라는 것이다.[2] 나아가 체험주의는 새로운 경
험적 지식, 특히 '제2세대 인지과학'(the 2nd generation cognitive
science)의 탐구 성과를 적극적으로 수용함으로써 '신체화된 경험'
(embodied experience)의 본성과 구조에 대한 포괄적 해명을 시도한
다. 체험주의는 모든 경험의 뿌리가 우리의 '몸'에 근거하고 있다는
사실에 주목하며, 이를 토대로 과거 수천 년 동안 서양철학의 주류를
이루어 왔던 정신주의적 전통에 대한 체계적 비판을 시도한다.

'신체화된 경험'에 대한 체험주의의 새로운 해명은 우리 경험이 신
체적 층위에서 어떻게 정신적 층위로 확장되는지에 관해 결정적인 열
쇠를 제공해 주는데, 그 열쇠는 바로 체험주의가 제안하는 '은유적 사
상'(metaphorical mapping)이라는 인지적 기제다. 레이코프는 은유
를 "개념체계 안의 영역 간 교차사상"(cross-domain mapping in the
conceptual system)[3]이라고 말한다. 필자는 체험주의가 제안하는 '은

2 G. 레이코프 · M. 존슨, 『삶으로서의 은유』, 수정판, 노양진·나익주 역 (서울: 박
이정, 2006) 참조.

3 George Lakoff, "Contemporary Theory of Metaphor," in Andrew Ortony ed.,
Metaphor and Thought, 2nd ed. (Cambridge: Cambridge University Press,

유적 사상'이라는 인지적 기제가 바로 물리적 경험과 기호적 경험을 연결해 주는 핵심적 고리라는 사실에 주목했으며, 이런 관점에서 '은유적 사상'이라는 기제를 '기호적 사상'(symbolic mapping)이라는 개념으로 확장할 필요가 있다고 보았다.

기호 문제에 대한 필자의 관심은 사실상 의외의 경로를 따라 이루어졌다. 필자는 대학원 시절 존슨 교수의 언어철학 강의를 들으면서 필자에게는 낯설었던 이 분야에 새로운 관심을 갖게 되었으며, 박사 과정을 마친 이후에도 오랫동안 언어철학적 논의에 많은 시간을 보냈다. 그 과정에서 알게 된 것은 20세기 초반의 언어철학이 근세의 경험주의적 구도, 특히 언어가 우리 밖의 '실재'라는 실재론적 가정을 벗어나지 못하고 있다는 것이었다. 20세기 후반에 들면서 언어가 우리 밖의 사태나 사건, 현상이 아니라 우리 활동의 한 국면이라는 사실은 실용주의적 언어 이론들을 통해 선명해졌지만 그것만으로 언어의 본성과 구조가 모두 해명된 것은 아니다. 여기에서 필자는 체험주의를 따라 우리 경험을 물리적 경험과 기호적 경험으로 구분하면서 언어가 기호적 경험 층위에서 사용되는 '기표'(signifier)의 한 유형이라는 것을 깨닫게 되었다. 즉 언어는 기호적 경험을 구현하는 무한히 많은 기표들 중의 하나다.

그러나 기호적 경험의 본성과 구조에 대한 새로운 해명은 결코 간단한 것이 아니었다. 이런 작업을 위해서는 먼저 지난 한 세기 동안 '기호학'(semiotics/semiology)이라는 이름으로 이루어진 방대한 논의를 거쳐야만 했기 때문이다. 이 때문에 기호학에 관한 필자의 탐색은 새로운 것을 발견하기 위한 것이라기보다는 전통적인 기호학적 탐

1993), p. 203.

구에서 무엇이 미완의 문제로 남아 있으며, 그 이유가 무엇인지를 체험주의적으로 답할 수 있는지를 가늠하는 일이었다. 이런 관점에서 필자는 이 책에서 부분적이기는 하지만 몇몇 중요한 기호학적 숙제들에 대한 대안적 통로를 탐색하려고 했다.

돌이켜 보면 2008년 『담화와 인지』에 처음 실렸던 「기호적 경험의 체험주의적 해명」은 새로운 기호 개념의 중요성과 그 해명의 필요성에 대한 조바심 때문에 다소 성급하게 발표된 글이었다는 생각이 든다.[4] 새로운 기호 개념의 전반적 윤곽을 한 편의 논문에서 그리는 것은 사실상 거의 무모한 시도라고 할 수 있기 때문이다. 그러나 이런 성급한 출발 이후 필자는 지속적인 수정과 보완을 거쳐 기호적 경험의 본성을 '탈유폐성'(ex-carceration)으로 규정할 수 있게 되었다. 탈유폐성으로서의 기호 개념은 이후의 기호적 논의를 포괄적으로 특징지어 주는 새로운 조망점이 되었다.

'기호적 경험'에 대한 새로운 해명을 시도하면서 필자가 직면한 가장 큰 숙제의 하나는 '기호학'이라는 이름으로 지난 한 세기 동안 축적된 기호학적 탐구 성과와 한계를 적절히 이해하는 일이었다. 필자는 이런 의도로 소쉬르(F. de Saussure)에서 출발해서 들뢰즈(G. Deleuze)에 이르는 구조주의 기호학, 퍼스(C. S. Peirce)에서 에코(U. Eco)에 이르는 화용론적 기호학, 나아가 이들과는 또 다른 출발점을 갖는 카시러(E. Cassirer)의 상징형식 이론을 지탱해 주는 기본 가정들에 주목했다. 이 과정에서 필자가 중요하게 깨닫게 된 것은 이들의 섬세하고도 방대한 기호학적 논의에도 불구하고 "기호란 무엇인가?"

---

4 노양진, 「기호적 경험의 체험주의적 해명」, 『담화와 인지』, 제15권 1호 (2008 봄): 25-42 참조.

라는 근원적 물음과 "기호적 의미의 원천은 무엇인가?"라는 두 가지
핵심적 물음이 적절하게 답해지지 않았다는 사실이었다.

필자는 체험주의적 시각에서 이 물음들을 다시 물을 수 있다고 보
았다. 즉 그 물음들이 계보학적이거나 논리적으로가 아니라 '인지적
으로'(cognitively) 묻고 답할 수 있어야 한다는 것이다. 기호의 산출
과 해석으로 이루어지는 기호적 경험에 대한 체험주의적 해명은 두
가지 측면에서 전통적인 기호 개념으로부터 멀어진다.

첫째, 기호적 경험은 물리적 경험을 넘어서서 우리 경험을 확장하
는 유일한 통로다. 말하자면 기호적 경험은 물리적 경험을 토대로 창
발(emergence)하는 경험의 확장적 국면이다. 물리적 경험은 '기호적
사상'이라는 인지적 기제를 통해 기호적 층위로 확장된다. 이러한 구
도 안에서 모든 기호적 의미의 원천은 바로 물리적 경험이다.

둘째, 기호적 경험은 우리 몸의 경계를 넘어서서 타자와 의사소통
할 수 있는 유일한 통로다. 기호를 거치지 않고 타자의 경험내용에 직
접적으로 접속할 수 있는 길은 없다. 우리는 모두 자신의 경험 안에
'유폐된'(incarcerated) 존재다. 필자는 이 유폐성을 벗어나는 유일한
통로가 바로 기호적 경험이며, 이런 의미에서 기호적 경험의 본성을
'탈유폐'로 특징지었다.

비생명적 존재는 이러한 탈유폐적 동력을 갖지 못한다. 생명적 존
재만이 탈유폐적 동력을 가지며, 그런 의도로 자신의 기표를 산출하
고, 나아가 타자를 기호적으로 해석한다. 그런 의미에서 생명적 존재
만이 '기호의 주인'이 될 수 있다. 비생명적 존재는 기호적 해석의 대
상, 즉 '기표'로서만 기호 게임에 참여한다.

그러나 모든 생명체가 동일한 수준의 기호적 경험을 공유하는 것은
아니다. 인간을 제외한 생명체의 기호 활동은 일차사상으로 제한되어

있으며, 그것은 대부분 물리세계 안에서의 연관성 문제에 국한된다. 반면에 인간에게는 일차사상을 통해서 산출된 추상적 경험내용을 축적하며, 그것을 또 다른 기표에 사상하는 이차사상, 나아가 이차사상을 통해서 주어진 경험내용을 또 다른 기표에 사상하는 삼차사상 등 무한히 중층적인 기호적 사상 능력이 있다. 그렇게 탄생한 것이 우리가 흔히 '상징'(symbol)이라고 부르는 상위적 기호다. 이런 의미에서 인간만이 진정한 기호의 주인이라고 할 수 있다.

아마도 전통적인 기호학 이론에 익숙한 독자들은 이러한 폭넓은 기호 이론의 가능성을 과거의 기호 이론에서도 찾을 수 있을 것으로 기대할지도 모른다. 그러나 '기호적 사상'이라는 인지적 기제를 받아들이지 않는 한 과거의 기호 이론은 체험주의의 기호 이론과는 결코 융합될 수 없을 뿐만 아니라 그 이론들 스스로 산출한 이론적 수수께끼 또한 결코 해소할 수 없을 것이다. 필자는 이 책에서 체험주의 기호 개념의 서술을 통해 전통적인 기호 이론들과의 차이 또한 분명하게 드러날 것으로 기대하며, 그렇게 드러날 차이가 바로 새로운 기호 이론 탐색의 중요한 동기이자 이유가 될 것이다.

이 책은 학회지에 이미 발표된 몇 편의 논문을 포함하고 있다. 각각의 논문은 다른 주제들을 다루고 있다. 새로운 기호적 개념에 관한 기본적 서술은 부분적으로 반복되어 나타나지만 독립적인 글이라는 점을 감안해 그대로 두었다. 발표된 논문들에 부분적인 수정을 했지만 그것은 대부분 책으로서의 편제를 위한 형식적인 것들이다. 특히 제6장 「상징의 탄생: 퍼스와 상징의 문제」는 「퍼스와 상징의 문제」라는 제목으로 학회지에 처음 발표되었으며, 제목을 수정했다. 이미 발표된 논문의 출처는 다음과 같다.

제3장 「기호의 전이」. 『철학연구』, 제149집 (2019 봄): 113-31.

제4장 「기호적 어포던스에 관하여」, 『범한철학』, 제95집 (2019 겨울): 175-97.

제5장 「퍼스와 상징의 문제」. 『철학연구』, 제152집 (2019 겨울): 59-79.

제6장 「예술의 기호」. 『현대문학이론연구』, 제40집 (2010 봄): 5-25.

제7장 「기호의 역전」. 『담화와 인지』, 제27권 3호 (2020): 47-62.

〈보론 1〉「퍼스의 기호 개념과 기호 해석」. 『철학논총』, 제83집 1권 (2016): 95-110.

〈보론 2〉「설과 사회적 실재의 구성」. 『범한철학』, 제64집 (2012 봄): 199-221.

〈보론 3〉「설의 사회적 실재와 '비대응 Y항' 문제」. 『철학연구』, 제141집 (2017 봄): 43-62.

이 책은 결코 필자 혼자만의 산물이 아니다. 이 책에 담긴 생각과 논의는 부분적으로 혹은 간접적으로 많은 분들에게 빚지고 있다. 먼저 필자에게 철학적 사유의 길을 열어 주신 존슨 교수에게 언제나처럼 깊은 존경과 감사를 표하고 싶다. '체험주의'라는 새로운 철학적 흐름의 창도자인 존슨 교수는 서던일리노이대학교(Southern Illinois University at Carbondale)에서 필자의 박사과정 지도교수였다. 이 책에서 전개된 기호 이론은 사실상 체험주의 은유 이론의 극단적인 확장이라고 말할 수 있다. 전남대학교 철학과의 이중표 교수님은 기나긴 대화를 통해 필자에게 중관불교의 철학적 특성을 이해하는 길을 열어 주셨다. 중관불교에 대한 이해는 필자에게 기호의 본성은 물론 철학적 이론들의 본성을 새롭게 비추어볼 수 있는 값진 조망점을 제시해 주었다. 또 원고의 섬세한 교열을 통해 크고 작은 문제들을 바로 잡아 준 전남대학교 철학과의 전경진 박사, 김혜영 박사에게도 깊은 감사를 표하고 싶다.

여기에서 특별한 방식으로 감사를 표해야 할 분들이 있다. 기호와 관련된 필자의 논의를 각각의 소논문으로 투고했을 때 심사를 해 주신 익명의 심사자들이다. 체험주의 기호 개념의 전체적인 구도가 드러나지 않은 채 각각의 주제를 다루고 있는 논문은 아마도 심사자로서는 낯설고 거북한 것이었을 수 있다. 그렇지만 각각의 논문에 대해 제기된 여러 가지 날카로운 지적과 의문들은 이후 필자의 논의를 좀 더 구체적으로 수정하고 보완하는 데 큰 도움이 되었다. 이 지면을 빌려 심사자 여러분께 깊은 감사를 드린다.

이 책의 원고를 다듬는 과정에서 때늦게 서광사 김신혁 사장님의 부음을 전해 들었다. 철학전문서적 출판이라는 외길을 평생 묵묵히 걸어 오셨던 김신혁 사장님의 영전에 머리 숙여 조의를 표한다. 또한 이 책의 출간까지 애써 주신 서광사 부사장님과 편집부 여러분에게도 깊은 감사를 드린다.

고단한 2020년의 끝자락에
지은이

지은이의 말 … 5

제1장 간략한 서론: 기호와 기호적 경험 … 17
    1. 기호의 주인 … 18
    2. 물리적 경험과 기호적 경험 … 20
    3. 기호적 사상: 기호의 산출과 해석 … 23
    4. 기호적 의미의 원천 … 31

제2장 탈유폐의 기호 … 37
    1. 경험주의의 환상 … 40
    2. 경험의 유폐성 … 42
    3. 기호적 경험과 의사소통 … 45
    4. 기호적 불안과 기호적 유폐 … 54

제3장 기호의 전이 … 57
    1. 머리말 … 57
    2. 기호적 경험과 기호적 사상 … 59
    3. 기호의 불완전성 … 62
    4. 기호의 변형과 전이 … 70
    5. 맺는말 … 75

제4장 기호적 어포던스에 관하여 ⋯ 77

    1. 머리말 ⋯ 77

    2. 기호적 사상과 경험의 확장 ⋯ 79

    3. 물리적 경험과 기호적 경험의 비대칭성 ⋯ 85

    4. 기호적 어포던스와 기호적 해석의 공공성 ⋯ 89

    5. 맺는말 ⋯ 96

제5장 상징의 탄생: 퍼스와 상징의 문제 ⋯ 99

    1. 머리말 ⋯ 99

    2. 상징기호의 상위성 ⋯ 102

    3. 기호적 사상의 중층성 ⋯ 109

    4. 상징기호의 해석 ⋯ 115

    5. 맺는말 ⋯ 119

제6장 예술의 기호 ⋯ 121

    1. 머리말 ⋯ 121

    2. '이론'의 끝으로 ⋯ 123

    3. 기호적 경험으로서의 예술 ⋯ 128

    4. 다시 '이론'의 끝에서 ⋯ 136

    5. 맺는말 ⋯ 142

제7장 기호의 역전 ⋯ 145

    1. 머리말 ⋯ 145

    2. 기호의 침묵과 역전의 논리 ⋯ 148

    3. 기호적 존재론과 존재론적 역전 ⋯ 152

    4. 기호에서 인간으로 ⋯ 158

    5. 맺는말 ⋯ 164

〈보론 1〉 퍼스의 기호 개념과 기호 해석 ⋯ 167

〈보론 2〉 설과 사회적 실재의 구성 ⋯ 187

〈보론 3〉 설의 사회적 실재와 '비대응 Y항 문제' … 211

용어 해설 … 231
참고문헌 … 241
찾아보기 … 247

제1장

간략한 서론:
기호와 기호적 경험

'기호'(sign)의 본성에 대한 새로운 탐구는 '신체화된 경험'(embodied experience)의 본성과 구조에 대한 체험주의적 해명에서 출발한다. 즉 기호는 우리 밖 세계의 사건이나 사태가 아니라 우리 경험의 한 국면이라는 것이다. 기호에 대한 이러한 새로운 접근은 지난 한 세기에 걸친 '기호학'(semiotics/semiology)의 기본 가정으로부터 멀어지는 새로운 길을 예고한다. '기호적 경험'(symbolic experience)에 관한 탐구는 전통적인 기호학적 탐구가 수수께끼로 남겨 두었던 지점, 즉 '기호적 의미의 원천'에 대한 탐색에서 다시 출발하려는 것이다. 그것은 전통적인 '기호학'이 택하지 않았던 길이며, 그만큼 낯설고 거친 길이 될 것이다.

기호가 '누군가에게 어떤 것을 대신하는 다른 무엇'이라는 느슨한 정의에 대부분의 기호학자들이 동의한다. 모든 기호학 이론은 그 '대신하는 방식'을 탐구하며, 또 그 방식을 통해 드러나는 기호현상을 분류하고 분석한다. 그러나 기호는 외견상 다른 무엇인가를 대신하는 것처럼 보이지만 그것은 이미 기호화의 과정을 거쳐 사용되고 있는 기호들의 현상적 기능이나 작용에 관해서만, 그것도 또 부분적으로만 사실이다. 기호적 경험은 다른 어떤 경험의 일부 또는 세계의 일부를 대신하기보다는 물리적 경험의 확장적 국면이며, 따라서 그 자체로 고유한 특성을 갖는 경험 층위다. 그래서 체험주의 기호 이론은 기호에 대한 전통적인 정의가 '기호적 경험'의 본성을 설명하기에 너무나 피상적이라는 시각에서 출발한다.

1. 기호의 주인

'기호'의 문제가 '기호적 경험'의 문제라는 생각은 전통적인 기호학적 시각에서 본다면 낯선 발상이다. 구조주의 기호학이나 화용론적 기호학은 공통적으로 기호 문제를 외부 세계의 현상이나 사건, 사태의 관점에서 접근한다. 이들은 기호의 문제를 '기표'(signifier)를 축으로 해명하려고 했으며, 이 때문에 우리 자신이 '기호적 사상'(sym-bolic mapping)의 주체, 즉 기호의 주인이라는 사실을 간과했던 것으로 보인다. 전통적 기호학이 드러내는 이러한 기표 중심의 실재론적 태도는 '상징형식'에 관한 카시러(E. Cassirer)의 논의를 통해 극적인 전환을 맞게 되었다. 카시러는 기호의 문제를 우리 인식의 문제로 보았으며, 나아가 기호를 하위적 수준의 '기호/신호'(sign)와 상위적 수준의 '상징'(symbol)으로 구분함으로써 상징 능력을 고유한 인간의 능력으로 규정하려고 했다. 그러나 이러한 극적인 전환에도 불구하고 카시러는 '상징형식'을 선험적 인식구조로 간주함으로써 객관주의적 미련을 벗어나지 못했으며, 그 결과 실질적인 기호작용에 대한 경험적 해명은 사실상 미완의 숙제로 남겨 두게 되었다.

우리가 '기표'라고 부르는 물리적 대상들은 사실상 기호적 경험에 동원되는 도구들이며, 기호적 사상이라는 인지적 기제가 없다면 그 자체로 침묵하는 물리적 세계의 일부일 뿐이다. 이 물리적 대상은 우리의 기호적 사상을 통해서만 비로소 하나의 '기호'로 깨어난다. 예를 들어 덕유산의 '대포바위'는 수천 년, 아니 수만 년 동안 그 모습을 지켜 왔겠지만 그것에 누군가 '대포' 경험의 일부를 사상함으로써 비로소 하나의 '기표'가 되었다. 우리는 지금도 그 바위를 발로 차고, 기어오르고, 만지는 등 여전히 물리적으로 경험할 수 있다. 그러나 그 바위에 새로운 경험내용이 사상되면서 그 바위는 단순한 물리적 대상 이상의 것이 된다. 이처럼 새롭게 주어지는 '기호적 의미'는 다시 우리 경험내용의 일부가 된다. 그 바위를 물리적으로 경험할 것인지, 기호적으로 경험할 것인지를 결정하는 것은 그 바위 자체가 아니라 우리 자신이다. 이런 의미에서 기호 산출자이며 해석자인 우리 자신이 바로 '기호의 주인'이다.

유기체에게 기호적 경험은 특수한 취향이나 선택의 문제가 아니라 경험의 본래적 국면이다. 동시에 기호적 경험은 우리 자신을 '인간'으로 만들어 주는 핵심적 징후이기도 하다. 기호적 경험은 다음과 같은 두 가지 국면에서 '인간적' 경험이다.[1] 첫째, 기호적 경험은 현재와 같은 몸을 가진 유기체로서 우리의 물리적 한계를 비켜서려는 유일한 통로다. 기호적 경험은 우리의 물리적 한계를 넘어선 초월적 세계를 열어 준다. 이런 의미에서 초월적인 것에 대한 열망은 인간적이다. 둘째, 기호적 사상은 무한히 중층적으로 이루어질 수 있다. 인간만이 일차사상을 통해 주어진 추상적 경험내용을 새로운 기표에 사상하는 이차사상, 삼차사상, 또는 그 이상의 다차사상으로 나

---

1 이 책 7장 「기호의 역전」, pp. 160–61 참조.

아갈 수 있다.

2. 물리적 경험과 기호적 경험

필자가 사용하는 '기호적 경험'이라는 말은 체험주의를 따라 물리적
경험을 토대로 확장된 층위의 경험 영역 전반을 가리킨다. 이런 의미
에서 '기호적 경험' 개념은 과거 기호 이론들이 구분해 왔던 다양한
기호현상을 모두 포괄하는 넓은 개념이다. 이처럼 넓은 개념을 사용
하기 위해서는 과거 기호학자나 철학자들이 사용해 왔던 다양한 기호
개념들의 한계를 해소할 수 있어야 하며, 동시에 그 개념들을 포괄하
는 더 정합적인 방식의 기호 개념을 제시할 수 있어야 한다. 그것이
바로 이 책이 해결해야 할 주된 과제이기도 한다.

필자는 '신체화된 경험'의 본성과 구조에 대한 체험주의의 해명이
기호적 경험을 새롭게 해명하는 결정적 통로를 열어 준다는 사실을
깨닫게 되었다. 이러한 생각의 출발점에는 레이코프와 존슨(G. La-
koff and M. Johnson)의 '은유'(metaphor) 이론이 있다. 이들은 은
유가 단순히 언어적 기교가 아니라 우리의 사고와 행위를 이끌어 가
는 중심적 원리라고 주장한다.[2] 이 때문에 이들의 은유 이론은 흔히
'개념적 은유 이론'이라고 불린다.

레이코프는 이러한 새로운 은유 이론을 "개념체계 안의 영역 간 교
차사상(cross-domain mapping)"[3]이라고 정의한다. 즉 은유란 원천

---

2   G. 레이코프 · M. 존슨, 『삶으로서의 은유』, 수정판, 노양진·나익주 역 (서울: 박
   이정, 2007) 참조.
3   George Lakoff, "Contemporary Theory of Metaphor," Andrew Ortony ed.,
   Metaphor and Thought, 2nd ed. (Cambridge: Cambridge University Press,

영역(source domain)의 경험내용의 일부를 표적영역(target domain)에 사상하고 그 사상된 경험내용의 관점에서(in terms of) 표적영역을 이해하고 경험하는 과정이다. 예를 들어 「사랑은 여행」 은유에서 여행 영역이 원천영역이 되며, 「사랑」 영역이 표적영역이 된다. 이 은유를 받아들인다는 것은 '사랑'을 '여행' 경험의 관점에서 이해하고 경험한다는 것을 말한다.

나아가 존슨은 개념적 은유 이론을 확장함으로써 '신체화된 경험' 전반을 해명하는 '상상력 이론'을 전개한다. 이때 존슨이 말하는 상상력은 이성과 대비되는 것으로서 단순한 공상이나 환상 같은 표피적 능력을 가리키는 것이 아니라 우리의 모든 경험이 '상상적 구조'를 통해 이루어진다는 의미에서 우리의 전 경험을 특징짓는 포괄적인 인지능력을 가리킨다. 존슨은 은유에서 사용되는 원천영역을 역추적하고 그 근원적 출발점이 우리의 몸과 두뇌, 환경이 직접 상호작용하는 물리적 층위라는 사실에 주목한다. 그래서 존슨은 모든 경험의 근원적 뿌리가 우리의 몸이라고 주장하며, 이런 의미에서 자신의 『마음 속의 몸』의 핵심적 과제를 "몸을 마음 안으로 되돌려 놓는 것"[4]이라고 말한다.

존슨의 상상력 이론은 '영상도식'(image schema)과 '은유적 사상'(metaphorical mapping)이라는 두 축을 중심으로 전개된다. 영상도식이란 신체적 활동을 통해 직접 발생하는 소수의 인식 패턴들이며, 시대와 문화를 넘어 거의 보편적으로 나타나는 인식의 기본 패턴들이다. 존슨은 「그릇」(Container) 「균형」(Balance) 「강제」(Com-

---

1993), p. 203.

4 마크 존슨, 『마음 속의 몸: 의미, 상상력, 이성의 신체적 근거』, 노양진 역 (서울: 철학과현실사, 2000), p. 60.

pulsion)「연결」(Link)「원-근」(Near-Far)「차단」(Blockage)「중심-주변」(Center-Periphery)「경로」(Path)「부분-전체」(Part-Whole) 등의 영상도식을 예로 들고 있다.[5] 우리는 영상도식들을 물리적 대상은 물론 추상적 대상들에 '사상'(mapping)함으로써 사물을 구체적 대상으로 식별하며, 동시에 추상적 개념들 또한 구체화할 수 있다. 예를 들어 우리는「그릇」도식을 방이나 건물 같은 물리적 대상에 사상함으로써 그것들을 안과 밖이 있는 대상으로 인식하게 된다. 또「그릇」도식을 꿈이나 역사 같은 추상적 대상에 사상함으로써 '꿈속에서' 나 '역사 속으로' 와 같은 표현을 사용하고 이해할 수 있다.

존슨은 우리 경험을 신체적/물리적 층위와 정신적/추상적 층위로 구분하는데, 그의 상상력 이론은 이 두 층위가 어떻게 연결되는지를 경험적으로 해명하고 있다는 점에서 철학적 중요성이 있다. 즉 정신적/추상적 경험은 신체적/물리적 경험에 근거하고 있으며, 동시에 신체적/물리적 경험에 의해 강력하게 제약된다는 것이다.[6] 이런 의미에서 우리의 모든 경험은 '신체화되어'(embodied) 있다. 즉 정신적/추상적 경험은 신체적/물리적 경험을 토대로 확장되는데, 그 확장의 중심적 기제가 바로 '은유적 사상' 이라는 것이다.

일견 단순해 보이는 존슨의 해명은 이 두 층위의 경험에 관한 과거 철학자들의 견해들을 되돌아 볼 때 그 중요성을 찾을 수 있다. 현실적으로 신체적/물리적 경험은 정신적/추상적 경험과 너무나 다르게 나타난다. 내가 파도에 휩쓸려서 겨우 살아남은 경험과 그런 상황을 상

---

5 같은 책, p. 246.
6 같은 책, 특히 3-5장 참조.

상하는 일은 현실적으로 너무나 다른 국면이기 때문이다. 일상적으로 파도에 휩쓸리거나 벗어나는 일은 몸의 활동이며, 그것을 상상하는 것은 마음의 작용이라고 구분하는 것은 너무나 자연스러운 일이다. 그러나 이 구분이 철학적 이론으로 확립되는 것은 또 다른 문제다. 이 두 층위의 활동이 한 사람 안에서 일어나는 한, 이 두 층위의 관계가 정확히 무엇인지를 해명해야 할 필요가 있기 때문이다. 플라톤에서 데카르트(R. Descartes)로 이어지는 서양철학의 사변적 전통 안에서 이루어진 정교하고도 집중적인 논의에도 불구하고 몸과 마음의 관계에 대한 해명은 오랫동안 미해결의 난문으로 남아 있었다.

레이코프와 존슨은 최근 경험적 지식의 성장, 특히 '제2세대 인지과학'(2nd generation cognitive science)의 새로운 경험적 탐구 성과들에 주목함으로써 지난 수천 년 동안 서양철학이 우리 자신의 인지적 기본 조건에 대한 부적절한 가정에 의존해 왔으며, 이 때문에 우리 자신의 존재 조건에 부합하지 않는 부적절한 이론들을 산출해 왔다고 주장한다.[7] 이러한 급진적 비판을 토대로 레이코프와 존슨은 '경험적으로 책임 있는 철학'(empirically responsible philosophy)의 필요성과 가능성을 제안한다.[8] '기호적 경험'에 대한 필자의 해명은 바로 그 대안적 해명의 한 시도라고 할 수 있다.

3. 기호적 사상: 기호의 산출과 해석

기호적 경험을 특징짓는 것은 '기호적 사상'이라는 인지적 기제다.

---

7 G. 레이코프·M. 존슨, 『몸의 철학: 신체화된 마음의 서구 사상에 대한 도전』, 임지룡 외 역 (서울: 박이정, 2002), 특히 1부, 1장 참조.

8 같은 책, pp. 42-43, 796-97 참조.

기호 산출자는 자신의 경험내용의 일부를 특정한 물리적 대상—사물이나 사태, 현상, 사건, 관계, 구조 등을 포함하는—에 사상하며, 그 사상된 경험내용의 관점에서 그 대상을 새롭게 이해하고 경험한다. 이러한 사상을 통해 물리적 대상은 비로소 기호적 해석의 대상, 즉 하나의 '기표'가 된다. 기호적 사상은 기호의 산출은 물론 해석의 과정에서도 중심적 기제가 된다.

모든 물리적 대상—사물, 사태, 사건, 현상, 구조, 관계 등을 포함한—이 기호적 사상을 거쳐 기표가 될 수 있다. 기표는 크게 신체기표와 비신체기표로 구분될 수 있으며, 비신체기표는 다시 자연기표와 인공기표로 나누어진다.[9] 내 표정, 몸짓, 소리/언어, 수화, 춤 등 내 몸을 직접 조작하는 방식으로 구성되는 기표가 바로 신체기표다. 비신체기표로는 산이나 바위, 강, 나무 같은 다양한 자연기표가 있으며, 온도계나 도로표지판, 악기 소리나 조각상, 회화, 문자언어 등 무한히 다양한 인공기표가 있다.

기호 산출에서 특이한 사실은 기호 산출자가 '기호적 의도'를 드러내기 위해 물리적 대상인 기표에 '물리적 조형'을 가할 수 있다는 점이다. 기호적 의도와 함께 기표에 가해지는 물리적 조형을 '기호적 조형'이라고 부를 수 있다. 누군가 기호적 의도 없이 물리적 조형을 한다면 그것은 단순히 물리적 상호작용일 뿐이다. 기호적 조형의 전형적인 경우로 예술작품을 들 수 있다. 작가는 특정한 기호적 의도를 갖고 물리적 대상을 조작하는데, 이때 기호적 조형은 자신을 포함한 해석자로 하여금 특정한 해석을 유도하기 위한 것이다. 바꾸어 말하면

---

9 노양진, 『몸이 철학을 말하다: 인지적 전환과 체험주의의 물음』 (파주: 서광사, 2013), p. 93 참조.

기표에 대한 물리적 조형이 특정한 기호적 해석을 '전적으로' 규정하지는 않지만 여전히 해석 과정에 강력한 영향을 미친다는 것을 의미한다. 기표의 물리적 조건이 특정한 기호적 해석을 유도하는 이러한 성질을 필자는 '기호적 어포던스'(symbolic affordances)로 개념화했다.[10]

1) 사상의 부분성

기호적 사상은 본성상 부분적이다. 기호적 사상의 본성적 부분성은 다음과 같은 두 가지 국면에서 비롯된다.

첫째, 우리 경험의 파편성을 들 수 있다. 우리의 모든 경험은 파편적이다. 우리는 항상 특정한 시간과 공간 안에 국한되어 있기 때문이다. 이 때문에 물리적이든 추상적이든 내 경험내용 자체는 처음부터 부분적일 수밖에 없다.

둘째, 기호적 사상에서 우리 경험내용의 일부만을 기표에 사상할 수 있다. 비둘기를 '평화'의 상징으로 본다는 것은 비둘기라는 기표에 '평화'에 관한 추상적 경험내용의 일부를 사상한다는 것이며, 그 사상된 경험내용의 '관점에서' 비둘기를 이해하고 경험한다는 것을 말한다. 나는 처음부터 '평화'에 관한 모든 경험내용을 가질 수도 없으며, 또 내가 갖고 있는 경험내용을 한꺼번에 사상할 수도 없다. 만약 내가 '평화'에 관한 모든 경험내용을 비둘기에 사상한다면 내 비둘기에 관한 경험내용과 평화에 관한 경험내용은 동일한 것이 될 것이며, 그것은 더 이상 기호적 경험이 아니라 또 다른 평화 경험일 뿐이다.

---

10   이 책 4장 「기호적 어포던스에 관하여」 참조.

사상의 부분성 때문에 모든 기호는 본성상 불완전한 기호일 수밖에 없다. 만약 원천영역의 경험내용과 표적영역의 경험내용이 동일할 경우, 동일한 또 하나의 대상을 경험하게 될 것이며, 기호작용은 처음부터 무의미한 것이 된다. 기호적 사상이란 이미 주어진 표적영역의 경험내용에 새로운 차원의 경험내용을 사상하는 것이며, 이 과정을 통해서만 질적으로 새로운 경험내용이 산출된다. 역설적이게도 기호적 경험의 근원적 불완전성이 사실상 기호를 산출하는 근원적 생명력인 셈이다.

2) 사상의 개방성

기호적 사상에 관해 주목할 만한 사실은 거기에 어떤 선결적 원리도 없다는 점이다. 내가 어떤 기표에 어떤 경험내용을 사상할 것인지를 규정해 주는 어떤 선결적 원리도 없다. 기호적 사상은 우리의 자연적·사회적·문화적 조건에 복잡한 방식으로 영향을 받으며, 따라서 개인의 특성에 따라, 시대와 문화에 따라 다양하게 작동할 것이다. 또한 기호적 경험은 스스로 궁극적 목적을 향해 이루어지지도 않는다. 실용주의를 따라 우리 삶을 현재와 같은 몸을 가진 유기체로서 환경에 대처하는 과정이라고 본다면 기호적 경험은 이 대처 과정의 한 국면일 뿐이다.

기호적 사상의 개방성은 '상대주의'라는 우려를 불러올 수 있다. 기호적 사상이 어떤 제약도 없이 이루어지는 것이라면 기호적 경험은 각자의 경험이 될 것이며, 그것은 허무주의적 상대주의를 불러올 것이기 때문이다. '무엇이든 된다'라는 허무주의적 상대주의는 사실상 정합적으로 이론화될 수 없는 태도일 뿐이며, 그러한 태도는 사실상 퍼트남(H. Putnam)의 말처럼 '정신적 자살'(mental suicide)과 다르지 않다.[11] 만약 허무주의적 상대주의가 실제로 가능하다면 나는 나를 넘어서서 어떤 의미 있는 말도 할 수 없을 것이기 때문이다.

사상의 개방성은 객관주의적 믿음에 대한 전면적 거부를 함축하지만, 그렇다고 해서 그것이 허무주의적 상대주의를 함축하는 것도 아니다. 우리 경험은 물리적 층위와 기호적 층위의 중층적 구조로 이루어진다. 경험의 기호적 확장은 물리적 경험에 의해 강력하게 제약되며, 따라서 자의적인 것이 아니다. 이러한 중층적 구조 안에서 우리는 물리적 층위에서 현저한 '공공성'(commonality)을 경험하며, 기호적 층위로 나아갈수록 증가하는 '변이'(variations)를 경험하게 될 것이다. 이러한 관점에서 본다면 객관주의나 상대주의는 우리 경험의 본성을 해명하는 이론이 아니라 경험의 일부분에 초점을 맞춘 편향된 이론들이다.

3) 사상의 중층성

필자는 은유적 사상이라는 기제가 사실상 기호학이 오랫동안 수수께끼로 남겨 두었던 문제, 즉 기호적 의미의 원천을 밝혀 주는 결정적 통로라고 보았으며, 이 때문에 그것을 '기호적 사상'이라는 개념으로 확장하여 사용했다.

'기호적 사상'은 무한히 중층적으로 이루어질 수 있다. 일차사상을 통해 주어진 경험내용을 또 다른 기표에 사상할 수 있으며(이차사상), 그렇게 주어진 경험내용은 또 다른 기표에 사상될 수 있다(삼차사상). 이 사상의 과정은 적어도 '원리적으로' 무한히 중층적으로 이

---

11 힐러리 퍼트넘, 『이성·진리·역사』, 김효명 역 (서울: 민음사, 2002), p. 205 참조.

루어질 수 있지만, 우리의 실제적인 기호적 구조는 우리의 실제적인 이해 가능성에 의해 제한될 수밖에 없다.

일차사상은 물리적 경험내용을 특정한 기표에 사상하는 과정이다. 일차사상을 통해 추상적 개념이 산출된다. 일차사상은 다음과 같은 두 가지 방식으로 이루어질 수 있다.

〈그림 1〉 물리적 대상의 기호화

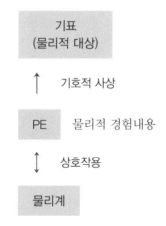

〈그림 1〉에서 물리적 층위에서 주어진 경험내용의 일부가 또 다른 물리적 대상에 사상되며, 이 사상을 통해 그 물리적 대상은 비로소 기호적 경험의 대상, 즉 '기표'가 된다. 이러한 기호적 사상을 통해 어떤 기표가 본래 갖고 있지 않은 새로운 경험내용이 그 기표에 사상된다. 기호 산출자와 해석자는 새롭게 사상된 경험내용의 '관점에서' 그 기표를 새롭게 이해하고 경험하게 된다.

〈그림 2〉 추상적 개념 형성

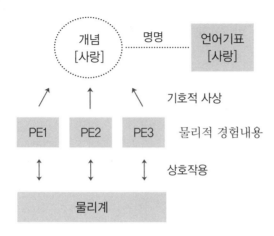

〈그림 2〉의 모형은 체험주의 은유 이론을 통해 이미 잘 알려진 것이다. 즉 추상적 개념은 다양한 은유적 사상을 통해 구성되는데, 필자는 이 은유적 사상이 기호적 사상의 한 유형으로 보았다. 〈그림 2〉에서 '기호적 사상'이라고 표시된 부분은 바로 체험주의 은유 이론이 말하는 '은유적 사상'과 다르지 않다. 다양한 물리적 경험내용이 가상의 표적영역에서 사상되어 비로소 하나의 추상적 개념이 구성된다.

그러나 추상적 개념은 그 자체로 추상적 층위의 경험내용일 뿐이며, 스스로 어떤 기표도 아니다. 예를 들어 '이름'은 바로 이 추상적 경험내용을 가리키기 위해 만들어진 '언어기표'다. 모든 추상적 개념들에 이름이 만들어질 수 있다. 필자는 이처럼 본래 아무런 의미를 갖지 않는 '소리' 또는 '문자' 형태의 언어기표가 매우 유연하고 자유롭게 구성될 수 있다는 점에서 스스로의 물리성에 의해 부분적으로 제약되는 일상적 기표와 구분해서 '대리기표'(signifier proxy)라고 부른다.

일차사상을 통해 산출된 추상적 경험내용은 다시 또 다른 기표에
사상될 수 있는데, 이것이 이차사상이며, 우리가 흔히 '상징'이라고
부르는 기호는 이차사상 이상의 다차사상을 통해 구성된 기호를 말
한다.

〈그림 3〉 상징의 구조

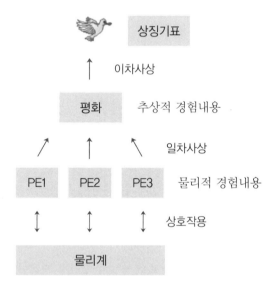

여기에서 제시하는 세 가지 모형은 가장 기본적이라고 생각되는 사
상의 구조를 보여 주기 위한 것이다. 실제 우리의 기호적 사상은 이
모형들의 다양한 융합을 통해 훨씬 더 복잡한 형태로 나타날 수 있을
것이다. 부연해 두어야 할 것은 모든 기호적 사상은 '개념혼성'(con-
ceptual blending)이라는 과정을 거치게 된다는 것이다. 따라서 결과
적으로 우리에게 주어지는 기호적 의미는 단순히 사상된 경험내용만
으로 구성되지는 않을 것이다. 즉 기표에 대해 우리가 이미 가지고 있

는 경험내용과 새롭게 사상된 경험내용이 혼성되면서 복잡한 새로운 기호적 의미를 산출하게 될 것이다.[12] 모든 기호적 사상 과정에서 개념혼성은 자연적으로 수반되는 현상이라고 할 수 있다.

기호적 사상이 중첩될수록 그렇게 산출된 기호적 구조의 '변이' 또한 커질 것으로 예상할 수 있다. 즉 우리 경험은 물리적 층위에서 현저하게 드러나는 '공공성'을 토대로 기호적 층위로 확장되며, 그 확장 과정에서 점차 증가하는 '변이'를 드러낸다는 것이다. 이처럼 우리 경험은 물리적 층위의 공공성과 기호적 층위의 변이를 포괄하는 중층적 구조를 갖는다. 이러한 체험주의적 해명의 가장 큰 중요성은 물리계와 정신계의 관계에 관한 오래된 철학적 수수께끼에 대해 가장 진전된 해명을 제시하고 있다는 점일 것이다.

4. 기호적 의미의 원천

전통적으로 기호는 '무엇인가를 대신하는 어떤 것'으로 정의된다. 이때 기호는 기표를 가리킨다. 예를 들면 [코끼리]라는 언어기표가 기호 대상인 실제의 코끼리를 대신한다는 것이다. 일견 상식적이고 낯익은 이 발상의 배후에는 '대응'(correspondence)이라는 실체를 알 수 없는 소박한 믿음이 자리 잡고 있다. 그러나 '기표'는 사실상 아무것도 '대신하지' 않는다. 기표는 그 자체로 지각 가능한 물리적 대상일 뿐이다. 이 세계의 어떤 사물도 스스로 다른 어떤 사물을 대신하지 않는다. 예를 들어 「철수」라는 이름이 철수를 대신한다는 것은 무슨 뜻일

---

12   개념혼성에 관한 상세한 논의는 질 포코니에·마크 터너, 『우리는 어떻게 생각하는가: 개념적 혼성과 상상력의 수수께끼』, 김동환·최영호 역 (고양: 지호, 2009) 참조.

까? 단순한 언어기표 — 인공적으로 만들어진 물리적 대상의 하나 — 가 어떻게 철수를 대신한다는 말인가? 언젠가 퍼트남이 '마술적 지칭 이론'이라고 불렀던 그런 마술적 관계가 아니고서야 그것이 어떻게 가능한가?[13]

'대신한다'라는 정의는 극히 제한된 언어 사용의 한 방식에서 비롯된 것이며, 기호 산출과 해석이라는 기호적 경험을 설명하기에는 너무나 제한적이고 피상적인 정의일 뿐이다. 만약 기호가 실제로 무엇인가를 대신한다면 그것은 그 기호 자체가 갖는 본래적 기능이나 작용이 아니라 기호 산출자/해석자인 우리 자신의 특정한 의도가 반영된 기표 '사용방식'의 하나일 뿐이다. 즉 우리 자신이 그 '기표'를 다른 것을 가리키거나 다른 것을 대신하는 '용도'로 사용하는 것이다. 기표를 '다른 어떤 것을 대신하는' 용도로 사용하는 것은 비트겐슈타인(L. Wittgenstein)의 생각을 빌리면 다양한 '언어게임'(language game) 중의 하나일 뿐이다.[14]

새로운 기호 이론은 기호가 우리 밖의 사건이나 사태가 아니라 우리의 기호적 경험의 문제라는 사실에서 출발한다. 평이한 물리적 대상을 하나의 '기표'로 깨어나게 하는 것은 바로 '기호적 사상'이라는 우리의 인지적 기제다. 우리는 자유의 여신상에 '자유'라는 추상적 개념에 대한 내 경험내용의 일부를 사상하며, [철수]라는 언어기표에 철수라는 사람에 관한 내 경험내용의 일부를 사상함으로써 그것들을 기표로 만든다. 자유의 여신상이나 [철수]라는 언어기표는 그 자체로

---

13   힐러리 퍼트넘, 『이성·진리·역사』, 김효명 역 (서울: 민음사, 2002), pp. 22-26 참조

14   루트비히 비트겐슈타인, 『철학적 탐구』, 이영철 역 (서울: 책세상, 2006), 66-67 절 참조.

지각 가능한 물리적 성질을 갖는 물리적 대상이다. 나는 그 대상들을 단순히 물리적으로 경험하는 데 그치지 않고 그 물리적 성질을 넘어서서 나의 어떤 경험내용의 일부를 사상하며, 그 사상된 경험내용의 '관점에서' 그 대상을 새롭게 이해하고 경험한다. 이렇게 해서 자유의 여신상이나 [철수]는 하나의 '기표'가 된다. 나는 이렇게 물리적 경험을 벗어나 기호적 경험으로 접어든다. 이러한 체험주의적 해명에 따르면 기호적 의미의 원천은 바로 모든 기호적 경험의 토대를 이루는 물리적 경험 영역에 있다. 거기가 바로 우리의 몸과 두뇌, 환경의 복합적인 상호작용이 시작되는 지점이다.

　기호적 의미의 원천을 물리적 지반에서 찾으려는 이러한 해명은 종종 '물리주의'(physicalism) 또는 '환원주의'(reductionism)에의 굴복이라는 달갑지 않은 의심을 불러올 수 있다. 그런 시도는 기호적 의미를 물리적 층위로 환원하려는 시도이며, 그것은 결국 우리의 의미세계, 즉 정신세계의 고유성을 무화시킬 것이라는 의심이 그것이다. 그러나 여기에서 다시 한 번 강조해 두어야 할 것은 기호적 사상이 결코 어떤 선결적 원리나 법칙에 따라 이루어지지 않는다는 사실이다. 즉 기호적 확장은 본성상 '비법칙적'이며, 바로 그 때문에 그렇게 산출된 기호적 구조가 물리적 지반으로 환원될 수 없다는 것이다. 경험의 이러한 비법칙적 확장은 이미 한 세기 전 듀이(J. Dewey)가 '창발'(emergence) 개념을 통해 제시한 것이다. 그러나 듀이의 시대에는 이 창발을 구체적으로 해명해 줄 만한 충분한 경험적 증거들이 주어지지 않았다. 이러한 관점에서 기호적 경험에 대한 체험주의적 해명은 듀이적 창발 개념에 대한 진전된 경험적 해명의 한 국면이라고 말할 수 있다.

　이러한 체험주의적 관점에서 필자는 기호적 경험의 본성을 '탈유

폐적 자기 창발의 과정'(process of ex-carcerating self-emergence)
으로 특징지으려고 한다. 이러한 기호 이해는 경험의 본성과 구조에
대한 훨씬 더 근원적인 해명을 요구하며, 그 해명은 체험주의에 크게
빚지고 있다. 필자는 '신체화된 경험'에 대한 체험주의의 해명을 받
아들이는 과정에서 체험주의가 도입한 '은유적 사상'이 기호적 경험
의 구조를 해명하기 위한 핵심적 통로라는 것을 발견하게 되었다.

　기호현상에 대한 전통적 기호 이론들의 방대한 탐구는 인간적 삶에
서 기호의 핵심적 중요성을 확신시켜 주기에 충분했지만 정작 몇몇
중요한 물음은 여전히 답해지지 않은 숙제로 남아 있다. 소쉬르(F. de
Saussure)에서 들뢰즈(G. Deleuze)에 이르는 구조주의 기호학, 그리
고 퍼스(C. S. Peirce)에서 에코(U. Eco)에 이르는 화용론적 기호학
에는 '기호적 사상'의 자리가 없다. 나아가 기호의 문제를 외부 세계
의 문제가 아니라 우리의 인식의 문제로 간주함으로써 기호 이론의
새로운 전환점을 마련했던 카시러(E. Cassirer)의 상징형식 이론에도
'기호적 사상'의 자리는 없다. 이 때문에 '기호적 경험'이 어디에서
어떻게 출발하는지는 답해지지 않은 것이다.

　이 책에서 필자의 작업은 기호학적 전통이 이루어낸 성과를 '신체
화된 경험'(embodied experience)의 구조에 대한 체험주의적 해명
과 접목시키려는 시도로 읽을 수 있을 것이다. 그 결과는 기호에 대한
훨씬 더 폭넓고 근원적인 해명이다. 기호적 작용은 우리 경험의 본성
에 뿌리를 두고 있으며, 그것은 우리의 전반적인 삶을 구조화하는 방
식으로 작동한다. 물론 필자는 이 책에서의 제한된 서술이 기호의 모
든 것을 해명해 줄 것이라고 기대하지 않는다. 오히려 기호에 대해 답
하는 것보다도 더 많은 새로운 물음을 불러올 수도 있다. 그러나 여기
에서 필자가 제시하는 기호에 관한 새로운 조망이 적절한 것이라면

그것은 단순히 기호학적 문제가 아니라 이 기호에 의존하고 있는 인
간적 삶의 다양한 국면들을 해명하는 새로운 통로를 열어 줄 수 있을
것이다.

제2장

탈유폐의 기호

기호에 관한 필자의 새로운 탐구는 '경험의 유폐성(incarcerated-ness)'이라는 낯선 곳에서 출발한다. 생명을 가진 모든 유기체의 '경험내용'(experiential content)은 철저히 자신의 것으로 국한된다.[1] 동시에 경험의 유폐성은 살아 있는 모든 유기체를 하나의 '개체'로 구분해 주는 핵심적 기준이기도 하다. 나는 타자의 경험내용에 직접 접속할 수 없으며, 타자 또한 마찬가지로 나의 경험내용에 직접 접속할 수 없다. 경험의 유폐성은 개개인의 선택이나 취향의 문제가 아니며, 특정한 이론적 주장도 아니다. 경험의 유폐성은 우리 경험의 본성과 관련된, 경험적으로 반박할 수 없는, 또 반박해야 할 이유도 없는 '기초사실'(basic fact)의 하나다. 아무리 낯익은 사람이라 하더라도 나는 그의 지각, 의식, 기억, 상상, 의도, 욕구에 직접 접속할 수 없다.[2]

---

1 '경험'이라는 말은 때로는 '경험작용'을, 때로는 '경험내용'을 가리키는 너무나 모호하고도 폭넓은 말이다. 이 때문에 필자는 경험작용을 통해 내게 주어지는 모든 것을 가리켜 '경험내용'이라는 다소 생경한 어휘를 사용한다.
2 '유폐성'은 기호적 경험이 시작되는 지점이다. 사실상 필자는 기호적 경험에 대한

그러나 이러한 유폐성이 '자족성'(aseity)을 의미하는 것은 아니다. 어린아이는 자신의 불안정한 긴장 상태를 알리기 위해 '울음'이라는 행동을 선택한다. 보호자는 그 아이의 울음이 배고픔 때문인지, 고통 때문인지, 아니면 다른 어떤 불안 때문인지를 해석해야 한다. 이런 의미에서 탈유폐로서 기호적 활동은 생존을 위한 필수적 활동이다. 모든 유기체는 자신의 경험 안에 유폐되어 있으면서도 생존을 위해 그 유폐성을 벗어나야만 하는 역설적 구조 안에 있다.

이 유폐성을 비켜서는 유일한 통로가 바로 기호적 통로다. 내 경험 내용을 타자에게 전달하는 유일한 방식은 제3의 매개물을 사용하는 것이며, 그것이 바로 기호적 해석의 대상, '기표'(signifier)가 된다. 나의 지각, 의식, 기억, 의도, 욕구와 같은 경험내용을 타자에게 전달하기 위해 내가 할 수 있는 유일한 일은 표정이나 몸짓, 소리, 나아가 자연물과 인공물을 매개물로 사용하는 방식뿐이다. 이때 타자는 내가 사용하는 매개물을 '기호적으로' 해석해야 한다. 즉 타자는 내 [일그러진 표정]에 자신의 '고통' 경험의 일부를 사상해야 하며, 내 [웃음]에 자신의 '기쁨' 경험의 일부를 사상해야 한다. 그래서 내 [일그러진 표정]이나 [웃음]이 바로 기호적 해석의 대상인 기표가 된다.

경험의 유폐성이라는 자명한 사실이 오랫동안 철학적 논의에서 간과되거나 무시되어 왔던 핵심적 이유는 사변적 전통 안에서 철학의 주

체험주의적 해석을 시도하는 과정에서 이 개념에 이르기 위해 정반대의 길을 따랐다. 즉 기호적 경험의 영역을 최대한 확장했을 때 더 이상 나아갈 수 없는 경계에 이르게 되었으며, 그 경계가 바로 이 유폐성의 경계라는 사실을 발견하게 되었다. 경험의 유폐성 개념은 노양진, 「의사소통의 기호적 구조」, 『법한철학』, 제75집 (2014 겨울): 345-68에서 처음 논의했다. 이 논문은『철학적 사유의 갈래: 초월과 해체를 넘어서』(파주: 서광사, 2018)에 재수록되어 있으며, 이하 이 논문의 인용은 재수록된 책의 쪽수를 제시한다.

된 임무가 이 유폐성에 주목하는 일이 아니라 그 유폐성을 극복하는 일이라는 생각에 사로잡혀 있었기 때문으로 보인다. 이러한 사변적 태도 안에서 경험의 유폐성을 인정하는 것은 대책 없는 '회의주의'에 굴복하는 것으로 받아들여졌을 것이다. 그러나 불운하게도 유폐성을 넘어서려는 모든 사변적 도약은 인지적 사실을 드러내는 것이 아니라 오히려 인지적 사실을 가리는 '철학적 열망'의 표현일 뿐이었다는 사실이 점차 분명해지고 있다. 사실상 그 철학적 사변조차도 '인지적 과정'의 일부이며, 따라서 그 사변을 통해 주어진 새로운 인식 또한 여전히 경험의 유폐성이라는 인지적 조건을 넘어설 수 없기 때문이다.

모든 유기체와 마찬가지로 인간 또한 신경적 존재다. 식물이나 소수의 하등동물을 제외하면 대부분의 유기체는 정교한 신경체계를 갖는다. 그것은 외부 세계와의 상호작용 과정에서 직접적 반응을 위한 필수적 기제다. 이 때문에 신경이 결여된 존재의 상호작용 방식은 매우 단순하거나 극도로 제한될 수밖에 없다. 인간은 이러한 생물학적 계보에서 최상위층에 있다. 인간의 두뇌를 중심으로 구성된 신경체계는 지구상에서 가장 복잡한 체계이며, 그 구체적 작용방식은 분자생물학이나 신경과학의 지속적인 발전에도 불구하고 여전히 많은 부분이 미지의 영역으로 남아 있다.[3] 그럼에도 필자가 주목하는 것은 적어도 직접적인 상호작용에서 유기체의 직접적 지각이 다른 존재와 공유될 수 없다는 분명한 사실이다. 이런 의미에서 모든 유기체는 각자의 몸 안에 유폐된 존재다. 자신의 지각내용을 타인에게 전달하는 직접적 통로가 없기 때문이다.

---

3 Eric Kandel, *In Search of Memory: The Emergence of a New Science of Mind* (New York: W. W. Norton & Company, 2006), pp. xi-xii 참조.

1. 경험주의의 환상

경험주의(empiricism)는 우리가 공유하는 감각적 지각에 대한 객관주의적 가정에서 출발한다. 경험주의는 경험의 원초적 단위에서 우리가 동일한 경험내용을 공유한다고 가정한다. 근세 경험주의를 대변하는 흄(D. Hume)은 우리의 지각이 '인상'(impression)과 '관념'(idea)으로 구성된다고 주장했다. 흄은 인상을 감각적 지각에 직접 주어지는 것, 관념은 이 인상이 흐려진 것이라고 보았다. 내가 이 글을 쓰면서 느끼는 자판의 감각은 직접적인 인상의 일종이지만, 내가 자판을 두드리는 것을 멈춰도 나는 여전히 자판의 감각을 기억할 수 있다. 그 기억을 토대로 나는 자판의 감각에 대해 많은 것을 말하고, 때로는 그것에 관한 이론을 구성할 수도 있다. 이 기억된 내용이 관념이다. 관념은 인상에 비해 덜 생생하다는 점에서 차이를 갖는다.

흄의 이야기에서 중요한 점은 모든 '관념'의 뿌리가 '인상'이라는 가정이다. 모든 관념은 특정한 인상에서 비롯되며, 따라서 인상에 근거하지 않은 관념은 아무리 그럴듯한 것이라 하더라도 인식적 근거가 없는 궤변이나 환상이라는 것이다. 이러한 흄의 분석은 의외의 결과를 낳게 된다. 사실 흄의 분석은 '확실성'의 토대를 발견하려는 것이었다. 즉 인상은 인식적 확실성의 근거로서 제시된 것이며, 그것이 회의주의에 대응하는 가장 확고한 길이라는 생각에서 출발했기 때문이다. 그러나 흄의 분석의 결과는 경험 세계를 해명하는 데 핵심적인 개념인 '자아' '실체' '인과성' 등에 대응하는 인상을 발견할 수 없다는 것이다. 흄은 이 분석을 토대로 경험 세계에 관한 확실한 지식이 불가능하다는 회의주의적 결론에 이르게 되었다. 회의주의를 극복하기 위해 출발했던 흄의 분석은 결국 경험 세계에 관한 회의주의에 이르게 된 것이다.

경험주의적 환상은 20세기 초 '논리실증주의'(logical positivism)를 통해 다른 모습으로 부활했다. '감각자료'(sense-data)가 흄의 인상을 대신한다. 다양한 이론적 해석 가능성에도 불구하고 지각에 직접 주어지는 것으로서 감각자료 자체는 객관적이며, 따라서 경험의 객관성을 지탱하는 축이 된다. 논리실증주의는 흄의 경험주의적 정신을 이어받았지만 흄과 같은 길로 나아가지 않았다. 20세기의 비약적인 과학적 성취 앞에서 논리실증주의자들에게는 회의주의적 의구심을 제기하기보다는 실제로 확장되는 과학적 지식의 구조를 밝히는 것이 훨씬 더 의미 있는 작업으로 인식되었을 것이다. 물론 논리실증주의는 경험의 객관성이 지식의 객관성을 보장해 줄 것이라는 믿음에서 출발했다. 그러나 논리실증주의의 이러한 소박한 가정은 1960년대에 들어 안팎에서 가속되는 비판 속에서 결국 무너지고 말았다. 이제 우리 경험의 본성에 대해 새로운 해명이 필요하게 된 것이다.

오늘날 경험의 본성과 구조에 관해 새로운 해명의 가능성을 열어준 것은 '인지과학'(cognitive science)이라는 학제적 탐구다. 1950년대 미국을 중심으로 출발했던 인지과학은 심리학, 언어학, 인류학, 철학, 신경과학, 컴퓨터과학 등 다양한 경험적 탐구 분과가 공동으로 '마음'의 본성에 관해 탐구하며, 마음 현상의 핵심적 소재가 몸의 일부인 '두뇌'라는 기본 가정을 공유한다.

초창기의 인지과학은 마음이 마치 컴퓨터처럼 일정한 알고리즘을 거쳐 작동한다는 계산주의적 가정을 바탕으로 탐구되었지만 이 가정은 비교적 단시간 내에 무너지게 되었다. 1970년대에 들어 인지과학자들은 마음의 작용이 은유(metaphor)나 환유(metonymy), 심적 영상(mental imagery), 원형효과(prototype effects) 등 다양한 비법칙적 기제들을 통해 확장된다는 사실에 주목한다. 이를 통해 인지과학은 완전히 새로운 국면에 접어드는데, 그것이 바로 '제2세대 인지과학'이다.[4] 제2세대 인지과학의 탐구 성과로 가장 주목할 만한 것은 '신체화된 마음'(embodied mind)이라는 논제다. 즉 마음은 몸과 독립된 영역이 아니라 두뇌, 몸, 환경의 복합적 상호작용을 통해 창발하는 새로운 국면이며, 동시에 몸의 조건에 의해 강력하게 제약되고 있다는 것이다.

존슨(M. Johnson)은 제2세대 인지과학의 새로운 발견들을 토대로 '신체화된 경험'의 본성과 구조에 대한 포괄적 해명을 시도한다. 존슨에 따르면 우리 경험은 물리적 층위와 기호적 층위로 구분되는데, 기호적 경험은 물리적 경험을 토대로 확장된 '창발적' 국면이며, 동시에 물리적 경험에 의해 강력하게 제약된다.[5] 이런 의미에서 우리의 모든 경험은 '신체화되어' 있다. 여기가 바로 기호적 경험에 대한 필자의 새로운 해명이 시작되는 지점이다.

2. 경험의 유폐성

우리는 다른 누구와도 나의 경험내용을 직접적으로 공유하지 않는다. 나만이 유일하게 나의 경험내용을 갖는다. 이런 의미에서 내 경험내용은 유일하게 나에게만 '직접성'(immediacy)을 갖는다. 타자는 내

---

4 '제2세대 인지과학'의 특성에 관한 개괄적인 설명은 G. 레이코프 · M. 존슨, 『몸의 철학: 신체화된 마음의 서구 사상에 대한 도전』, 임지룡 외 역 (서울: 박이정, 2002), 특히 pp. 128-34 참조.

5 마크 존슨, 『마음 속의 몸: 의미, 상상력, 이성의 신체적 근거』, 노양진 역 (서울: 철학과현실사, 2000), 특히 3-5장 참조.

지각이나 느낌, 의식, 기억, 상상, 의도, 욕구를 직접 공유할 수 없으며, 그 반대도 마찬가지다.[6] 나와 당신이 손을 맞잡는 순간에도 나는 당신의 지각이나 느낌을 알 수 없다. 내가 당신의 지각이나 느낌을 알 수 있다고 믿는 것은 습관적인 기호적 해석의 결과일 뿐이다. 내가 당신의 지각이나 느낌, 상상에 관해 무엇인가를 알 수 있다면 그것은 당신의 표정이나 몸짓, 언어 등을 기표로 삼아 기호적으로 해석한 결과다.

서로 몸을 부딪친 경우에도 우리는 각자의 고통만을 느낀다. 상대방이 나와 유사한 고통을 느낄 것이라는 믿음이나 추정은 나의 고통 경험을 근거로 몸짓이나 비명 같은 상대방의 표출된 반응을 해석한 결과다. 타인 또한 내 고통을 추정하거나 짐작할 수 있지만, 그것이 자신의 고통과 동일한 것인지를 확증할 방법이 없다. 이러한 상황은 지각이나 느낌의 층위에서만 나타나는 것이 아니다. 그것은 정서, 추론, 상상력, 나아가 기억 등 모든 경험 영역에서 다르지 않다. 우리는 거부할 수 없는 방식으로 각자의 경험 안에 갇혀 있다. 필자는 이것을 경험의 '유폐성'(incarceratedness)이라고 부른다.

유폐성은 특수한 상황이나 조건에서 비롯되는 것이 아니라 유기체의 본성적인 국면이다. 이 때문에 유폐성이라는 경험의 본성은 우리 의식의 표면에 거의 떠오르지 않는다. 그럼에도 이러한 유폐성에 주목해야 하는 이유는 그것이 인간을 포함한 모든 유기체 활동의 본성을 규정하는 데 핵심적인 계기를 제공해 주기 때문이다.[7]

---

6 노양진, 「의사소통의 기호적 구조」, 『철학적 사유의 갈래: 초월과 해체를 넘어서』 (파주: 서광사, 2018), pp. 165-66 참조.

7 경험의 유폐성은 원리적으로 모든 존재의 문제다. 우리가 잠시 우리에게 주어진 생물학적 지식을 접어두고 이야기를 이어가 본다면 경험의 유폐성은 단순히 동식

우리가 주목해야 할 것은 경험의 이러한 유폐성이 유기체의 '자족성'(aseity)을 의미하지 않는다는 점이다. 나는 나의 경험 안에 갇혀 있지만 나의 삶은 본성적으로 타자 의존적이다. 유기체는 다른 유기체를 먹이로 삼아 생존하며, 그러한 생존은 유폐성을 넘어서도록 요구한다. 나는 생존을 위해 유폐성을 벗어나야만 한다. 이러한 조건은 일견 역설적이다. 나는 본성상 유폐적 존재이면서 동시에 유폐성을 벗어나는 방식으로 생존하고 활동해야만 하기 때문이다. 필자는 유기체의 이러한 본성을 '탈유폐'(ex-carceration)라고 부를 것이다.

경험의 유폐성을 벗어나는 모든 활동은 내 경험내용 밖의 매개물을 요구한다. 나는 타자의 느낌이나 감각을 이해하기 위해서 그의 몸짓이나 표정, 소리 같은 제3의 매개물을 사용한다. 이처럼 유기체의 상호작용에서 필연적으로 개입하는 제3의 매개물을 이해하는 유일한 길이 바로 기호적 길이다. 그 제3의 매개물이 바로 기호적 해석의 대상인 '기표'(signifier)다. 그의 몸짓이나 표정, 소리, 언어 등 모든 것이 기표로 주어진다. 그것이 아무리 반복되고 익숙한 것이라 하더라도 여전히 기호적 과정이 생략되거나 간과되는 것은 아니다. 이 기표를 거치지 않고 타자의 경험에 직접 접근하는 통로는 없다. 이런 의미에서 매개된 모든 경험은 '기호적'(symbolic)으로 유통된다.

이런 구도 안에서 기호적 경험은 단순히 언어적 국면이 아니라 인간 삶의 근원적 구조를 규정하는 원초적 국면이다. 기호적 경험에 대한 이처럼 폭넓은 해석은 고전적인 기호 개념의 근원적인 수정을 요

물의 문제로 국한되지 않는다. 우리가 도달할 수 없다는 점에서는 비생명체의 경험 또한 유폐적이다. 비생명체는 탈유폐적 활동을 드러내지 않는다. 오늘날 생명체와 비생명체 사이의 생물학적 구분은 바로 이 탈유폐성의 유무에 근거하고 있다고 말할 수 있다.

구한다. 지난 한 세기가 넘는 동안 축적된 방대한 기호학적 논의에도 불구하고 기호의 본성과 구체적인 기호적 작용방식은 여전히 풀리지 않는 수수께끼로 남아 있다. 필자는 '기호적 사상'(symbolic mapping)을 통해 구성되는 기호적 경험의 범위를 충분히 확장시킴으로써 매개되지 않는 경험의 경계에 이르게 되었으며, 그 경계를 유폐성으로 특징짓게 되었다. 기호적 경험이 유폐성을 벗어나는 유일한 통로라는 점을 받아들인다면, 모든 기호적 행위를 탈유폐라는 관점에서 비추어 볼 수 있는 출발점을 마련하게 된다.

3. 기호적 경험과 의사소통

'경험의 유폐성' 논제를 받아들이면 타자와의 의사소통은 오직 제3의 매개물을 통해서만 가능하다. 이때 요구되는 제3의 매개물은 내 경험 내용을 표현하기 위한 도구이며, 그것이 바로 기호적으로 해석되어야 할 대상, 즉 '기표'가 된다. 내 표정이나 몸짓, 언어, 나아가 다양한 형태의 자연물과 인공물이 기표가 될 수 있다. 나는 이 기표들에 대한 해석을 통해 타자의 경험내용을 추정할 뿐이다. 이런 의미에서 필자는 의사소통을 "탈유폐적 기호화의 과정(ex-carcerating process of symbolization)"[8]으로 특징지었다.

　이러한 기호적 구조 안에서 우리가 실제로 행하고 있는 의사소통은 어떻게 이루어지는 것일까? 우리가 어떤 공동체 안에서 의사소통에 성공한다 하더라도 그것이 구성원들 서로의 경험내용에 접속하거나 동일한 경험내용을 공유한다는 것을 의미하지는 않는다. 공동체적 성

8　노양진, 「의사소통의 기호적 구조」, p. 166.

공이든 실패든 경험의 유폐성은 여전히 거부할 수 없는 사실로 남아 있다. 내가 종종 상대방을 잘 안다고 말하는 것은 상대방의 경험내용에 직접 접속하거나 그 경험내용을 공유한다는 말이 아니라 상대방의 언어나 행동에 대한 기호적 해석에 익숙해져 있다는 것을 의미할 뿐이다. 그 기호적 해석의 성패는 그 자체로 결정될 수 없다. 그 성패는 우리가 공동 목표나 관심사에 관해 협력/비협력의 방식에 이르게 되는지의 여부에 의해 결정된다.

　20세기 초반의 언어철학적 논의에서 의사소통의 문제는 어떤 의미를 화자와 청자 사이에 정확하게 전달하는 문제로 정형화되었다. 레디(M. Reddy)는 이런 의사소통의 구조를 「도관」(Conduit) 은유로 설명한다. 이 은유 안에서 어떤 의미는 화자와 청자 사이에 도관을 통해 전달되는 사물이다.[9] 이러한 객관주의적 언어 이론은 '확실성의 탐구'로 규정되는 근세 인식론의 언어철학적 변형일 뿐이며, 매력적이기는 하지만 '인지적으로 비현실적인'(cognitively unrealistic) 철학적 가정의 불운한 산물이다.[10] 그것은 우리의 의사소통의 본성과 구조에 관해 새로운 사실을 알려 주기보다는 오히려 그 사실을 가리는 결과를 낳은 것으로 보인다.

　경험의 유폐성에서 출발하여 기호적 과정을 통해서만 이루어지는

9　Michael Reddy, "Conduit Metaphor: A Case of Frame Conflict in Our Language about Language," in Andrew Ortony, ed., *Metaphor and Thought*, 2nd ed. (Cambridge: Cambridge University Press, 1993), pp. 166-71 참조.

10　이 용어는 존슨(M. Johnson)이 자신의 체험주의적 제안에 대해 '인지적으로 현실적인 철학'이라고 표현한 것을 변형한 것이다. Mark Johnson, "The Body and Philosophy," International Conference in Celebration of the 29th Anniversary of the UN International Day of Peace (Kyunghee University, Seoul, November 3-5, 2010), p. 22 참조.

의사소통은 본성상 불완전하며 불투명할 수밖에 없다. 의사소통에 대한 이런 비관적 해명은 의사소통 문제에 관해 심각한 우려를 불러온다. 기호적 구도 안에서 '정확한' 의사소통은 처음부터 불가능하기 때문이다. 이러한 우려는 '경험의 유폐성' 논제 자체에 대한 강한 거부로 나타난다. 정대현 교수는 필자의 『철학적 사유의 갈래』에 대한 비판적 서평을 통해 이 우려를 가감 없이 드러낸다.[11] 유폐성 논제를 받아들이게 되면 현실적으로 이루어지고 있는 의사소통은 물론 상호 이해와 같은 문제들을 매우 다른 방식으로 해명해야 하기 때문이다. 그래서 정대현 교수는 필자가 유폐성 논제를 통해 불필요하고도 버거운 이론적 위험을 자초하고 있다고 우려한다.

　　[노양진]의 책에서 가장 당혹스러운 주제는 저자가 천명하는 '나'의 유폐성이다. '나'라는 단어가 아니라 그렇게 불리는 주체의 유폐성이다. 몸의 경험적 체험주의를 주장하면서 어떻게 그럴 수가 있을까? 저자 (126-129)는 우리를 포함한 모든 유기체는 각자의 경험 안에 유폐되어 있다고 믿는다. 따라서 나만이 아니라 모든 타인도 나에게 근원적으로 미지의 수수께끼라고 생각한다. 나의 경험, 타인의 경험을 직접적으로 전달할 수 없는 것은 우리가 자신은 물론 타인에 관해서도 결코 완전한 지식에 이를 수 없기 때문이다. 저자는 나의 몸의 역사성으로 나의 존재

11　정대현, 「체험주의의 언어와 의미」, 『철학』, 제139집 (2019 봄): 267-73. 필자의 『철학적 사유의 갈래』에 대한 정대현 교수의 서평은 초월, 언어의 본성, 의사소통 등 몇 가지 주제를 중심으로 비판적 논의를 제기하고 있는데, 그 중 가장 비중 있게 다루어진 것은 '경험의 유폐성' 문제로 보인다. 이 서평은 필자의 철학적 시도에 대한 날카롭고 섬세한 분석적 비판과 함께 후학에 대한 애정 어린 격려를 담고 있다. 이 지면을 빌려서 필자의 작업에 대한 정대현 교수의 과분한 철학적 평가에 깊은 감사의 마음을 표하고 싶다.

가 입증되고 자아에 대한 인식의 불투명 속에서도 여전히 내가 몸의 역사의 주인이라는 사실을 천명한다. 그러나 저자는 왜 '체험'이라는 것을 아직도 흄적인 주관성으로 해석하는 것일까? 인지과학이 관념적 자아론으로 가고 있다고 믿는 것일까? 현재의 인지과학이 강한 인공지능이나 인간자율성을 설명 못하고 있다면, 또는 아직 그러한 전망이 보이지 않는다면, '어려운 문제'(hard problem)로 남겨두어야 하지 않을까? 아직은 일상언어의 투명성이 '나'의 이해를 공유하는 것이 건강한 것이 아닐까? 왜 아직은 선명하지 않은 인지과학의 이름으로 '나의 유폐성' 논제에 위험부담을 자초하는 것일까?[12]

정대현 교수의 이러한 우려의 배후에 어떤 이론적 가정이 자리 잡고 있는지 이 서평에서 분명하게 드러나지는 않지만, 적어도 그 가정은 우리 경험이 필자가 주장하는 것만큼 유폐적이지는 않다는 생각을 담고 있을 것이다. 정대현 교수의 우려는 일견 자연스러워 보인다. 적어도 우리는 어떤 형태로든 실제로 의사소통을 하며, 또 그것을 통해서 적절한 정도의 상호이해에 이르는 것으로 보이기 때문이다. 이 때문에 경험의 유폐성 논제를 무시하거나 반박하려는 이론들은 처음부터 우리 경험이 어떻게든 상호 '공유되고 있으며', 또 '공유되어야만 한다'는 이중적 가정에서 출발한다.

　필자는 이 가정이 경험적으로 근거 없는 것이며, 이 때문에 우리 경험의 본성은 물론 그 가정에 근거한 상호이해나 의사소통 이론이 피할 수 없는 이론적 곤경에 직면하게 된다고 보았다. 이 곤경은 상호이해나 의사소통의 본성에 대해 '해명'하려고 할 때 선명하게 드러난

---

12   같은 글, p. 271. (괄호 안은 필자의 『철학적 사유의 갈래』의 쪽수.)

다. 그래서 유폐성 개념을 거부하는 이론들은 유폐성을 해명하는 대
신에 '규범성'이나 '당위' 같은 통로를 통해 이 곤경을 비켜서려고 한
다. 즉 해명 대신에 '우리가 원하는 것'을 제시하고 그 원하는 것을
정당화하는 것이 철학의 주된 임무라고 받아들이는 것이다. 더 나쁜
것은 종종 '원하는 것'에 대한 정당화를 의사소통이나 상호이해의 구
조에 대한 '우리의 것'에 대한 해명, 즉 '사실적 해명'으로 간주한다
는 점이다. 사변적 전통에서 흔히 드러나는 이러한 철학적 태도는 사
실상 교묘하게 논점을 비켜서고 있을 뿐만 아니라 오히려 우리 자신
의 근원적 조건에 대한 '경험적으로 책임 있는'(empirically respon-
sible) 해명을 가로막는 결과를 낳았다.[13]

사실 필자가 제시하는 '경험의 유폐성' 논제는 그 자체로 비관적이
지도 낙관적이지도 않다. 우리가 타인/타자의 경험내용에 직접 접속
할 수 없다는 사실은 특수한 이론적 산물이 아니라 평범하고도 자명
한 경험적 사실일 뿐이다. 필자는 경험의 유폐성이 현재 우리의 경험
적 지식으로 반박할 수 없다는 점에서 일종의 '기초사실'(basic fact)
의 하나라고 본다. 그러나 이처럼 자명한 경험의 유폐성 논제를 환기
하는 중요한 이유는 사변적 전통의 철학 이론들이 유폐성이라는 경험
의 본성을 (의도적이든 비의도적이든) 간과하거나 무시하고 있기 때
문이다. 경험의 유폐성 논제를 받아들이면 타인/타자와의 모든 의사
소통은 제3의 매개물을 통한 간접적 의사소통일 수밖에 없다는 사실

---

13 이 어법은 레이코프와 존슨의 것을 빌려온 것이다. 레이코프와 존슨은 새로운
철학적 탐구가 '제2세대 인지과학'의 경험적 발견에 의해 반박되지 않는 방식으
로 이루어져야 한다고 보며, 그런 철학적 탐구를 '경험적으로 책임 있는 철학'이
라고 부른다. G. 레이코프·M. 존슨, 『몸의 철학: 신체화된 마음의 서구 사상에
대한 도전』, 임지룡 외 역 (서울: 박이정, 2002), 특히 pp. 796-97 참조.

이 분명해진다. 이 매개물을 통한 간접적 의사소통이 바로 '기호적' 소통이다.

타인/타자의 몸이 아니라 경험내용에 접근하기 위해 우리는 타인/타자의 표정이나 몸짓, 언어, 행동을 매개로 타인/타자의 경험내용을 해석해야만 한다. 이때 타인의 표정, 몸짓, 언어, 행동은 해석되어야 할 '기표'가 된다. 내가 타인의 지각, 의식, 기억, 상상 등의 경험내용에 관심을 갖지 않는다면 타자와의 상호작용은 몸을 밀치고 당기는 것 같은 물리적 층위로 국한될 것이다. 그러한 물리적 상호작용을 넘어서서 타자의 경험내용에 관심을 갖는다면 그것은 기호적 과정을 거쳐야만 가능해진다.

아마도 경험의 유폐성 논제가 일견 부적절하고 불온한 가정처럼 들리는 가장 큰 이유는 우리가 현실적으로 적절한 수준의 의사소통을 통한 상호이해에 이르고 있으며, 나아가 그것을 토대로 현재와 같은 공동체적 성취에 이르고 있다는 믿음 때문일 것이다. 그러나 이 모든 현실적 성취가 사실이라 하더라도 그 사실이 경험의 유폐성 논제를 반박하거나 부정하는 것은 아니다. 바꾸어 말하면 의사소통이나 상호이해에 성공한다는 것이 우리가 서로의 경험내용에 직접 접속하거나 경험내용을 공유한다는 것을 의미하지는 않기 때문이다.

대신에 우리가 성공적이라고 받아들이는 대부분의 의사소통이나 상호이해는 사실상 외재적인 '규약'이나 '관습'에 의존하고 있다. 이때 규약이나 관습은 타자와 동일한 경험내용을 공유하는 장치가 아니라 '특정한 기표를 합의된 방식으로 조작'하는 문제일 뿐이다. 우리가 실제 사용하고 있는 '언어'가 그렇다. 소리든 문자든 언어는 '규약화된 기표의 체계'다. 언어는 인위적으로 정교화된 인공기표의 체계이며, 다른 기표와 마찬가지로 기호적 해석의 대상이다. 예를 들어

[나무]라는 언어기표는 소리든 문자든 나무를 가리키기 위해 규약화
된 기표다.[14] 그러나 그 기표로부터 '기호적 의미'를 산출하는 것은
언어사용자인 우리 자신이다. 이때 나는 내 경험내용의 일부를 그 기
표에 사상하고 그 사상된 경험의 '관점에서' 그 기표를 이해하고 경
험한다. 이것은 언어사용자 모두에게 마찬가지다. 한국어 사용자는
모두 동일한 언어기표인 [나무]를 사용할 수 있지만, 그 기표에 나무
에 대한 각각 다른 경험내용을 사상할 수 있다. 그래서 [나무]라는 기
표에 어떤 사람들은 수백 년 된 마을 앞 느티나무에 대한 신성한 경외
감을 사상할 수 있으며, 어떤 사람은 휘늘어진 소나무와 관련된 아련
한 추억을 사상할지도 모른다. 이들은 [나무]라는 기표에 각각 자신만
의 경험내용의 일부를 사상하며, 그래서 이들은 [나무]라는 기표에서
각각 다른 기호적 의미를 얻게 된다.[15]

　규약적 언어의 사용은 미리 확정된 방식으로 기호들을 조작하는 문
제이며, 우리의 경험내용을 교호하는 '인간적 의사소통'의 문제가 아
니다. 기호적 과정으로서의 의사소통은 본성상 '사적 경험'의 과정이
며, 더욱이 거기에는 어떤 선결적인 원리도 알고리즘도 없다. 이러한

14　어떤 언어기표가 규약화되는 과정에서 도상적(iconic) 요소, 즉 형태적 유사성
　　이 강하게 반영되어 있을 수 있다. 상형문자인 중국 나시족의 동파문자(東巴文
　　字)나 수화가 대표적인 예일 수 있다. 그러나 그런 문자를 사용하는 경우에도 현
　　재 논의하려는 맥락에서 기호적 사상을 통한 기호적 의미 산출은 다른 문자들과
　　마찬가지 방식으로 나타난다.
15　동일한 언어공동체의 구성원에게 상대방이 나무에 대해 나와 '대체로 유사한 경
　　험내용'을 갖고 있을 것이라는 믿음은 매우 자연스럽지만 결코 확증되지 않으며,
　　또 확증될 수도 없는 믿음이다. 그렇지만 이러한 추정은 물리적 경험 영역에서
　　드러나는 현저한 '공공성'(commonality)에 의해 강력하게 지지될 수 있다. 이
　　러한 공공성은 고전적인 경험주의자들이 꿈꾸었던 '필연적 확실성'의 한 종류가
　　아니라 우리 인간이 유사한 종적(種的) 구조를 가졌다는 믿음에 근거한 것이다.

사실은 특정한 이론적 가정에 묶이지 않고 우리 경험의 작동방식을
냉정히 살펴보면 거의 자명해진다. 개개인의 삶을 통해 축적한 경험
내용은 모두 그 자체로 특유하다. 나의 경험내용은 어느 순간에 완결
되어 주어지는 완제품이 아니라 태어난 순간부터 죽을 때까지 이어지
는 연속적 축적을 통해 이루어진다. 듀이(J. Dewey)가 알려 주는 것
처럼 유기체의 경험은 하나의 연속적 '흐름'이며, 거기에는 어떤 '단
절'(breach)도 없다.[16] 유기체에게 경험의 단절이란 죽음을 말하기
때문이다

'확실성의 탐구'라는 인식론적 베일을 거두고 실용주의적 시각을
받아들이면 의사소통은 현재와 같은 몸을 가진 유기체인 우리 자신과
세계/타자와의 상호작용의 한 양상일 뿐이다. 실용주의적 시각을 받
아들이면 의사소통은 확실성의 문제가 아니라 우리 자신이 이 세계
안에서 '성공적으로' 살아가기 위한 '협력/비협력'의 문제라는 사실
이 훨씬 더 선명하게 드러난다. 이러한 관점에서 필자는 앞서 의사소
통의 본성을 이렇게 서술했다.

어떤 공동체적 연대성이 이루어진다고 해서 그 구성원들이 명제적 의
미에서의 '합치'에 이른 것은 아니다. 그러한 가정은 한 국가의 구성원이
한 국가라는 공동체를 구성하고 있다고 해서 동일한 명제적 의미를 공유
하고 있다고 추정하는 것만큼이나 낭만적인 것이다. 이들은 합치된 명제
적 의미를 공유하고 있거나 또는 공유하기 위해서 연대를 이루고 있는 것
이 아니라 집단적인 의도나 욕구를 따라 '협력/비협력'하고 있는 것이다.

---

16 John Dewey, *Logic: The Theory of Inquiry: The Later Works, 1925-1953*,
Vol. 12, ed. Jo Ann Boydston (Carbondale, Ill.: Southern Illinois Universi-
ty, 1986), p. 26 참조.

의사소통의 불안정성은 의사소통의 허무주의에 대한 우려를 불러올
수 있다. 그러나 이러한 우려는 의사소통의 궁극적 목표가 '합치'라는 믿
음에서 비롯된다. 이러한 시각에서 합치에 이르지 못하는 의사소통은 실
패를 의미한다. 그러나 모든 의사소통이 기호적 구조 안에서 이루어진다
는 사실은 동시에 그것이 물리적 경험에 근거하고 있다는 것을 의미한
다. 모든 기호적 사상이 부분적이라는 특성을 감안한다면 의사소통의 실
제적 성공에는 다분히 우연적인 측면이 있다. 그렇지만 경험의 두 층위
에서 드러나는 '공공성'의 차이는 단순히 우연의 문제만은 아니다. 우리
는 물리적 경험 층위에서 현저하게 큰 '공공성'을 경험한다.[17]

우리가 기호적 경험에 접어드는 순간 '기호적 사상'에 의존할 수밖
에 없다는 사실은 '확실성의 탐구'라고 불리는 근세 인식론적 희망
안에서 철학하는 사람에게는 받아들이고 싶지 않은 불길한 메시지일
것이다. 우리 경험이 '기호적'으로 이루어진다는 말은 우리 경험이
본성적으로 불투명할 수밖에 없다는 사실을 의미하기 때문이다. 사변
적 전통의 철학은 이 불투명성을 넘어서는 통로를 제시하는 것이 철
학의 임무라고 말해 왔지만 체험주의는 그 '철학'이라고 불리는 사유
자체가 '기호적으로' 이루어질 수밖에 없다는 사실을 보여 주고 있는
것이다. 경험의 불투명성, 나아가 의사소통의 불투명성은 거부하거나
극복해야 할 장애가 아니라 시간과 공간 안에 파편화된 유기체로서
우리가 이해하고 받아들여야 할 본래적 조건이다.

---

17   노양진, 「의사소통의 기호적 구조」, pp. 176-77.

4. 기호적 불안과 기호적 유폐

듀이는 서양철학의 주류적 흐름을 '확실성의 탐구'로 특징짓는다. 근세에 들어 철학적 관심사가 '인식론'(epistemology)이라는 탐구로 집약되면서 '확실성' 문제는 확고한 중심적 주제가 되었다. 기호적 경험이 기호적 사상과 기호적 해석을 통한 매개적 경험이라는 사실을 상기하면 기호적 경험의 일차적 특성은 '불투명성'으로 규정될 수 있다. 이 불투명성은 철학자든 비철학자든 '확실성'을 꿈꾸는 사람들에게 '불안'을 불러온다. 필자는 그것을 '기호적 불안'(symbolic anxiety)이라고 부른다.[18]

　이러한 기호적 불안을 극복하려는 철학자들의 노력은 종종 '꼭짓점 이론'(apex theory)으로 나타난다. '최고선' 또는 '절대적 진리'라는 이름으로 유포되는 모든 이론은 현상계의 어지러운 현실을 하나의 꼭짓점으로 수렴하려고 한다. 플라톤의 '이데아'나 주희(朱熹)의 '리'(理)가 그 전형적인 시도다. 이데아나 리는 지적이든 도덕적이든 모든 것을 수렴하는 하나의 원리이며, 그 원리는 다시 우리의 사고와 행위를 이끌어 가는 원점이 된다.

　곤란한 것은 이 원리가 본성상 '초월적'이라는 점이다. 그래서 초월적인 것은 필연적으로 '현상계를 벗어나 존재하면서도 현상계에 개입해야 하는 역설'에 직면하게 된다. 필자는 이것을 '초월의 역설'(paradox of the transcendent)이라고 부른다.[19] 플라톤과 주희

18　'기호적 불안'이라는 표현은 '데카르트적 불안'(Cartesian anxiety)이라는 번스타인(R. Bernstein)의 어법을 빌려온 것이다. 리처드 번스타인, 『객관주의와 상대주의를 넘어서』, 정창호 외 역 (서울: 보광재, 1996), pp. 39-47 참조.

19　근세 인식론적 전통 안에서 제기된 '선험' 또한 초월의 한 변형일 뿐이다. '초월

이래로 반복되는 철학적 논란이 초월적인 것, 즉 이데아나 리와 현상
계의 관계 문제를 해명하는 데 집중되었던 것은 결코 우연이 아니다.
이러한 풀 수 없는 역설에도 불구하고 초월적인 것에 대한 우리의 '열
망'은 유기체적 한계에 묶여 있는 우리 모두에게 자연스러운 것이라
고도 할 수 있다. 그러나 그 자연적인 열망에 대한 응답으로 제시되는
초월적 이론의 귀결 또한 마찬가지로 자연스러운 것은 아니다. 초월
적 이론은 우리 자신의 '크기'(size)에 부합하지 않는 초월적 기준을
제시하며, 그것은 필연적으로 우리 자신에 대한 억압을 불러오기 때
문이다.

  체험주의적 시각에서 본다면 '초월'이라는 이름으로 제시되는 모
든 이론은 본성상 기호적 구성물이다. 이처럼 기호적 경로를 따라 구
성되는 꼭짓점 이론은 우리를 모두 하나의 꼭짓점 아래에 포섭하는
'닫힌 이론'으로 나타난다. 경험의 유폐성을 벗어나려는 탈유폐에서
출발했던 기호적 경험이 또다시 우리 스스로를 또 다른 유폐로 이끌
어 가는 것이다. 이것은 또 하나의 역설일 수밖에 없다. 필자는 이 이
차적 유폐를 '기호적 유폐'라고 부른다.

  기호적 유폐가 불러오는 역설은 비트겐슈타인(L. Wittgenstein)의
어법을 빌리면 '해결해야'(solve) 할 문제가 아니라 '해소되어야'
(dissolve) 할 문제다. 이 해소를 위해서 우리는 기호적 확장의 구조
와 뿌리를 볼 수 있는 지점으로 되돌아가야 한다. 거기에 바로 모든
기호적 경험의 토대를 이루고 있는 물리적 경험이 있다. 비트겐슈타
인의 말처럼 파리병에 빠진 파리는 자신이 통과했던 곳을 되돌아볼

  의 역설'에 관한 좀 더 상세한 논의는 노양진, 『철학적 사유의 갈래: 초월과 해
  체를 넘어서』(파주: 서광사, 2018), 특히 1장 「초월의 역설」 참조.

수 있을 때에만 출구를 찾을 수 있다.[20] 모든 기호가 출발했던 물리적 경험 영역으로 되돌아감으로써 우리는 비로소 어떤 기호적 구조가 우리를 '성장'(growth)으로 이끌어 가며, 어떤 기호적 구조가 우리를 억압으로 이끌어 가는지를 가늠할 수 있는 공유된 조망점을 찾게 될 것이다.

---

20 루트비히 비트겐슈타인, 『철학적 탐구』, 이영철 역 (서울: 책세상, 2006), 309절 참조.

제3장

기호의 전이

1. 머리말

인간적 삶에서 기호의 중요성에 관한 논의는 '기호학'(semiotics/se-miology)이라는 독립적인 탐구 분과를 낳았지만 한 세기에 걸친 탐구에도 불구하고 기호의 본성에 관한 몇몇 결정적인 문제는 여전히 미지의 수수께끼로 남아 있다. 특히 기호학적 논의를 불투명한 혼란에 빠뜨린 것 중의 하나는 기호의 '전이'(metastasis) 현상이다. 기호는 끊임없이 자기 증식과 변형을 거듭하며, 우리의 정신세계를 구성한다. 한 번 출발한 기호적 여정은 철회되지 않으며, 대신에 다양한 기표들로 전이된다. 우리는 항상 지속적인 기호적 전이의 끝부분에 있지만, 이 전이를 통한 기호적 의미의 변형과 증식의 경로를 정확히 역추적하는 것은 사실상 불가능한 일처럼 보인다.

기호적 경험의 본성과 구조에 대한 새로운 탐색에 결정적인 계기를 제공해 준 것은 '체험주의'(experientialism)의 은유 이론이다. 레이코프와 존슨(G. Lakoff and M. Johnson)이 전개한 은유 이론은 모든 은유가 신체적/물리적 층위의 경험에 근거하고 있다고 주장한다. 레이코프와 존슨에 따르면 은유는 원천영역의 경험을 표적영역의 경험에 '사상'(mapping)하는 방식으로 작동하며, 이 은유를 받아들인다는 것은 사상된 경험의 '관점에서'(in terms of) 표적영역을 새롭게 이해하고 경험한다는 것을 의미한다.[1] 필자는 체험주의 은유 이론을 특징짓는 '은유적 사상'(metaphorical mapping)이 기호의 본성을 밝히는 핵심적 기제라고 보았으며, 기호적 해명을 위해 이 개념을 '기호적 사상'(symbolic mapping)이라는 개념으로 확장함으로써 새로운 기호 이론의 가능성을 탐색했다.[2]

체험주의적 시각에서 기호적 경험은 우리 경험내용의 일부를 특정한 물리적 대상, 즉 기표에 사상함으로써 그 사상된 경험내용의 관점에서 그 기표를 이해하고 경험하는 과정이다.[3] 기호적 경험을 통해 우리는 물리적 경험을 확장하는 동시에 물리적 경험을 넘어선다. 기호의 전이는 이러한 기호적 경험에서 드러나는 독특한 현상이다. 기호의 전이란 유사한 경험내용이 다양한 기표에 사상됨으로써 유사한 '기호적 의미'가 새로운 기표를 거치면서 변형과 증식을 거듭하는 현상이다. 필자는 이 글에서 이러한 기호의 전이가 기호적 경험이 지닌 본성적 '불완전성'에서 비롯된다고 보며, 이 불완전성을 '기표의 물

---

1 G. 레이코프 · M. 존슨, 『삶으로서의 은유』, 수정판, 노양진·나익주 역 (서울: 박이정, 2006) 참조.

2 노양진, 「기호적 경험의 체험주의적 해명」, 『몸·언어·철학』 (파주: 서광사, 2009) 참조.

3 이러한 기호적 과정은 구체적인 물리적 대상을 기표로 삼아서만 이루어지지 않고 우리의 상상 안에서도 가상의 (추상적) 기표를 사용해서 이루어질 수도 있다. 그러나 상상 안에서 이루어지는 기호적 과정 또한 여전히 물리적 기표를 사용하는 기본적인 기호적 구도에 의거한 것일 수밖에 없다.

리적 유한성'과 '기호적 사상의 부분성'이라는 두 국면을 통해 해명
하려고 한다. 이렇게 이루어지는 기호의 전이는 원리적으로 무한히
열려 있으며, 이 때문에 기호적 경험에는 어떤 확정적 경로도, 또 궁
극적으로 도달해야 할 선결된 목표도 없다. 기호의 전이에 대한 이러
한 해명은 기호의 문제가 우리 경험의 한 국면인 기호적 경험의 문제
라는 사실을 보여 주는 동시에 기호적 경험에 대한 새로운 경험적 탐
구의 필요성과 가능성을 열어 줄 것이다.

2. 기호적 경험과 기호적 사상

기호 문제가 세계의 사태 문제가 아니라 우리 경험의 문제라는 생각
의 원천은 퍼스(C. S. Peirce)의 기호 이론에서 찾아볼 수 있다. 퍼스
는 기호가 우리의 사고를 규정하는 편재적 기제라는 사실에 주목했으
며, 이 때문에 '사고기호'(thought sign)라는 개념을 제안한다.[4] 이러
한 시각에서 퍼스는 기호의 본성이 마음의 본성이라는 생각에 이르게
된 것으로 보인다.[5] 그러나 이러한 시각 전환을 통해 열리게 된 방대
한 기호학적 탐구에도 불구하고 퍼스의 기호 이론은 '기호적 의미의
원천'이 무엇인지를 알려 주지 않으며, 동시에 기호적 의미가 제약되

---

4 Charles S. Peirce, *Collected Papers of Charles Sanders Peirce*, vol. 4, eds. Charles Hartshorne and Paul Weiss (Cambridge, Mass.: Harvard University Press, 1960) 참조.

5 이것은 소쉬르(F. de Saussure) 이래로 전개된 구조주의적 기호 이론과 선명하게 구별되는 부분이다. 구조주의자들은 기호현상을 세계의 사태/사건 문제로 인식했으며, 그것은 후기구조주의자로 구분되는 바르트(R. Barthes)나 들뢰즈(G. Deleuze)의 기호 개념에서도 다르지 않다. 필자는 기호 산출자/해석자인 인간의 자리가 제거된 이러한 구조주의 기호학의 기본 가정이 구조주의 기호 이론을 아포리아로 이끌어 간 핵심적 문제라고 본다.

는 과정에서 기표가 갖는 역할에 관해서는 더더욱 알려 주는 것이 없다.[6]

기호적 의미의 원천 문제는 퍼스로부터 한 세기가 지난 시점에 '체험주의'라는 낯선 철학적 흐름을 통해 구체화된 해명의 실마리를 찾게 되었다. 1980년대에 레이코프와 존슨이 창도했던 체험주의는 독창적인 은유 이론을 출발점으로 삼아 점차 철학적 시각으로 확장되어 가고 있는 신생의 철학이다. 체험주의에 따르면 정신적/추상적 층위의 경험은 신체적/물리적 층위의 경험에 근거해서 확장되며, 동시에 신체적/물리적 층위의 경험에 의해 강력하게 제약된다.[7] 신체적/물리적 층위의 경험이 정신적/추상적 층위의 경험으로 확장되는 데 작용하는 핵심적인 기제가 바로 '은유적 사상'이다. 필자는 체험주의의 구분을 따라 우리 경험을 물리적 경험과 기호적 경험의 두 층위로 구분했으며, 우리 경험의 은유적 확장이 바로 기호적 확장의 핵심적 기제라고 보았으며, 이 때문에 은유적 사상 개념을 '기호적 사상' 개념으로 확장했다.[8]

나는 운주사(運舟寺)의 바위를 발로 차거나 깨뜨리는 것처럼 그저 물리적으로 경험할 수 있다. 그러나 나는 그 바위를 복잡한 역사를 지닌 돌부처로 경험함으로써 기호적 경험으로 옮겨 갈 수 있다. 기호적 경험 층위로 옮겨 가면 그 바위는 물리적 경험 층위에서 주어지지 않

---

6 퍼스 기호학의 진전과 한계에 대한 좀 더 상세한 체험주의적 논의는 이 책 〈보론 1〉「퍼스의 기호 개념과 기호 해석」참조.

7 마크 존슨, 『마음 속의 몸: 의미, 상상력, 이성의 신체적 근거』, 노양진 역 (서울: 철학과현실사, 2000), 특히 3-5장 참조.

8 체험주의적 시각에서 기호적 경험의 구도에 대한 전반적 서술은 노양진, 「기호적 경험의 체험주의적 해명」에서 처음 이루어졌으며, 그 논문에서는 '기호적 사상'이라는 용어 대신에 '은유적 사상'이라는 용어를 사용하고 있다.

은 새로운 성질을 드러낸다. 즉 다양한 문화적·역사적·종교적 함축을
갖게 되는 것이다. 이 새로운 함축은 돌에서 온 것이 아니라 기호 사
용자인 우리 자신의 경험내용의 일부를 그 돌에 사상한 결과다. 이러
한 기호적 사상을 통해 물리적인 돌은 역사적이거나 종교적인 의미를
지닌 돌부처로 이해되고 경험된다. 이런 의미에서 기호의 문제는 세
계의 사건이나 사태의 문제가 아니라 우리 자신의 경험, 즉 기호적 경
험의 본성과 구조의 문제다.

 기호적 경험 층위에서 우리는 기호 산출자이면서 동시에 기호 해석
자다. 기호 산출자/해석자는 자신의 경험내용의 일부를 특정한 기표
에 사상하며, 그 사상된 경험내용의 '관점에서' 그 기표를 이해하고
경험한다. 이러한 기호적 경험을 통해 우리는 그 기표를 물리적 층위
에서 주어지지 않은 새로운 방식으로 이해하고 경험하게 되는데, 그
렇게 주어지는 것이 '기호적 의미' 다.[9] 이때 물리적 경험에서 기호적
경험으로 이행하는 것은 기표의 작용이 아니라 기호 산출자/해석자인
우리 자신의 경험의 한 국면이다.

 기호적 경험은 물리적 경험에서 출발한다. 한 기표에 어떤 경험내
용을 사상하기 위해서는 사상해야 할 경험내용이 이미 주어져 있어야
한다. 발생적인 측면에서 볼 때 최초의 경험내용은 물리적 층위에서
주어진다. 이런 의미에서 기호적 경험은 물리적 경험에 의존적이다.

---

9 물론 기호적 의미가 기호적 사상을 통해 주어진 경험내용만으로 이루어지지는 않
는다. 사상된 경험내용은 기표인 물리적 대상에 대해 우리가 이미 갖고 있는 경험
내용과 복합적인 '혼성'(blending)을 거치게 되기 때문이다. 이런 의미에서 포코
니에와 터너(G. Fauconnier and M. Turner)가 제안한 개념혼성 이론은 체험주
의적 은유 이론의 적극적 확장이라고 할 수 있다. 개념혼성에 관한 좀 더 상세한
논의는 질 포코니에·마크 터너, 『우리는 어떻게 생각하는가?: 개념적 혼성과 상
상력의 수수께끼』, 김동환·최영호 역 (고양: 지호, 2009) 참조.

즉 우리는 물리적 층위에서 주어진 경험내용의 일부를 다른 물리적 영역, 즉 물리적 대상에 사상함으로써 그 대상을 다른 방식으로 이해하거나 경험한다. 물리적 대상에 사상된 경험내용은 그 표적영역이 된 물리적 대상에 대한 이해나 경험과 혼성되어, 새로운 경험내용을 산출한다. 새로운 기호내용, 즉 기호적 의미가 산출된 것이다. 이렇게 산출된 기호적 의미는 더 이상 물리적 대상의 이름이 아니다. 이러한 기호적 의미 산출과 함께 우리는 이미 추상적 경험 영역에 접어든다.[10]

3. 기호의 불완전성

기호적 의미가 다양한 기표를 거치면서 전이 현상을 드러내는 주된 이유는 모든 기호화가 본성적으로 불완전하다는 데 있다. 기호의 불완전성은 근원적으로 기호적 경험의 주인인 우리 자신의 유한성에서 비롯된다. 우리 자신이 살아 있는 동안 기호 산출에 직접 사용할 수 있는 기표는 표정이나 몸짓, 발화, 소리언어 등의 신체기표다. 그러나 이 모든 신체기표는 우리의 생물학적 한계에 의해 제약되며, 생명현상의 소멸과 함께 기호적 경험 자체도 소멸한다. 이러한 한계를 넘어서서 특정한 기호적 의미를 유지하기 위해서 우리는 신체적 유한성을 넘어서는 비신체기표를 필요로 한다.[11] 우리보다 수명이 긴 기표를 사

---

10 이처럼 일차사상을 통해 구성된 기호내용, 즉 기호적 의미는 '기억'이라는 형태로 우리 안에 저장되며, 이렇게 저장된 추상적 경험내용은 또 다른 기표에 사상되어 새로운 기호적 의미를 산출할 수 있다. 필자는 그것을 '이차사상'이라고 부른다. 이러한 중층적 사상의 과정은 원리적으로 삼차사상, 사차사상 등으로 무한히 이어질 수 있으며, 이 과정이 중층적으로 이루어질수록 점차 더 추상적인 기호내용을 산출할 것이다.

11 기표의 구분에 관해서는 노양진, 『몸이 철학을 말하다: 인지적 전환과 체험주의

용해 기호적 경험을 보존하려는 시도가 그것이다. 그러나 이어서 논의하려는 것처럼 기호적 경험이 비신체기표를 통해 전이된다 하더라도 기호의 불완전성이 완전히 극복되지는 않는다.

이 글에서는 비신체기표에 의존하는 기호화에서 불완전성을 불러오는 핵심적인 두 국면으로 1) 기표의 유한성과 2) 기호적 사상의 부분성을 다루려고 한다. 먼저 물리적 대상인 기표는 물리적 변형을 거치며, 그 변형은 기호적 구조에 변형이나 소멸을 불러온다. 한편 기호적 경험의 핵심적 기제인 기호적 사상은 본성상 부분적이며, 이 때문에 모든 기호화는 불완전할 수밖에 없다. 기호의 전이는 기호적 경험의 이러한 근원적 불완전성/불안정성이 불러오는 필연적 귀결이라고 할 수 있다.

1) 기표의 수명

모든 물리적 대상이 기표가 될 수 있으며, 그 기표는 물리적 법칙에 따라 지속적으로 변형된다. 기호적 경험이 물리적 국면을 넘어서서 이루어진다는 점에서 일견 기호적 과정은 물리적 변형과 상관없이 이루어지거나 지속되는 것으로 생각되기 쉽다. 그러나 기표의 물리적 변형은 기호 산출과 해석 과정에 결정적인 영향을 미치며, 이런 의미에서 기표의 수명은 기호적 구조 자체에 결정적인 변화를 불러온다.[12] 기표의 이러한 물리적 한계 때문에 특정한 기호적 의미는 우리

의 물음』(파주: 서광사, 2013), p. 93 참조. 기표에는 기호 산출자/해석자의 표정이나 몸짓, 발화, 소리언어 등 자신의 몸을 사용하는 신체기표가 있으며, 그 밖의 자연물이나 인공물을 사용하는 비신체기표가 있다. 비신체기표는 다시 자연기표와 인공기표로 구분된다.

12 우리의 상상 안에서 이루어지는 기호화 과정을 생각해 볼 수 있지만 그렇게 이루어지는 기호화 과정은 물리적 기표에 대한 기호적 사상 과정을 상상 속에서

가 기호적 욕구를 포기하지 않는 한 또 다른 기표로 전이한다.

기표의 전이란 우리가 동일한 것으로 가정하는 기호적 의미가 동일한 기호적 층위의 다른 기표에 사상되는 현상을 말한다. 아스테카의 희생제 이야기는 파편적 기록이나 제단의 흔적, 회화를 통해서 전해지며, 때로는 영화를 통해 또 다른 방식으로 그려진다.[13] 그것은 연극이나 음악이라는 기표를 통해 또다시 기호화될 수 있다. 이 기호의 전이 과정에는 누군가 새로운 기호 산출자가 되어 새로운 기표를 조형하며, 그 조형 과정에서 이 산출자의 기호적 사상이 새롭게 이루어진다. 이 복잡하고 불안정한 전이는 적어도 원리적으로 무한히 지속될 수 있다.

아마도 지폐는 기표의 전이를 가장 극적으로 보여 주는 사례일 것이다. 지폐는 비신체기표 중에서도 인공기표이며, 물리적으로는 종잇조각이지만 복잡한 조형 과정을 거쳐 '지폐'가 된다. 일단 지폐로 기호화되면 그것은 종잇조각의 물리적 구조가 드러낼 수 없는 전적으로 새로운 기능을 갖게 된다. 설(J. Searle)은 그래서 지폐를 '사회적 실재'(social reality)라고 부르며, 그것이 갖게 되는 새로운 사회적 기능을 '위상기능'(status function)이라고 부른다.[14] 이 경우 지폐가 갖는 위상기능은 기호적 구성물이다. 즉 우리는 특정한 형태와 색상의 종잇조각에 새로운 경험내용의 일부를 사상하며, 그 사상된 경험내용의 관점에서 그 종잇조각을 이해하고 경험한다. 이 기호적 사상은 본

재현하는 방식으로 이루어진다.

13 아스테카의 희생제는 매주 1,000여 명의 젊은이를 죽여 태양신에게 바치는 의식을 말한다. 주변의 부족들이 희생제의 제물이 되었으며, 그 시신을 고산지대의 단백질 부족 문제를 해결하기 위한 식량으로 이용한 것으로 알려져 있다.

14 John Searle, *The Construction of Social Reality* (New York: The Free Press, 1995) 참조.

성상 사적 과정이지만 사적 차원에서 멈추지 않고 거기에 사회적 규약이 부가됨으로써 비로소 사회적 기능, 즉 위상기능을 갖는 사회적 실재가 된다.

한 사람이 평생 동안 동일한 지폐를 반복해서 사용할 기회는 거의 없을지도 모른다. 대부분의 경우 물리적으로는 매번 다른 지폐를 사용하지만 우리는 만 원짜리 지폐에 대해 상당 기간 거의 유사한 인식을 갖고 있다. 한국은행은 계속 새로운 지폐를 찍어 내고, 사람들은 구권을 신권으로 교환하지만 우리는 그 위상기능이 바뀐다고 생각하지는 않는다. 위상기능이 확정되면 구권이든 신권이든 차별 없이 통용된다. 신권을 계속 찍어야 하는 이유는 자명하다. 지폐가 손상되거나 소멸하면 그 기호적 구조 자체가 손상되거나 소멸하기 때문이다. 실제로 낡은 지폐가 소각되어 소멸하면 우리에게는 오직 돈에 대한 열망이나 기억만 남게 된다. 지폐도 사라지고 나도 사라지면 돈에 관한 기호적 구조 자체가 소멸한다. 기호화를 통해 돈에 대한 내 기호적 경험이나 이해를 구현할 실제적인 통로가 사라지는 것이다. 기표는 물리적 제약을 벗어날 수 없으며, 동시에 기표의 물리적 조건은 기호적 구조에 직접적인 영향을 미친다.

기표는 물리적이다. 적어도 원리적으로 물리적인 모든 것이 기표가 될 수 있다. 그러나 실제로 물리적인 모든 것이 기표가 되지는 않는다. 특정한 물리적 대상을 기표로 선택하는 과정에는 기호 사용자의 자연적·사회적·문화적 조건이 개입될 것이다. 이처럼 선택된 물리적 대상의 일부에 우리 경험내용의 일부를 사상하며, 그렇게 함으로써 그 물리적 대상은 비로소 하나의 기표가 된다. 물리적 대상은 시간의 흐름 속에서 물리적 변형을 겪는다. 질량 불변의 법칙이 옳은 것이라면 전체적으로 물리적 총량은 변하지 않지만 특정한 기호적 경험을 가능하게 해 주는 기표로서의 물리적 형태는 변형되거나 소실된다. 예를 들어 한때 엄청났던 규모의 '절'이 세월 속에서 사라지면 남겨진 불상 조각과 주춧돌만이 그 흔적을 말해 준다. 이때 기호적 실재인 '절'은 더 이상 존재하지 않는다. 전체적인 물리적 총량은 여전히 그대로이지만 물리적 형태의 변형 때문에 물리적 상태는 더 이상 본래의 기표로 작용하지 않는다. '절'이 사라진 것이다.[15] 불상 조각과 주춧돌만 남은 곳에서 사람들은 더 이상 그 절이 흥성하던 때와 같은 행동을 하지 않는다. 스님은 더 이상 그 자리에서 예불하지 않으며, 사람들은 더 이상 연등행사에 가지 않고 불공도 드리지 않는다. 경험내용을 사상해야 할 표적이 사라지면서 원래의 기호적 의미 또한 사라졌기 때문이다. 아마도 흔적들을 살펴보는 사람들은 과거의 사람들과는 매우 다른 경험내용을 그 흔적들에 사상할 것이다.

　물리적 대상인 한 기표가 그 기호적 수명을 다하면 기호적 해석은 어떻게 지속되는 것일까? 우리는 기록에 남아 있는 수많은 고대의 건축물들이 소실되었다는 것을 알고 있으며, 현재 존재한다 하더라도 그 소재를 밝히지 못한 경우도 허다하다.[16] 건축물은 사라졌지만 그것에 관한 기록은 남아 있다. 그 기록은 또 다른 기표다. 그 건축물과 관련된 내용은 다시 소설로 씌어지거나 영화로 만들어질 수도 있다. 소설은 문자라는 형태의 기표를 사용하며, 영화는 영상은 물론 음향이나 언어와 같은 다양한 기표들을 복합적으로 사용한다. 다른 사람들

15　물론 물리적 형태가 크게 변형되지 않았지만 기호적 구조가 변형되는 경우 또한 흔하다. 건물의 형태가 대부분 유지되고 있다 하더라도 마추픽추는 더 이상 '도시'가 아니며, 경복궁은 더 이상 '궁'이 아니다.

16　고대 건축물의 일부가 여전히 존재한다 하더라도 그 기호의 본래 주인은 이미 사라졌다. 우리는 그 건축물에 대해 매우 다른 기호적 경험을 하며, 따라서 매우 다른 기호적 의미를 산출한다.

은 언어라는 기표를 사용해서 또다시 그 소설이나 영화에 관해 이야
기할지도 모른다. 건축물이든 그 흔적이든, 또는 문자든 영상이든 소
리든 이야기든 그 모든 것이 새로운 기표들이다. 기호의 전이는 이렇
게 무한히 이루어진다.

2) 기호적 사상: 유폐성과 부분성

필자는 타자와의 의사소통이라는 국면에서 기호적 경험의 출발점
을 경험의 '유폐성'(incarceratedness)에서 찾았다. 즉 우리는 각자의
경험 안에 갇혀 있다. 나는 다른 사람의 경험에 직접적으로 접속할 수
없으며, 그 반대도 마찬가지다.[17] 그러나 현재와 같은 몸을 가진 유기
체로서 우리가 각자의 경험 안에 유폐된다면 생존 자체가 불가능할
수 있다. 나는 적절한 생존을 위해 타인을 포함한 외부 세계와 소통해
야 하며, 그 탈유폐적 소통은 출발점에서부터 기호적일 수밖에 없다.
어린아이는 자신의 고통이나 배고픔을 타인에게 직접 전달할 수 없으
며, 이 때문에 대부분의 경우 신체기표의 하나인 '울음'이라는 소리
기표를 사용해 그 모든 욕구를 표현한다.

유폐적 상황은 어른이 되어도 달라지지 않는다. 나는 나의 의도와
욕구를 포함한 다양한 경험내용을 타자에게 직접적으로 전달할 수 없
다. 나는 이때 기호 산출자로서 나의 표정이나 몸짓, 언어를 기표로
사용해야만 한다. 동시에 나는 기호 해석자로서 타자와 외부 세계의
변화나 움직임을 기호적으로 해석해야 한다. 즉 나는 타자의 경험을
기호적으로 해석할 수밖에 없으며, 마찬가지로 타자 또한 나의 경험

---

17   노양진, 「의사소통의 기호적 구조」, 『철학적 사유의 갈래: 초월과 해체를 넘어
서』(파주: 서광사, 2018), 특히 pp. 165-66 참조.

을 기호적으로 해석할 수밖에 없다. 이 모든 기호적 과정은 본성상 불투명성으로 특징지어진다. 탈유폐성이라는 관점에서 어린아이의 기호적 경험과 어른의 기호적 경험에 차이가 있다면 그것은 어른이 더 다양한 기표를 더 정교하게 사용할 수 있다는 점뿐이다.

기호적 사상은 기호적 경험을 특징짓는 인지적 기제이며, 그런 의미에서 본성상 사적 과정이다. 흔히 특정한 시대나 문화 안의 사람들이 특정한 기호적 의미를 공유한다고 생각하는 것은 우리의 오랜 인지적 습관이지만 사실상 그 모든 사람들이 실제로 동일한 기호적 의미를 공유하는지를 식별할 수 있는 제3의 척도는 없다. 우리는 처음부터 끝까지 각자의 경험 안에 유폐되어 있기 때문이다. 그것은 기호적으로 확장된 경험 층위에서도 다르지 않다.

이러한 경험의 본성적 유폐성에도 불구하고 우리가 실제로 타자와 적정한 수준의 의사소통을 한다는 것은 기호적 의미가 어떤 방식으로든 공유되고 전달된다는 것을 의미한다. 여기에서 주목해야 할 사실은 기호적 경험의 불투명성을 극복하기 위한 방법의 하나로 우리가 '규약'(convention)을 사용한다는 점이다. 우리가 일상적으로 사용하는 언어는 물론 화폐제도를 비롯해 수많은 제도와 법규 등이 규약의 산물이다. 따라서 우리가 동일한 언어권 안에서 특정한 문장의 의미를 다른 구성원과 동일하게 공유한다고 믿는 것은 이러한 규약에 익숙해져 있기 때문이다. 그러나 중요한 사실은 우리가 동일한 규약을 따라 유사한 행동을 한다고 하더라도 그것이 곧 우리가 동일한 기호적 의미를 공유한다는 것을 의미하지는 않는다는 점이다. 즉 사회적 합의를 거쳐 확립된 규약은 일단 작동하게 되면 설이 말하는 '의무력'(deontic power)을 갖게 되며, 그 의무력은 내 사적인 기호적 경험과 상관없이 모종의 사회적 강제성을 갖고 내 행동을 제약하

게 된다.[18]

　기호적 사상과 관련해 더 중요한 인지적 사실은 기호적 사상이 본
성상 부분적이라는 점이다. 모든 기호적 사상에서 사상의 원천영역을
이루는 것은 기호 산출자/해석자의 경험내용인데, 기호 산출자는 자
신의 경험내용의 일부를 물리적 기표에 사상함으로써 새로운 기호를
산출한다. 동시에 기호 해석자는 자신의 경험내용의 일부를 그 기표
에 사상함으로써 그 기표를 해석한다. 기호 산출자든 해석자든 기호
적 사상은 본성적으로 부분적일 수밖에 없다. 예를 들어 한 기표에 나
의 모든 경험내용을 동시에 사상하는 것은 인지적으로 불가능하다.
이런저런 모양의 바위를 돌부처로 경험한다는 것은 그 바위에 부처에
대한 내 경험내용의 일부를 사상하고 있다는 것을 의미한다. 기호적
사상이 부분적일 수밖에 없는 이유는 크게 두 가지 국면으로 나누어
볼 수 있다. 첫째, 나는 부처에 대한 모든 경험을 동시에 가질 수 없
다. 부처에 대한 내 경험 자체가 시간과 공간이라는 제약 아래 있는
한 파편적일 수밖에 없기 때문이다. 둘째, 기호적 사상 과정에서 만약
부처에 관한 내 경험내용의 전부를 어떤 기표, 즉 바위에 사상할 수
있다면, 그 경우 나는 물리적 대상인 바위를 부처의 관점에서 경험하
는 것이 아니라 또 다른 새로운 부처를 경험하는 셈이 된다. 그런 경
험을 '기호적'이라고 불러야 할 이유가 없다. 이런 의미에서 기호적

18　John Searle, *Making the Social World: The Structure of Human Civilization*
(New York: Oxford University Press, 2010) 참조. 그러나 기호적 경험은 이러
한 사회적 실재 구성 이전의 인지적 작용이며, 그 사회적 작동방식과 상관없이
여전히 사적이다. 즉 모든 기호적 실재가 사회적 실재로 되는 것은 아니다. 기호
적 경험을 통해 구성된 기호적 실재의 일부만이 사회적 합의라는 과정을 거쳐서
사회적 실재가 되며, 일단 사회적 실재로서의 위상기능을 갖게 되면 나의 기호
적 경험과 상관없이 작동한다.

경험은 본성상 불완전한 것일 수밖에 없다.

4. 기호의 변형과 전이

아스테카의 희생제에 관해 구전되어 오는 이야기나 문헌 기록은 전이된 기표의 전형적인 사례다. 실제로 일어났던 사건들이 소리언어나 문자언어라는 기표를 통해 표현된 것이다. 그 이야기는 영화나 연극 같은 또 다른 기표를 통해 기호화된다. 소리언어나 문자언어로 전해진 이야기는 또 회화라는 새로운 기호를 낳기도 한다. 누군가는 그 이야기를 토대로 새로운 음악을 작곡하거나 연주한다. 건축가는 전해오는 이야기나 그림을 토대로 특정한 건축물을 세울 수도 있다. 그 재현된 건축물은 새로운 기표가 되어 사람들은 그 건물에 관해 이야기하며, 사진을 찍고, 또다시 그림을 그린다. 건축물의 모습에 감동한 사람들은 그 이야기로 책을 쓰며, 그 책을 읽은 작곡가는 새로운 음악을 작곡한다. 이런 이야기는 무한히 계속될 수 있다. 이 모든 것이 기호의 전이 현상이다. 이렇게 변형되고 증식된 기호적 경험내용은 '기억'이라는 방식으로 우리 안에 보존된다.

  기표의 전이가 거듭될 때 '본래의 기호적 의미'는 어떻게 유지되거나 변형되는 것일까? 본래의 기호적 의미가 기표의 전이를 통해 어느 정도 재현되었는지를 결정할 수 있는 확정적인 척도는 없어 보인다. 기표의 전이를 거치는 동안 기호적 의미를 산출했던 배경적 윤곽은 이미 변화하며, 엄격한 의미에서 정확하고 온전한 기호적 재현이란 불가능하기 때문이다. 과거의 '의식'(ritual)을 재현하는 행위는 사실상 잔존하는 기표들의 흔적에 대한 우리의 새로운 기호적 해석에 의존하며, 거기에는 이미 그것을 재현하려는 '우리의 새로운 경험내용'

이 사상되어 있다.[19] 기호적 전이는 필연적으로 기호적 의미의 변형이나 증식을 불러오지만 중요한 것은 이 변형이나 증식이 바로 우리의 사고를 확장하는 핵심적 기제가 된다는 사실이다.

우리의 기호적 확장 욕구가 근원적으로 멈추지 않는 한 기호적 전이는 지속적으로 이루어지는 인지 과정이며, 그 과정은 원리적으로 무한히 열려 있다. 그 사상의 과정을 예측하거나 역추적할 수 있는 선결적 원리나 법칙적 알고리즘은 없어 보인다. 기호 산출자/해석자인 인간의 자연적·사회적·문화적 조건이 그 전이에 복합적인 영향을 미친다는 것이 분명하지만 그 영향은 결코 법칙적으로 이루어지지 않는다. 그것이 기호적 확장의 비법칙적 본성이다. 이러한 사실은 왜 기호적으로 구성된 추상적 층위의 정신세계가 그 근거를 이루고 있는 물리적 경험에 의해 '환원적으로' 해명될 수 없는지를 말해 준다.

기호적 층위에서 드러나는 경험의 이러한 비법칙적 구조는 전통적인 객관주의자들에게 우선적으로 극복해야 할 철학적 '장애'로 생각되었을 것이다. 이 때문에 초월론자든 실재론자든 절대적 진리를 향한 사유의 길에 접어든 객관주의자에게는 기호적 경험이 불러오는 불투명성에 적절히 대응하는 것이 우선적인 철학적 과제가 된다. 그러나 기호적 경험의 본성적 불투명성을 극복하거나 제거하는 길이 우리 경험 안에서 가능하지 않다는 것은 객관주의자조차도 부인할 수 없는

---

19 예를 들어 조선시대의 어가 행렬을 재현하더라도 그것은 더 이상 과거의 어가 행렬이 아니다. 재현되는 어가 행렬은 과거 조선시대 사람들이 가졌던 현실적·정치적 의미를 갖지 못한다. 실제 왕이 더 이상 존재하지 않으며, 그 왕의 권력도 더 이상 현실적인 기호적 기능을 갖지 않기 때문이다. 아마도 대부분의 사람들은 사실상 과거의 왕, 그리고 왕과 관련해서 지녔던 위상기능을 갖지 않는 평범한 시민으로서 어가 행렬에 관여하거나 참여할 것이다. 대신에 어가 행렬은 오늘날 우리에게 과거와는 다른 새로운 문화적·의식적 의미를 줄 수 있을 것이다.

분명한 인지적 사실이다. 이 때문에 객관주의자는 절대적 진리를 위해 기호의 무한성을 넘어서는 초월적인 사변의 길을 선택하게 되며, 그것은 결과적으로 기호적 불투명성을 간과하거나 제거하려는 시도로 나타나게 된다.

물리적 경험의 확장을 통해 형성된 기호적 경험은 자발적이고 의식적인 방식으로 철회되거나 삭제될 수 없다. 이 때문에 우리 삶은 기호적으로 지속된다. 일단 기호적 경험이 출발하면 그것을 제거하거나 철회하고 과거로 되돌아갈 수 있는 길은 없다. 과거의 기호적 경험을 거부할 때, 그 기호적 경험은 철회되거나 제거되는 것이 아니라 사실상 다른 방식으로 변형되거나 억압된다. 일단 기호적 경험이 시작되면, 이후의 모든 기호적 경험은 개인의 '인지'라는 차원에서 지속적인 변형의 과정으로 설명할 수 있다. 헤라클레이토스식으로 말하면 "우리는 기호적 경험이라는 강물에 두 번 들어갈 수 없다." 그럼에도 여전히 불안정하고 불투명한 기호적 경험에 들어서는 이유는 기호적 경험이 없다면 우리가 완고한 물리적 경험에 항구적으로 갇히게 될 것이기 때문이다.

이처럼 무한하고 불안정한 기호적 상황은 '기호적 불안'(symbolic anxiety)을 불러온다.[20] 역설적이지만 기호적 경험이 어딘가에서 멈추거나 도달해야만 한다는 불안이 바로 객관성에 대한 열망을 불러오는 원천이 된다. 예를 들어 퍼스의 기호학은 이러한 기호적 불안에 사

---

20 '기호적 불안'은 본성상 번스타인(R. Bernstein)이 지적했던 '데카르트적 불안'(Cartesian anxiety)과 다르지 않아 보인다. 번스타인은 확실성에 도달하지 않으면 어떤 지식도 가능하지 않다는 근세 인식론의 이분법적 기획이 '데카르트적 불안'에 사로잡혀 있었다고 지적한다. '데카르트적 불안'에 대한 좀 더 상세한 설명은 리처드 번스타인, 『객관주의와 상대주의를 넘어서: 과학과 해석학 그리고 실천』, 정창호 외 역 (서울: 보광재, 1996), pp. 39-47 참조.

로잡힘으로써 예고된 실패의 길로 접어든 것으로 보인다. 퍼스는 무한히 열려 있는 기호의 바다에서 그 출발점에 주목하기보다는 기호가 도달해야 할 종착점을 설정함으로써 기호의 본성을 규정하려고 했다. 퍼스는 '무한한 세미오시스'에 대해 이야기하지만 그것이 궁극적으로 '실재'에 도달할 것이라고 가정함으로써 기호의 본성에 대한 해명의 통로를 스스로 막고 말았다.[21]

퍼스의 불투명한 믿음과는 달리 기호적 경험이 적어도 원리적으로 무한히 열려 있다는 사실은 두 국면에서 분명해 보인다. 먼저 무한히 다양한 기표들에 기호적 사상이 이루어질 수 있으며, 이렇게 주어진 경험내용은 또 다른 기표에서 사상될 수 있다. 이 과정에는 어떤 원리적인 제약도 없어 보인다. 둘째, 기호적 사상은 일차사상, 이차사상, 삼차사상 등 무한히 중층적으로 이루어질 수 있다. 즉 일차사상을 통해 얻어진 기호적 의미는 우리 경험내용이 되어 다시 또 다른 기표에 사상될 수 있다. 이 중층적 과정은 적어도 원리적으로 무한하다. 그러나 우리의 실제적인 기호적 경험은 이처럼 무제약적으로 나타나지는 않는다. 우리의 기호적 이해 능력은 사실상 무한하지 않으며, 그것이 우리의 실제 경험에서 기호적 확장이 무한히 중층적일 수 없는 이유다.

우리가 중요하게 주목해야 할 것은 퍼스의 실재론적 믿음이 자신의 기호학을 실패로 이끌어 갔다는 사실이라기보다는 기호적 경험의 본성과 구조에 대한 경험적 해명을 가로막아 왔다는 사실이다. 이러한 불운한 상황은 근원적으로 철학적 탐구가 객관적이어야만 한다는 객

---

21 Charles Sanders Peirce, *Collected Papers of Charles Sanders Peirce*, Vol. 2, eds. Charles Hartshorne and Paul Weiss (Cambridge, Mass.: Harvard University Press, 1960), 특히 303 참조.

관주의적 열망에서 비롯된 것으로 보인다. 기호적 확장 방식이 객관
주의적 모형에 합치하지 않는다는 사실은 기호에 대한 학문적 탐구의
불가능성을 의미하는 것이 아니라 새로운 탐구의 필요성을 의미한다.
우리는 여기에서 우리 자신의 본래적 조건을 이해하기 위해 '설
명'(explanation)은 사라지고 '기술'(description)이 그 자리에 들어
서야 한다는 후기 비트겐슈타인(L. Wittgenstein)의 권고를 다시 한
번 상기할 수 있다.[22] 나아가 그것은 '우리가 원하는 것'에 대한 기술
이 아니라 '우리의 것'에 대한 더 적절한 기술을 말한다.[23]

　모든 기호 산출자/해석자는 유기체이며, 유기체는 결국 소멸한다.
역설적으로 죽음은 기호를 산출하고 사용하는 유기체의 독특한 존재
방식에 대한 혹독한 대가라고도 할 수 있다. 그러나 소멸한 사람, 또
그 사람이 조형했던 기표들에 대한 기호적 해석은 새롭게 증식되고
반복된다. (이 반복은 동일한 것의 반복이 아니라 유사한 것의 반복이
다.) 그러나 기표가 소멸하고 기호적 전이가 멈추고 기호의 주인, 즉
기호 산출자/해석자마저도 사라지면 그 기호는 완전히 사라진다. 기
호는 무한하지도 항구적이지도 않다. 우리가 기억하지 못하는 무수히
많은 사람들이 존재했지만 거의 대부분이 아무런 기호적 흔적도 남기
지 못했다. 또 미래에도 그럴 것이다.

　기호의 전이는 특정한 선택이나 선호에서 비롯되는 것이 아니라 기
호적 경험의 불완전한 본성에서 비롯되는 불가피한 현상으로 보인다.
만약 기호적 경험이 선결된 경로나 방식을 통해 항구적으로 고정된다
면 그것은 우리가 특정한 기호적 경험에 갇히게 된다는 것을 의미한

22　루트비히 비트겐슈타인, 『철학적 탐구』, 이영철 역 (서울: 책세상, 2006), 109절
　　참조.
23　노양진, 『몸·언어·철학』, p. 332 참조.

다. 이 때문에 기호적 경험에 대한 불신은 가능하지만 기호적 경험 자
체를 근원적으로 거부하는 길은 열려 있지 않다.[24] 그러나 기호적 경
험의 불완전성이라는 불운한 조건에도 불구하고 여전히 주목해야 할
것은 기호의 전이를 통해 우리 경험을 자유롭게 확장해 간다는 사실
이다. 기호의 전이는 기호적 경험의 불완전한 본성에서 비롯되지만,
역설적이게도 그것은 다시 우리 인간을 '자유로운 마음'의 존재로 만
들어 주는 핵심적 기제가 된다.

5. 맺는말

기호의 전이는 사람에서 사람으로, 기표에서 기표로 이어지며, 이러
한 전이는 적어도 원리적으로 무한하게 지속될 수 있다. 이러한 전이
를 규정하는 일의적 규칙이나 원리는 없어 보이며, 이 때문에 기호작
용은 결코 완결될 수 없다. 기호작용의 이러한 무한성은 기호적 구조
에 대한 해명에 결정적인 어려움을 불러온다. 기호적 경험의 본성에
대한 체험주의적 해명은 그 발생적 국면에 주목함으로써 기호적 경험
이 물리적 경험에서 출발하며, 동시에 물리적 경험에 의해 강력하게
제약되고 있다는 사실을 보여 준다. 즉 기호적 경험은 근원적으로 완
결되지 않지만 그렇다고 해서 무제약적 놀이의 문제는 아니라는 것
이다.

　이러한 구도 안에서 기호의 전이 현상은 기호적 경험이 필연적으로
물리계의 유한성에 의존하고 있다는 사실을 말해 준다. 이런 의미에
서 기호적 경험은 무한하지도 않으며 온전히 자유롭지도 않다. 기호

24　노양진, 「언어와 경험」, 『철학적 사유의 갈래』, pp. 152-53 참조.

는 기호 사용자인 우리 자신의 유한성, 기호적 사상의 부분성, 기표의 물리적 한계에 묶여 있으며, 이 때문에 기호적 의미는 본성상 불완전하며 불투명할 수밖에 없다. 기호적 경험의 이 불완전성 때문에 기표의 전이가 이루어지며, 이 전이 과정에서 기호적 의미는 개념혼성을 거듭하면서 변형되고 소멸한다. 이러한 기호의 전이는 선호나 취향의 문제라기보다는 기호적 경험 자체를 포기하지 않는 한 불가피한 국면이라고 할 수 있다.

　기호적 경험은 우리 삶의 한 국면이다. 그것은 특정한 이론을 통해 규정되거나 조정되어야 할 국면이 아니라 경험적으로 해명되어야 할 문제다. 오늘날 우리에게 주어진 경험적 지식, 특히 인지과학의 새로운 발견들은 기호적 경험의 본성에 대해 훨씬 더 현실적인 해명의 가능성을 열어 준다. 언어와 기호에 대한 객관주의적 기획은 기호적 경험을 해명하는 대신에 그것들이 '가야 할' 방향에 대한 선험적 요청에 묶여 있었으며, 이 때문에 기호적 경험의 본성을 드러내기보다는 오히려 그것을 가려 왔던 것으로 보인다. 기호적 경험에 대한 체험주의적 해명은 "기호적 경험이 무엇을 지향하는가?" 또는 "기호적 경험이 무엇을 지향해야 하는가?"라는 물음 대신에 기호적 경험이 어디에서 어떻게 출발하고 어떻게 확장되는지에 관한 새로운 경험적 해명의 가능성과 필요성을 열어 준다.

제4장

기호적 어포던스에 관하여

1. 머리말

'신체화된 경험'(embodied experience)의 본성과 구조에 대한 '체험주의'(experientialism)의 최근 해명은 우리 경험을 물리적 층위와 기호적 층위로 구분하며, 기호적 경험이 물리적 경험을 토대로 확장된 창발적(emerging) 국면이라고 본다. 기호적 경험은 물리적 층위를 벗어나 경험을 확장하는 핵심적 통로이며, 이 확장은 적어도 원리적으로 무한히 열려 있다. 기호적 경험은 우리의 사고와 행동을 바꾸며, 나아가 그것은 우리의 세계를 바꾼다. 그러나 기호적 경험 자체가 직접적으로 세계에 물리적 변화를 불러오는 것은 아니다. 대신에 기호적 경험 층위에서 나타나는 기호적 해석은 해석자 자신 또는 다른 사람들에게 영향을 미침으로서 물리적 세계에 새로운 변형을 불러온다. 사람들이 당산나무에 관한 신화를 만들고, 또 그것을 숭배한다고 해서 당산나무가 우리의 기호적 해석에 감응하여 스스로 물리적 변형을 일으키는 것은 아니다. 그런 믿음은 사실상 신화적인 것이며, 오히려 그

믿음은 당산나무의 감응을 위한 것이 아니라 이 기호적 해석을 공유하
는 사람들 자신의 인식이나 태도, 행동의 변화를 기대하는 것이다.

　'기호적 사상'(symbolic mapping)이라는 기제를 통해 이루어지는
기호 산출이나 해석이 '기표'(signifier)에 직접적인 물리적 변형을
가져올 수는 없다. 그러나 반대로 기표가 갖는 물리적 성질이나 그 변
형은 기호적 해석에 결정적인 영향을 미친다. 기호적 경험 중에서도
인공기표를 사용하는 전형적 경우라 할 수 있는 예술작품의 경우, 작
가가 예술작품에 가하는 물리적 변형, 즉 '예술적 조형'은 사실상 작
가 자신이 의도하거나 기대하는 기호적 해석을 유도하기 위한 노력이
다. (그것은 동시에 다른 해석을 막으려는 '금지'로 작용한다.) 그래
서 작가는 자신이 창조하는 예술적 기표, 즉 예술작품에 마법적 주술
을 거는 대신 정교한 물리적 변형을 가한다. 그 변형을 '기호적 조형'
이라고 할 수 있다. 필자는 이처럼 기표의 물리적 조건이 우리의 기호
적 해석에 미치는 영향을 '기호적 어포던스'(symbolic affordances)
라고 부르려고 한다.

　'어포던스'(affordances)는 깁슨(J. Gibson)이 처음 제안한 개념이
다. 깁슨은 특정한 물리적 조건이 우리에게 특정한 행동을 유발한다
는 사실에 주목했으며, 물리적 조건이 갖는 이러한 힘을 '어포던스'
라는 말로 개념화했다.[1] 어포던스 개념을 설명하면서 깁슨은 형태,
질량, 넓이, 밀도, 크기 등 사물의 물리적 조건이 우리의 행동에 미치
는 영향에 초점을 맞추고 있다. 필자는 체험주의적 시각을 따라 우리
경험을 물리적 층위와 기호적 층위로 구분하며, 이 구분을 바탕으로

1　James Gibson, *The Ecological Approach to Visual Perception* (New York: Psychology Press, 1986), 특히 pp. 127-43 참조.

깁슨이 제안하는 어포던스 개념이 기호적 층위의 경험에서 어떻게 작
동하는지를 해명하려고 한다. 이러한 해명에서 필자가 주목하는 것은
해석되어야 할 '기표'의 물리적 조건이 기호적 해석을 '제약'(con-
straint)하는 핵심적 역할을 한다는 점이다.

   기호적 해석과 관련해 오늘날 널리 유포되고 있는 몇몇 급진적 견
해에 따르면 기호 산출과 마찬가지로 기호적 해석은 본성상 무한히
열려 있으며, 따라서 기호적 해석들의 '합치'는 단순한 우연의 문제
가 된다. 그러나 필자는 이 논문에서 기표의 물리적 조건이 기호적 해
석에 강력한 제약으로 작용하며, 그것은 기호적 경험 층위에서 드러
나는 특수한 현상이 아니라 '신체화된 경험' 전반의 기본적 성격에서
비롯된다는 점을 밝힐 것이다. 즉 기호적 의미의 산출과 해석은 본성
적으로 사적 경험의 문제이지만 결코 무제약적인 우연의 문제가 아니
라는 것이다. 기호의 산출과 해석은 기호 사용자의 경험내용의 일부
를 기표에 '사상'(mapping)하는 과정이다. 이 기호적 사상은 원리적
으로 무한히 열려 있지만 실제 기호화의 과정은 우리의 몸과 물리적
대상 사이에 이루어지는 물리적 경험에 의해 강력하게 제약된다. 기
호적 어포던스 개념은 깁슨의 어포던스 개념을 기호적 경험 층위에서
구체화하려는 것이며, 그것은 다시 기호적 경험이 물리적 경험에 의
해 강력하게 제약된다는 체험주의적 주장에 대한 적극적이고 구체적
인 해명의 한 시도가 될 것이다.

2. 기호적 사상과 경험의 확장

체험주의에 따르면 기호적 경험은 특정한 물리적 대상에 우리 경험내
용의 일부를 사상하는 방식으로 이루어진다. 이러한 '기호적 사상'이

이루어지면 그 물리적 대상은 이제 사상된 경험내용의 '관점에서' (in terms of) 새롭게 이해되고 경험된다.[2] 이러한 기호적 사상을 통해 우리는 기호적 경험 층위에 들어서게 되며, 그 물리적 대상은 이제 기호적으로 해석되는 '기표'가 된다. 이러한 관점에서 기호의 문제는 전통적 기호학이 가정했던 것처럼 우리 밖에 존립하는 사태나 사건의 문제가 아니라 우리 경험의 문제다.

어떤 대상에 어떤 경험내용을 사상할 것인지를 결정하는 선결적 원리가 없다는 점에서 기호적 사상은 적어도 원리적으로 무제약적이다. 그러나 우리 경험에서 실제로 드러나는 기호적 사상은 무한정 자유로운 것은 아니다. 우리는 현재와 같은 몸을 가진 유기체로서 외부 세계와 상호작용하며, 이 상호작용 방식은 우리의 신체적 조건과 구조에 의해 강력하게 제약되기 때문이다. 이러한 제약은 예술작품의 산출과 해석에서 선명하게 드러난다. 예술작품은 하나의 인공기표이며, 이 기표의 산출 과정에서 특정한 기호적 해석을 유도하려는 작가의 노력은 기표에 대한 물리적 변형, 즉 조형작업을 통해서 이루어진다. 로댕의 「생각하는 사람」은 로댕의 조형작업을 통해 정교하게 다듬어진 청동 덩어리다. 작가는 사람들이 그 청동 덩어리에 대해 물리적 상호작

2 　'기호적 사상' 개념은 레이코프와 존슨(G. Lakoff and M. Johnson)의 은유 이론의 중심축을 이루는 '은유적 사상' (metaphorical mapping) 개념을 확장한 것이다. 레이코프는 은유를 '개념체계 안의 영역 간 교차사상' (cross-domain mapping in a conceptual system)이라고 정의한다. George Lakoff, "The Contemporary Theory of Metaphor," in Andrew Ortony. ed., *Metaphor and Thought*, 2nd ed. (Cambridge: Cambridge University Press, 1993), p. 203. 필자는 은유적 사상이 사실상 물리적 경험을 넘어서서 기호적 경험으로 나아가는 핵심적 통로라고 보았으며, 이런 의미에서 그것을 '기호적 사상'이라고 부른다. 기호적 사상과 기호적 경험의 구조에 대한 좀 더 상세한 체험주의적 설명은 노양진, 「기호적 경험의 체험주의적 해명」, 『몸·언어·철학』 (파주: 서광사, 2009) 참조.

용을 기대하는 것이 아니라 기호적 해석을 기대한다는 점에서 그 청
동 덩어리는 예술적 '기표'가 된다. 독자는 그 청동 덩어리와 물리적
으로 상호작용하는 대신에 자신의 경험내용의 일부를 그 청동 덩어리
에 사상하는 방식으로 기표의 해석자로서 기호적 경험 층위에 들어서
게 된다.

　최근 해석에 관한 몇몇 급진적 견해들은 해석의 개방성에 초점을
맞춤으로써 과도한 해석 이론으로 나아가는 경향이 있다. 즉 기호의
문제는 온전히 해석의 문제이며, 모든 의미는 해석에 의해서만 결정
된다는 것이다. 단토(A. Danto)의 예술철학적 입장은 이러한 '과도
한 해석주의'(hyper-interpretationalism)의 전형이라고 할 수 있다.

　　첫 번째 조건은, 어떤 것이 예술작품이기 위해서는 그것은 하나의 의
　　미를 가져야 한다―어떤 것에 관한 것이어야 한다―는 것이다. 그리고
　　두 번째 조건은, 의미는 어떤 식으로든 물리적으로 작품 속에 구현되어
　　야 한다는 것이다. 이것이 의미하는 것은, 사물이 작품으로 변형되는 것은
　　해석을 통해서이다라는 것이다. 즉 사물에 대한 '독서'가 있어야 한다는
　　것이다. 이러한 독서를 통해 우리는 작품이 의미하는 바를 분간해 낼 수
　　있다. 그런데 사실 이것은 예술비평이 행하는 일이다. 따라서 어떤 것이
　　예술작품이기 위해서는 우리로 하여금 그것을 이해할 수 있게 해 주는
　　예술비평이 있어야 한다.[3]

단토에 따르면 예술작품의 해석은 해석자의 무한한 자유의 문제이

3　아서 단토, 『예술의 종말 이후』, 이성훈·김광우 역 (서울: 미술문화, 2004), 「한국
　　어판 서문」, pp. 14-15. (고딕은 필자의 강조.)

며, 따라서 한 사물은 작가의 의도와 상관없이 '예술계'의 해석에 의
해 예술작품이 되거나 예술적 의미를 갖게 된다. 이러한 견해에 따르
면 기호적 해석의 문제는 무제약적인 상대주의의 문제에 직면하게 된
다. 이것은 기호적 의미 산출의 본성과 구조에 대한 부적절한 해명에
서 비롯된 달갑지 않은 이론적 귀결이다.

단토가 자신의 급진적 주장을 뒷받침하기 위해 제시하는 뒤샹(M.
Duchamp)의 「샘」(Fountain)은 변기를 전시장에 옮겨 놓은 것이다.
그 변기는 저자의 서명이 기입되어 있다는 점에서만 일상적인 변기들
과 다르다. 그것은 조형작업이 최소화된, 그렇지만 여전히 기호적으
로 해석되기를 기다리는 예술작품이다. (누구나 그것을 여전히 변기
로 사용할 수 있지만) 그것은 더 이상 그저 변기가 아니다. 비록 최소
한의 조형작업이 이루어졌지만 변기는 이제 예술작품 「샘」이 되었다.
즉 작가의 물리적 조형을 통해 기호적 해석체계가 바뀐 것이다. 이러
한 변화는 단순한 우연이 아니라 예술적 의도를 가진 작가의 조형작
업의 결과다.

그렇다면 기표의 물리적 조건은 기호 해석에서 어떤 방식으로 작용
하는 것일까? 이 물음에 답하기 위해 필자는 깁슨이 제시한 '어포던
스' 개념을 기호적 경험의 본성과 구조에 대한 체험주의의 해명에 적
용함으로써 그것을 '기호적 어포던스'라는 개념으로 확장하려고 한
다. 이러한 작업은 기호적 사상이라는 적극적 인지 기제가 개입되는
기호적 경험 영역 안에서도 어포던스가 여전히 작동하며, 그 작용은
다시 기호적 경험이 물리적 경험에 의해 강력하게 제약된다는 사실을
드러내 줄 것이다. 이러한 시도는 기호적 해석이 온전히 해석자의 자
의적인 활동이 아니라 현재와 같은 몸을 가진 유기체로서 우리의 신
체적/물리적 조건에 토대를 두는 동시에 이 토대에 의해 강력하게 제

약된다는 것을 밝히려는 것이다.

어포던스는 환경의 일부가 유기체로 하여금 특정한 방식으로 반응하거나 행동하도록 유도하는 환경의 성질 또는 기능을 말한다. 깁슨은 자신이 개념화한 어포던스를 이렇게 설명한다.

환경의 어포던스는 좋은 것이든 나쁜 것이든 그것이 동물에게 제시하는 것, 즉 그것이 공급하는 것, 제공하는 것을 말한다.[4]

나아가 깁슨은 어포던스가 특수한 상황에서 드러나는 특수한 현상이 아니라 우리의 지각 일반에서 드러나는 편재적 기제라고 제안한다.

어포던스 이론은 가치와 의미에 관한 기존 이론들과의 근원적 결별을 의미한다. 그것은 가치와 의미가 무엇인가에 대한 새로운 정의에서 출발한다. 어포던스를 인식하는 것은 가치 독립적인 물리적 대상을 지각하는 과정—누구도 동의하지 않았던 방식으로 의미가 부가되는—이 아니다. 즉 그것은 가치로 채워진 생태적(ecological) 대상을 지각하는 과정이다. 모든 개체, 모든 표면, 모든 배치는 누군가에게 이익이나 손해가 되는 어포던스를 갖는다.[5]

이러한 어포던스 개념은 우리가 지각하는 대상의 형태나 구조, 무게, 재질 등이 우리로 하여금 특정한 행동을 하도록 유도하는 성질을 갖는다는 것을 함축한다. 흔히 볼 수 있는 컵에 손잡이가 있으면, 사

---

4 Gibson, *The Ecological Approach to Visual Perception*, p. 127.
5 같은 책, p. 140.

람들은 그 손잡이를 쥐려는 경향을 보인다. 이 경우 인간에게 컵이 제공하는 어포던스는 '쥘 수 있음'(grasp-ability)이다. 그러나 달팽이나 무당벌레에게 그 컵이 제공하는 어포던스는 '쥘 수 있음'이 아니라 '오를 수 있음'(climb-up-ability)이다. 이것은 어포던스가 대상의 물리적 조건, 그리고 지각자의 신체적/물리적 조건에 의해 강력하게 제약된다는 것을 의미한다.

여기에서 주목해야 할 사실은 존슨(M. Johnson)의 지적처럼 어포던스에 관한 깁슨의 연구와 논의가 대부분 감각·운동 능력과 관련해서 이루어지고 있다는 점이다.[6] 따라서 어포던스에 관한 깁슨의 논의는 대부분 물리적 조건이나 대상과의 물리적 상호작용 층위의 문제를 중심으로 이루어진다.

> 자연환경은 삶의 다양한 방식을 제공하며, 다양한 동물은 다양한 삶의 방식을 갖는다. 생태조건(niche)은 동물의 종류를 함축하며, 동물은 생태조건을 함축한다. 이 양자의 보완성에 주목하라. 그러나 무한한 가능성을 지닌 전체로서의 환경은 동물에 앞서 존재한다는 사실 또한 주목하라. 지표면의 물리적, 화학적, 기상학적, 지질학적 조건, 그리고 식물계가 선재한다는 사실이 동물의 삶을 가능하게 해 준다. 그것들은 동물이 진화하기 위해 불변적이어야 한다.[7]

> 절벽 면, 둑, 균열, 물길 등은 장벽이다. 통로, 문, 다리 등이 없다면 그것들은 보행자의 운동을 가로막는다. 나무나 바위는 장애물이다. 일상적

---

6 마크 존슨, 『인간의 도덕: 윤리학과 인지과학』, 노양진 역 (파주: 서광사, 2017), p. 186 참조.

7 Gibson, *The Ecological Approach to Vidual Perception*, p. 128.

으로 장애물들 사이에 통로가 있으며, 이 통로는 가시적이다. 운동의 진
행은 장벽이나 장애물에 대한 지각에 의해, 즉 통로 사이로 나아가며 위
험을 유발하는 표면을 피하는 행위에 의해 유도된다.[8]

물론 넓은 의미의 '행동'이 필자가 해명하려는 기호적 경험을 포괄
할 수 있다는 점에서 깁슨의 논의가 필자의 논의와 근원적으로 상충
해야 할 이유는 없어 보인다. 그러나 적어도 체험주의가 구획하는 '기
호적 경험'은 '기호적 사상'이라는 우리의 적극적 인지 기제가 개입
된다는 점에서 직접적인 물리적 조건-반응 구도를 넘어서서 구성된
다. 즉 기호적 사상은 기호 산출자/해석자의 기호적 의도는 물론 그에
게 이미 주어져 있는 경험내용에 따라 다양한 '변이'를 드러낼 것이
다. 이러한 관점에서 기호적 경험 층위에서 어포던스의 역할과 위상
은 깁슨의 설명을 넘어서서 좀 더 구체적으로 해명되어야 할 필요가
있어 보인다.

3. 물리적 경험과 기호적 경험의 비대칭성

우리는 동일한 물리적 대상에 대해 물리적으로도 기호적으로도 경험
할 수 있다. 어둠 속에서 무엇인가에 부딪히면 그 물체가 무엇인지 알
수 없는 상태에서도 아픔을 느낀다. 물리적 경험은 우리 몸과 환경의
직접적 상호작용으로 이루어지며, 그것은 대체로 '지각'이라고 부르
는 경험 층위를 이룬다. 반면에 다음날 아침 내가 어제 부딪혔던 것이
큰 돌이며, 그것이 부처의 모습을 띠고 있다는 사실을 알게 되면 나는

---

8 같은 책, p. 132.

그것을 매우 다른 방식으로 경험하게 된다. 그 돌부처의 역사와 의미, 가치 등을 떠올릴 수 있는데, 이런 경험을 위해서 나는 내가 이미 갖고 있는 다양한 경험내용의 일부를 그 돌에 사상해야 한다. 즉 역사나 의미, 가치 등에 관한 내 경험내용의 일부를 그 돌에 사상함으로써 그 사상된 경험내용의 '관점에서' 그 돌을 새롭게 이해하고 경험하게 되는 것이다. 우리는 그렇게 물리적 경험을 넘어서서 기호적 경험 영역으로 들어선다.

여기에서 중요하게 언급해 두어야 할 것은 모든 기호적 경험이 물리적 경험을 토대로 확장된 경험의 국면이라는 사실이다. 체험주의는 우리의 모든 경험이 물리적 층위에서 출발하며, 그것을 토대로 '기호적으로' 확장된다고 본다.[9] 즉 우리에게 주어진 추상적 경험내용은 다양한 물리적 경험내용이 기호적 확장을 거쳐 구성된 것이며, 이런 의미에서 우리의 모든 경험은 물리적 근거를 갖고 있다. 기호적 경험에 대한 이러한 체험주의적 해명은 기호 문제가 우리 밖의 사건이나 사태의 문제가 아니라 우리 경험의 국면이라는 중요한 주장을 함축한다. 즉 기호적 경험을 구획해 주는 기호적 사상이라는 인지적 기제는 내 경험의 한 방식이며, 동시에 그것은 본성적으로 사적인 국면이다.

기호적 경험은 크게 기호의 산출과 해석으로 이루어진다. 기호 산출자나 해석자는 특정한 물리적 대상에 자신의 경험내용의 일부를 '사상' 함으로써 그 물리적 대상을 새로운 방식으로 이해하거나 경험하게 된다. 이러한 '기호적 사상'이 이루어짐으로써 그 물리적 대상은 비로소 기호적 해석의 대상인 '기표'가 된다. 여기에서 주목해야

---

9 경험의 두 층위에 대한 좀 더 상세한 해명은 마크 존슨, 『마음 속의 몸: 의미, 상상력, 이성의 신체적 근거』, 노양진 역 (서울: 철학과현실사, 2000), 특히 3-5장 참조.

할 것은 특정한 물리적 대상에 어떤 경험내용을 사상할 것이지를 선
결적으로 규정할 수 있는 원리가 없다는 점에서 기호적 사상은 적어
도 원리적으로 무제약적인 인지적 기제라는 점이다. 그러나 필자가
제안하려는 '기호적 어포던스'는 우리를 포함한 모든 기호 산출자/해
석자에게 해석되어야 할 기표의 물리적 조건이 기호적 해석에 대한
강력한 제약으로 작용한다는 사실을 함축한다.

예를 들어 인공기표의 하나인 예술작품은 작가의 기호적 의도가 반
영되고 물리적 조형이 가해진 물리적 기표다. 그것은 물리적으로 식
별 가능해야 하며, 동시에 기호적으로 해석 가능해야 한다. 예술작품
을 산출하는 작가는 기표에 물리적 조형작업을 하는 과정에서 자신의
경험내용을 그 작품에 사상하고, 또 수정하는 과정을 거친다. 여기에
는 독자의 특정한 기호적 해석을 유도하려는 작가의 의도가 반영된
다. 이때 작가가 할 수 있는 모든 것은 기표의 물리적 조형뿐이다.[10]
이 때문에 기표에 물리적 변형을 가하는 기호적 조형은 작가의 배타
적 작업이다. 독자는 이 조형작업에서 배제되며, 따라서 독자에게는
오직 기호적 해석 가능성만이 열려 있다.[11]

---

10 특정한 기표를 이런 저런 방식으로 해석하도록 이끌어 가는 사회적·정치적·문
화적 요구는 별개의 문제이며, 또한 이차적인 문제다. 예를 들어 태극기에 대해
요구되는 언행이나 태도는 대부분 사회·문화적인 것이다. 태극기의 미적 국면,
즉 모양이나 색상, 구도에 대해서는 매우 불만족스러운 생각을 가진 사람도 여
전히 태극기에 대해 사회·문화적으로 요구되는 적당한 수준의 의례적 태도나 행
동을 취할 수 있다.

11 독자가 주어진 기표에 대해서 기호적으로 경험하는 대신 여전히 물리적으로 상
호작용할 수 있지만 그 경우 원래의 기호적 구도는 훼손되거나 변형된다. 예를
들어 누군가 「모나리자」를 감상하는 대신 찢거나 태울 수 있으며, 그러한 물리적
경험은 이후 「모나리자」에 대한 기호적 경험을 불가능하게 하거나 아니면 변형
시키게 될 것이다.

반면에 독자의 기호적 해석은 기표에 직접적인 물리적 변형을 가져오지는 않는다. 이런 의미에서 기호적 해석은 물리적 경험 층위와 분리되어 순수한 기호적 층위에서 이루어지는 경험의 한 국면이다. 그러나 물리적 대상인 기표에 대한 물리적 변형은 기호적 해석에 강한 영향을 미친다. 예를 들어 예술작품에서 특정한 형태나 색상을 사용한다는 것은 그 작품을 특정한 대상으로 해석하게 하려는 작가의 의도가 반영된 것이다. 물리적 경험과 기호적 경험 사이에서 드러나는 이러한 비대칭성은 특수한 조건에서 나타나는 특수한 사례가 아니라 우리 경험 일반에서 드러나는 본래적 국면이다.

그렇다면 기표의 물리적 변화는 어떤 방식으로 기호적 해석에 영향을 미치는 것일까? 예술작품의 경우를 살펴보자. 인위적 조형작업이 가해지지 않은 자연물에 대해 특정한 기호적 해석을 하는 것은 언제나 가능하지만 그것을 '예술작품'으로 간주하지 않는다. 즉 모든 예술작품은 기표에 대한 작가의 물리적 조형작업을 전제한다. 만약 독자의 해석이 예술작품의 물리적 조건으로부터 완전히 자유롭다면, 즉 해석 자체가 순수하게 독자의 몫이라면 작가의 조형 노력은 사실상 처음부터 무용한 일일 수 있다. 즉 작가의 조형작업은 하나의 기표로서 예술작품의 물리적 조건이 독자의 해석에 중요한 정도로 영향을 미친다는 사실을 전제한다.

독자의 해석은 독자의 기호적 사상을 통해 이루어지며, 이 기호적 사상에는 어떤 선결적 원리도 없다. 무한히 다양한 독자들이 무한히 다양한 방식으로 자신의 경험내용의 일부를 특정한 기표에 사상하고 그 사상된 경험내용의 관점에서 기표를 이해하고 경험하게 될 것이다. 이러한 사실을 토대로 해석의 문제를 온전히 독자의 몫으로 규정하는 이론들은 종종 급진적 해석주의로 빠져든다. 이러한 급진적 견

해는 기표에 대한 '올바른 해석'이 있을 것이라는 투박하고 고전적인
견해를 반박하는 데 중요한 역할을 할 수 있지만 예술의 산출과 해석
의 본성에 관해 유용한 해명을 제시할 수 없을 뿐만 아니라 오히려 그
해명을 가로막는 결과를 낳는다.

4. 기호적 어포던스와 기호적 해석의 공공성

기호적 경험은 본성상 사적 경험이다. 사회·정치·문화적으로 강요된
기호 해석은 흔히 볼 수 있지만 그것은 사적인 기호 해석의 결과가 아
니다. 필자가 제안한 '경험의 유폐성'(incarceratedness of experi-
ence) 논제에 따르면 물리적이든 기호적이든 우리의 모든 경험은 근
원적으로 사적이다. 즉 나는 당신의 경험에 직접적으로 접속할 수 없
으며, 그 반대도 마찬가지다.[12] 기호적 경험이 기본적으로 사적이라는
점을 상기하면 특정한 기호 해석을 강요하는 기호 외적 조건들은 어
포던스의 문제가 아니라 말 그대로 사회·정치·문화적 문제다. 이 경
우 기호 해석은 기표에 대한 자발적 해석이 공유된 것이 아니라 특정
한 기호적 의미가 외재적 경로를 통해 부과된 것뿐이다.

　최근 '사회적 실재'(social reality)에 관한 설(J. Searle)의 논의는
기호적 구성물인 기호적 실재가 어떻게 외재적 조건에 의해 규정되는
지를 잘 드러내 준다. 설은 사회적 실재 구성 규칙으로 "X는 C라는
맥락 안에서 Y로 간주된다"라는 규칙을 제안한다.[13] 이 규칙에 따라

12　노양진, 「의사소통의 기호적 구조」, 『철학적 사유의 갈래: 초월과 해체를 넘어
　　서』(파주: 서광사, 2018), pp. 165-66 참조

13　John Searle, *The Construction of Social Reality* (New York: Free Press,
　　1995), p. 40 참조.

구성된 사회적 실재는 물리적 차원에서 볼 수 없었던 새로운 특성으로 '위상기능'(status function)을 갖게 되며, 동시에 그것은 우리에게 '의무력'(deontic power)을 부과한다. 즉 특정한 물리적 대상은 인간의 합의를 거쳐 사회적 실재가 되며, 그것은 물리적 대상일 때 존재하지 않았던 새로운 위상기능을 통해 하나의 사회적 실재로 작동한다는 것이다. 여기에서 설은 사회적 실재가 모종의 기호화(symbolization)를 거쳐 구성된다는 사실에 주목하고 있으며, 그 기호화 능력을 언어에 내재하는 기능으로 본다.[14] 그래서 설은 모든 사회적 실재가 언어를 거쳐 구성된다고 주장한다.

　대신에 필자는 기호화가 언어에 내재하는 성질이 아니라 오히려 언어에 앞서 작동하는 훨씬 더 근원적인 경험의 방식이며, 언어는 그 기호화의 산물이라고 본다. 이러한 관점에서 본다면 설 스스로 인정하는 것처럼 모든 사회적 실재가 기호적 산물이라는 것은 분명하지만 그렇다고 해서 모든 기호적 경험이 사회적 실재를 낳는 것은 아니다. 기호적 경험은 본성상 사적이며, 따라서 설이 논의하는 사회적 실재는 기호적 경험을 통해 산출된 기호적 실재의 일부가 사회적 구조 안에서 규약화된 것이다.[15]

　이러한 관점에서 또 하나 지적해 두어야 할 것은 이처럼 해석자가

14　Searle, *Making the Social World: The Structure of Human Civilization* (New York: Oxford University Press, 2010), p. 75 참조.

15　설의 사회적 실재 논의가 불러오는 결정적 난점은 이 문제와 관련되어 있다. 설에게는 사회적 실재를 산출하는 데 개입되는 기호적 경험을 해명할 수 있는 적절한 기호 이론이 없기 때문이다. 설은 기호화라는 기제를 언어 자체에 내재된 기능으로 간주하는 것으로 보이며, 따라서 모든 사회적 실재가 언어를 거쳐 구성된다는 주장에 멈추어 있다. 이 문제에 관한 좀 더 상세한 논의는 이 책 〈보론 2〉「설과 사회적 실재의 구성」 참조.

타인의 강제에 의해 특정한 기표에 대해 특정한 언행을 한다고 해서
그 해석자가 타인이 강요하는 기호적 의미를 공유하는 것은 아니라는
점이다. 예를 들어 전통적인 마을 공동체에서 흔히 볼 수 있는 것처럼
마을의 안녕과 번영을 지켜 준다는 당산나무에 얽힌 설화를 토대로
당산제를 지내는 경우, 그곳 주민들은 태어날 때부터 자연스럽게 당
산제에 참여하고 당산나무에 대해서도 일정한 규범에 맞는 언행을 하
게 될 것이다. 그러나 당산제에 참여하는 주민 모두가 동일한 기호적
경험을 공유하는 것이 아닐 수 있다. 아마도 이들 중 어떤 사람은 당
산제에 참여하지 않았을 때 오는 사회적 불이익 등을 고려하여 당산
제에 참여하고 있을 수 있다.

반면에 기호적 어포던스는 경험의 밖에서 주어지는 외재적 기제가
아니라 기호적 경험 층위 안에서 작동하는 내재적 기제라고 할 수
있다. 기호에 대한 전통적 이해, 나아가 기호에 대한 최근의 급진적
이론들, 특히 '포스트모던'으로 불리는 이론들이 흔히 간과하고 있
는 것은 기호적 경험이 물리적 경험을 토대로 확장되며, 동시에 물
리적 경험에 의해 강력하게 제약된다는 사실이다. 기호적 경험은 물
리적 경험의 연속적 확장이라는 점에서 결코 물리적 경험과 분리되
지 않으며, 동시에 그 확장 또한 물리적 경험에 의해 제약되고 있는
것이다.

예를 들어 '잊혀진 기호'라고 할 수 있는 이스터섬(Easter)의 거대
인면석상 모아이(Moai)의 경우를 살펴보자. 모아이를 세운 원주민들
이 모두 사라진 지금 우리는 모아이가 무엇을 의미하는지, 즉 그들의
기호적 의도가 무엇이었는지에 관해 정확히 알지 못한다. 퍼스(C. S.
Peirce)의 구분을 빌린다면, 모아이가 도상기호(icon)인지, 지표기호
(index)인지, 아니면 상징기호(symbol)인지조차도 선명하게 식별할

수 없다.[16] 만약 모아이가 무엇인가를 상징하는 '상징기호'의 한 종류
였다면 모아이의 주인은 모아이라는 기표에 특정한 추상적 경험내
용—예를 들어 평화나 자유, 풍요 같은—의 일부를 사상했을 것이
다. 여기에서 알 수 있는 것은 기표의 물리적 조건이 유사하게 주어져
있다 하더라도 그것만으로 우리는 그 기호 산출자의 기호적 의도를
정확히 추정할 수 없다는 것이다. 이것은 기표의 물리적 조건이 기호
적 의미를 충분히 결정해 주지 못한다는 것을 의미한다. 이런 기호적
미결정 현상은 추상적 경험내용의 일부를 사상함으로써 구성되는, 즉
이차사상 이상의 사상을 통해 구성되는 '상징기호'의 경우에 현저하
게 나타난다. 그러나 우리가 모아이에 대해 정확한 해석에 이를 수 없
다고 해서 모든 해석이 무제약적으로 가능하다거나 아예 해석이 불가
능하다는 것을 뜻하지는 않는다.

　그렇다면 기호 산출과 해석의 무한한 변이 가능성에도 불구하고 여
전히 그것을 이해 가능한 인간 경험의 한 국면으로 받아들일 수 있게
해 주는 제약의 궁극적 근거는 어디에 있을까? 체험주의적 시각에서
기호적 해석을 제약하는 가장 유력한 근거는 물리적 경험 층위에서
드러나는 '공공성'(commonality)이라고 할 수 있다. 공공성이란 현

16　Charles Sanders Peirce, *Collected Papers of Charles Sanders Peirce*, Vol. 4,
eds. Charles Hartshorne and Paul Weiss (Cambridge, Mass.: Harvard Uni-
versity Press, 1960), 448; Peirce, *The Essential Peirce: Selected Philosophical
Writings*, Vol. 2, ed. Peirce Edition Project (Bloomington, Ind.: Indiana
University Press, 1998), 306-307 참조. 필자는 퍼스가 상위적인 동시에 진정한
기호라고 보았던 상징기호가 이차사상을 통해 구성된다고 보았다. 즉 일차사상
을 통해 산출된 추상적 경험내용은 또 다른 기표에 사상되는데, 이것이 이차사
상이다. 필자는 상징기호가 이처럼 이차사상 이상의 사상을 거쳐 구성된다고 보
았으며, 이런 의미에서 상위적 기호라고 보았다. 이 문제에 관한 좀 더 상세한
논의는 이 책 5장 참조.

재와 같은 몸을 가진 유기체로서 우리의 물리적 경험에서 드러나는
현저한 유사성을 말한다.[17] 이러한 공공성은 다양한 문화나 언어를 통
해 편재적으로 드러나는데, 그것은 모든 유기체적 존재에게서 공통
적으로 드러나는 것이 아니라 인간이라는 종(種)이 공유하는 신체적
조건의 유사성에 근거한 것이다. 필자는 이처럼 인간이라는 종에서
드러나는 공공성을 '종적 공공성'(specific commonality)이라고 부
른다.

 존슨의 '영상도식'(image schema) 개념은 물리적 층위의 경험에
서 드러나는 공공성을 보여 주는 결정적 제안이다. 영상도식은 우리
의 신체적·물리적 활동을 통해 직접 발생하는 소수의 패턴들이다. 우
리는 이 영상도식을 사상함으로써 물리적이든 기호적이든 수많은 대
상들을 구체적인 방식으로 이해하고 경험한다.

> 의미 있으며 연결된 경험─우리가 이해하고 사유할 수 있는─을 위
> 해서는 우리의 행위와 지각, 개념에 패턴과 질서가 있어야 한다. 도식은
> 이러한 지속적인 질서짓는 활동들 안에서의, 또는 이 활동들의 반복적인
> 패턴, 형태, 그리고 규칙성이다. 이 패턴들은 주로 공간 안에서 우리의
> 신체적 운동과 대상 조작, 지각적 상호작용 수준에서 우리에게 의미 있
> 는 구조들로서 창발한다.[18]

영상도식이 신체적 활동을 통해 직접 발생한다는 것은 그것이 물리

---

17 이러한 유사성에 관한 경험적 탐구의 폭넓은 성과들은 특히 George Lakoff,
 *Women, Fire, and Dangerous Things: What Categories Reveal about the
 Mind* (Chicago: University of Chicago Press, 1987), 특히 2장 참조.
18 같은 책, pp. 104-105.

세계와의 직접적 상호작용을 통해 발생한다는 것을 의미하며, 따라서
우리의 몸과 물리계의 조건에 제약되고 있다는 것을 말해 준다. 존슨
은 주요한 영상도식으로 「그릇」(Container) 「균형」(Balance) 「강제」
(Compulsion) 「차단」(Blockage), 「흡인」((Attraction) 「경로」(Path)
「연결」(Link) 「주기」(Cycle) 「중심-주변」(Center-Periphery) 「원-
근」(Near-Far) 등 29가지 영상도식을 제시하고 있다.[19] 존슨은 「그
릇」 도식의 발생에 관해 이렇게 설명한다.

> 포함이나 경계성(boundedness)을 마주치는 것은 신체적 경험의 가장
> 편재적인 특성의 하나다. 우리는 우리의 몸이 어떤 물건들(음식, 물, 공
> 기)을 집어넣고, 다른 것들(음식과 물의 찌꺼기, 공기, 혈액 등)을 유출
> 하는 삼차원의 그릇이라는 사실을 친숙하게 알고 있다. 처음부터 우리는
> 환경, 즉 우리를 둘러싸고 있는 사물들 안에서 지속적으로 물리적 포함
> 을 경험한다. 우리는 방, 의복, 차량, 그리고 무수한 종류의 경계지어진
> 공간의 안(in) 또는 밖(out)으로 움직인다. 우리는 물건들을 다루면서 그
> 것들을 그릇(컵, 상자, 깡통, 자루 등) 안에 집어넣는다. 이 각각의 경우
> 에 반복적인 공간적·시간적 구조화가 있다. 다시 말해서 물리적 포함에
> 대한 전형적인 도식들이 존재한다.[20]

이러한 영상도식은 다양한 언어나 문화를 통해 거의 공통적으로 드
러나는 인식의 기본 패턴들이다. 이런 의미에서 영상도식은 우리 경
험의 공공성을 보여 주는 강력한 근거가 된다. 그러나 영상도식은 물

---

[19]   같은 책, p. 246.
[20]   같은 책, p. 93.

리적 대상은 물론 추상적 대상에 사상되는 과정에서 다양한 변이를
드러내며 동시에 그 대상을 이해하는 기본적 방식을 제공한다. 예를
들어 우리는 건물이나 방, 특정한 구역 등에 「그릇」도식을 사상함으
로써 그 대상을 '안-경계-밖'을 가진 그릇으로 인식한다. 마찬가지
로 우리는 「그릇」도식을 추상적 대상인 이야기, 꿈, 역사 등에 사상
함으로써 그것들을 그릇으로 인식할 수 있다. 도식의 이러한 사상이
이루어지지 않는다면 추상적 대상은 근원적으로 이해되거나 경험될
수 없을 것이다. 이 사상이 이루어지는 전 과정이 바로 기호적 과정이
다. 이런 의미에서 기호적 과정은 물리적 경험에 토대를 두고 있으며,
동시에 물리적 경험에 의해 제약된다고 말할 수 있다.

  기호적 경험이 이 물리적 경험을 토대로 확장된다는 체험주의의 주
장이 옳은 것이라면 기호적 경험 층위에서 드러나는 다양한 변이는
실제적으로 물리적 층위의 경험에 의해 강하게 제약된다는 것을 함축
한다. 그러나 더 중요한 사실은 기호적 경험의 확장이 물리적 경험에
근거하고 있지만 은유나 환유, 심적 영상, 원형효과 등 다양한 상상적
기제를 통해 이루어지며, 이 때문에 기호적 경험은 물리적 경험으로
산술적으로 환원될 수 없는 다양한 변이를 드러낸다는 점이다.[21] 즉
물리적 경험이 기호적 경험을 제약한다는 것은 물리적 경험이 기호적
경험을 일대일로 결정한다는 것이 아니라 기호적 경험의 이해 가능성
의 폭을 물리적 경험이 제한한다는 것을 의미한다. 이러한 구도 안에
서 기호적 경험 층위에서 작동하는 기호적 어포던스는 우리의 기호
산출과 해석이 어떻게 기표의 물리적 조건에 의해 제약되는지를 보여

---

21 G. 레이코프 · M. 존슨, 『몸의 철학: 신체화된 마음의 서구 사상에 대한 도전』,
    임지룡 외 역 (서울: 박이정, 2002), 특히 pp. 128-30 참조.

주는 강력한 증거의 하나가 될 것이다. 기호적 어포던스 개념을 받아
들인다는 것은 기호적 경험의 토대가 물리적 경험이며, 또 기호적 경
험이 물리적 경험에 의해 강력하게 제약되는 사실을 받아들인다는 것
을 의미한다. 결론적으로 기호적 경험이 물리적 경험을 넘어서는 필
수불가결한 통로라는 것은 분명하지만 기호적 경험은 물리적 경험으
로부터 완전히 분리되지 않으며, 또 이 때문에 물리적 경험으로부터
온전히 자유롭지도 않다.

　해석에 관한 최근의 급진적 논의는 '정확한 해석'이라는 객관주의
적 환상을 넘어서는 데 중요한 역할을 한 것은 사실이다. 그러나 그러
한 급진적 논의는 기호 문제를 급진적인 철학적 의도와 방향을 이끌
어 가기 위한 전략으로 사용함으로써 기호의 본성과 구조에 대한 적
절한 해명을 가릴 뿐만 아니라 그 전략을 넘어서서 대안적인 철학적
논의가 어떻게 가능한지의 문제를 모호한 숙제로 남겨 두었다. 기호
적 어포던스에 관한 논의는 이 두 갈래의 극단을 넘어서는 제3의 논
의 가능성에 대한 새로운 실마리를 열어 주며, 그것은 체험주의가 제
안하는 '경험적으로 책임 있는 철학'(empirically responsible philo-
sophy)[22]의 한 국면이 될 것이다.

5. 맺는말

'기호적 어포던스' 개념은 깁슨이 제안했던 어포던스 개념이 기호적
층위의 경험에서 어떻게 작동하는지를 해명하려는 시도의 하나다. 기
호의 산출과 해석으로 구성되는 기호적 경험은 '기호적 사상'이라는

22　같은 책, 특히 pp. 52-43, 796-97 참조.

기제를 통해 특징지어질 수 있다. 이러한 사상의 과정에서 기표의 물
리적 조건이 기호의 산출과 해석을 제약한다는 것은 경험적으로 분명
해 보인다. 이때 제약이란 기표의 물리적 조건이 기호 산출 또는 해석
을 일대일 방식으로 결정한다는 것이 아니라 우리의 실제적 이해 가
능성이라는 폭을 제한한다는 것을 말한다. 예를 들어 조소와 같은 인
공기표의 경우 그 예술적 기표를 섬세한 방식으로 조형하는 이유는
그 기표에 대한 특정한 해석을 유도하기 위한 것이다. 만약 기표의 물
리적 조건이 기호 해석에 직접적인 영향을 미칠 것이라는 가정이 없
다면 그 모든 기호적 조형은 무의미한 노력이 될 것이다. 이러한 가정
은 근거 없는 희망의 문제가 아니라 경험적으로 확인할 수 있는 인지
적 사실로 보인다.

　최근의 급진적인 기호 이론들은 기호적 해석의 본성적 불투명성을
근거로 무한히 열린 기호 해석의 가능성을 옹호하면서 기표의 물리적
조건이 실제적 해석을 제약할 수 있는 가능성을 근원적으로 무시하거
나 간과하고 있는 것으로 보인다. 특히 예술작품의 경우 기표로서의
예술작품에 대한 물리적 조형이 작가의 배타적 작업이라는 점을 상기
한다면 작가의 역할을 전적으로 간과하는 과도한 해석 이론은 결정적
인 결함을 안고 있다고 할 수 있다. 기호적 해석은 해석자의 무제약적
인 해석적 상상력의 산물이 아니라 기표의 물리적 조건에 의해 강하
게 제약되는 인지적 국면이다.

　기호적 어포던스 개념을 도입하는 것은 오늘날 널리 유포된 해석
이론의 과도성을 비켜서서 현재와 같은 몸을 가진 유기체적 존재인
우리의 기호적 경험의 구조와 성격을 밝히는 데 중요한 실마리를 제
공해 줄 것이다. 즉 우리 경험은 물리적 층위에서 현저한 공공성을 드
러내며, 이 공공성을 토대로 이루어지는 기호적 확장 또한 이 물리적

경험에 의해 이해 가능한 폭으로 제약된다는 것이다. 즉 기호의 산출과 해석은 기호 산출자/해석자의 경험내용의 일부를 특정한 기표에 사상하는 방식으로 이루어지며, 이때 기표의 물리적 조건이 그 기호적 사상을 제약한다. 바꾸어 말하면 기표의 특정한 물리적 조건이 원리적으로 무한히 가능한 해석들 중 특정한 범위의 기호적 해석을 유도하는 것이다. 이러한 기호적 해석 유도성을 '기호적 어포던스'라고 부를 수 있을 것이다.

제5장

상징의 탄생:
퍼스와 상징의 문제

1. 머리말

퍼스(C. S. Peirce)는 기호를 '도상'(icon)과 '지표'(index), '상징'(symbol)으로 구분하고, 그것들을 각각 1차, 2차, 3차 기호로 규정했다. 이 구분은 평면적인 것이 아니라 기호들의 위계를 함축하고 있다는 점에서 독특하면서도 중요한 의미를 갖는다. 도상기호가 대상적 성질의 유사성에 근거한 것이라면 지표기호는 대상적 성질들의 근접성/인과성에 근거한 것이다. 도상기호나 지표기호가 '대상체'(object)의 물리적 성질들과의 연관성을 드러내는 기호라면, 상징기호에는 연관성을 가져야 할 물리적 대상체가 존재하지 않는다는 점에서 특수한 기호라 할 수 있다. 말하자면 상징기호는 비물리적 성질과의 연관성을 통해서 스스로를 표상하는 기호다. 퍼스는 상징기호의 이 새로운 연관성이 '해석'을 통해 설명될 수 있다고 보았으며, 이런 점에서 상징기호를 상위적인 동시에 진정한 기호라고 생각했다.

그러나 상징기호에 대한 퍼스 자신의 불투명하고도 산만한 서술은 상징기호의 성격을 선명하게 드러내지 못하고 있으며, 이 문제는 이후의 다양한 논란에도 불구하고 여전히 미완의 기호학적 숙제로 남아 있다. 필자는 퍼스의 기호 탐구가 다양한 기호현상에 대한 현상적 분석에 치우침으로써 '기호 산출'의 발생적 구조를 간과했으며, 이것이 그의 탐구를 가로막은 결정적 장애가 되었다고 본다. 즉 퍼스는 주어진 기호현상에 대한 정교한 분석을 통해 표상체와 대상체 사이, 또는 표상체와 해석체 사이의 연관성을 밝히는 데 집중했지만 그의 논의에는 무엇이 언제 어떻게 비로소 하나의 기호가 되는지에 대한 고려는 드러나지 않는다.

기호 문제에 대한 체험주의적(experientialist) 해명에 따르면 물리적 대상은 그 자체로 기호가 되는 것이 아니라 우리가 그 대상에 우리 경험내용의 일부를 사상함으로써 비로소 기호적 해석의 대상, 즉 '기표'(signifier)—퍼스의 표상체(representamen)—가 된다. 필자는 이 글에서 '기호적 사상'(symbolic mapping)이라는 인지적 기제를 중심으로 기호적 경험의 구조를 밝히고, 이러한 관점에서 퍼스가 불투명한 숙제로 남겨 두었던 상징 개념의 발생적 구조를 드러내려고 한다. 이러한 논의를 위해 필자는 기호의 문제가 우리 밖의 사건이나 사태의 문제가 아니라 기호적 경험의 문제라는 체험주의적 시각에서 출발한다. 체험주의에 따르면 우리 경험은 물리적 경험과 기호적 경험으로 구분되며, 기호적 경험은 물리적 경험을 토대로 확장되는 동시에 물리적 경험에 의해 강력하게 제약된다.[1] 필자는 이 확장의 주된 방식을 '기호적'이라고 보았으며, 기호적 경험을 특징짓는 핵심적 기

---

1 마크 존슨, 『마음 속의 몸: 의미, 상상력, 이성의 신체적 근거』, 노양진 역 (서울: 철학과현실사, 2000), 특히 3-5장 참조.

제로 '기호적 사상'에 주목한다. 즉 기호 산출자나 해석자는 각각 자신의 경험내용의 일부를 특정한 기표에 사상하며, 그 사상된 경험내용의 '관점에서'(in terms of) 그 기표를 이해하고 경험한다.[2]

   체험주의적 시각에서 기호적 사상은 퍼스가 구분하는 도상기호나 지표기호, 상징기호에서 공통적으로 작용하는 인지적 기제다. 도상기호나 지표기호는 특정한 기표에 물리적 경험내용의 일부를 사상하는 방식으로 구성되는 기호다. 한편 물리적 경험내용은 '일차사상'을 거쳐 추상적 경험내용을 산출하며, 그렇게 주어진 추상적 경험내용은 다시 새로운 기표에 사상될 수 있는데, 그것이 바로 '이차사상'이다. 필자는 퍼스가 말하는 상징기호가 바로 이 '이차사상' 또는 그 이상의 중층적 사상을 통해 주어진 새로운 층위의 기호라고 보았다.[3] 필자는 퍼스가 상징기호에 대한 복잡하고도 불투명한 서술에 빠져들게 된 주된 이유가 바로 상징기호의 산출과 해석에 개입되는 '기호적 사상'이라는 인지적 기제의 비법칙적 본성을 간과했기 때문이라고 본다. 필자는 이 글에서 퍼스가 구분하는 상징기호의 인지적 구조에 대한 체험주의적 해명을 토대로 퍼스의 실재론적/객관주의적 가정을 넘어

---

2 체험주의적 기호 개념의 기본적 성격에 대한 좀 더 상세한 서술은 노양진, 「기호적 경험의 체험주의적 해명」, 『몸·언어·철학』(파주: 서광사, 2009), pp. 157-81 참조.

3 기호적 사상 과정은 적어도 원리적으로 삼차사상, 사차사상 등 무한히 중층적으로 이루어질 수 있다. 인간을 제외한 어떤 존재에서도 이차 또는 그 이상의 중층적 사상의 징후를 찾아볼 수 없다는 점에서 상징은 인간을 다른 존재와 구별해 주는 고유한 인지적 국면이라고 할 수 있다. 필자가 제안하는 '경험의 유폐성' 논제에 따르면 우리는 타자의 경험내용에 직접 접속할 수 없다. 따라서 엄밀히 말해 우리는 우리 이외의 타자가 이차사상 능력을 갖는지에 대해 어떤 결정적인 언명도 할 수 없다. 대신에 우리는 타자의 행동양식에서 이차사상의 징후를 관찰할 수 없다는 사실에 주목할 수 있을 것이다.

선 기호적 탐구의 필요성과 가능성을 제안할 것이다.

2. 상징기호의 상위성

퍼스는 기호를 도상과 지표, 상징으로 구분하는데, 그것은 단순히 기호들의 평면적인 차이에 따른 구분이 아니라 그것들 사이에 위계적 질서를 설정한다는 점에서 매우 중요한 기호학적 통찰을 담고 있다. 즉 퍼스는 상징기호가 도상기호나 지표기호를 넘어서서 '해석'의 여지를 갖는 기호이며, 그런 의미에서 상위적인 동시에 완전한 기호라고 본다.[4] 물론 퍼스는 그것들이 전적으로 분리된 별개의 기호들이 아니라 부분적으로 중첩되고 결합될 수 있다고 보지만 적어도 상징기호의 상위적 성격에는 논란의 여지가 없어 보인다.

먼저 도상기호는 두 사물의 물리적 성질들의 유사성에 근거하고 있다. 지도에서 사용하는 다양한 표시들은 도상기호들이며, 대부분 형

---

4 Charles Sanders Peirce, *Collected Papers of Charles Sanders Peirce*, Vol. 4, eds. Charles Hartshorne and Paul Weiss (Cambridge, Mass.: Harvard University Press, 1960), 448; Peirce, *The Essential Peirce: Selected Philosophical Writings*, Vol. 2, ed. Peirce Edition Project (Bloomington, Ind.: Indiana University Press, 1998), 306-307 참조. 상징기호의 상위적 위상에 대한 퍼스 자신의 언급, 그리고 광범위하게 공유되는 일반적 해석에도 불구하고 쇼트는 상징기호의 상위성에 대해 집요한 반론을 펼치고 있다. 쇼트는 도상과 지표, 상징기호가 독립적인 기호들이라기보다는 통합된 전체의 국면들이라고 본다. 그러나 쇼트의 이러한 논변에도 불구하고 상징기호에 물리적 연관성을 넘어서는 새로운 연관성이 주어진다는 점에서 상징기호가 새로운 층위의 기호라는 것은 분명해 보인다. 이 글에서 필자가 논의하려는 것처럼 체험주의적 시각에서 볼 때 상징기호가 일차사상을 통해 주어진 추상적 경험내용의 또 다른 사상, 즉 이차사상을 통해 구성된다는 점에서 더 복합적인 층위의 기호라는 점은 여전히 분명해 보인다. 쇼트의 반론은 T. L. Short, *Peirce's Theory of Signs* (Cambridge: Cambridge University Press, 2009), pp. 225-31 참조.

태적 유사성을 감안한 것이다. 도로표지판에서 사용하는 대부분의 형태들 또한 도로의 형태와의 유사성을 반영하는 방식으로 만들어진다. 그것들은 물리적 유사성에 근거한 도상기호의 특성을 강하게 드러낸다. 한편 지표기호는 물리적 대상이나 사건들의 근접성/인과성에 근거하고 있다. 체온계의 눈금은 온도를 가리키며, 피부의 홍반은 아이에게 열이 있다는 사실을 말해 준다. 풍향계의 방향은 바람의 방향을 가리킨다. 이런 의미에서 지표기호는 물리세계 안의 근접성이나 인과적 연관성을 나타내는 기호다.

그러나 상징기호에서는 이 모든 물리적 관계를 넘어서는 새로운 연관성이 드러난다. 퍼스의 예를 들면 [사람]이라는 단어는 실제 사람과 유사하지도 않으며, 사람과 직접적인 인과관계를 드러내지도 않는다. 이런 의미에서 단어나 문장, 심지어 그것들로 구성된 책 또한 상징기호가 된다. 즉 상징기호로서 [사람]이라는 표상체는 사람이라는 대상체와의 물리적 연관성을 넘어선 어떤 국면과의 연관성을 드러낸다.[5] 퍼스는 그 연관성이 '규약'이나 '해석의 규칙'을 통해서 주어진다고 보았다. 퍼스는 이렇게 말한다.

　상징은 하나의 표상체다. 그 표상체가 표상하는 것을 표상하기 위해

---

5 Charles S. Peirce, *Collected Papers of Charles Sanders Peirce*, eds. Charles Hartshorne and Paul Weiss (Cambridge, Mass.: Harvard University Press, 1960), 4.448 참조. (이하 이 전집의 인용은 CP로 표기하고 인용된 권 번호와 절 번호를 제시한다.) 퍼스가 [사람]이라는 언어기표를 상징기호의 사례로 든 것은 복잡한 오해와 혼란의 소지가 있어 보인다. 퍼스가 [사람]을 상징기호로 본다면 그가 고려해야 할 연관성은 [사람]이라는 표상체와 실제 사람들 사이의 연관성이 아니라 더 정확하게는 [사람]이라는 표상체와 「사람」이라는 추상적 개념 사이의 연관성이기 때문이다.

지니는 특별한 의의(significance)나 합치(fitness)는 그 표상체를 그렇게
해석하게 해 주는 습관, 성향, 또는 다른 실제적 일반 규칙이 존재한다는
바로 그 사실에 근거하고 있다.[6]

규약에 의존하는 모든 표상체는 상징이다.[7]

여기에서 주목해야 할 것은 상징기호가 '규약'에 의존하고 있다는
퍼스의 주장이다. 이때 규약이란 상징기호의 해석에 요구되는 해석의
규칙을 담고 있을 것이며, 해석의 규칙을 담고 있는 한 그것은 바로
'해석체'(interpretant)의 문제가 된다는 것을 알 수 있다. 즉 상징기
호에는 그것과 직접적으로 연관되는 대상체가 물리적으로 존재하지
않으며, 따라서 상징기호는 어떤 물리적 유사성이나 인과적 관계에도
의존하지 않는 새로운 연관성을 드러내야 한다. 퍼스는 이러한 새로
운 연관성이 습관이나 성향, 실제적 일반 규칙에 의해 주어진다고 보
는데, 이 모든 것은 자신의 삼원적 구도 안에서 '해석체'를 통해 설명
될 수밖에 없어 보인다.
　　그러나 문제는 퍼스의 해석체 개념 자체가 그리 간단치 않다는 점
이다. 해석체에 대한 퍼스의 언급에는 양립 불가능해 보이는 국면들
이 혼재되어 나타나기 때문이다.

기호는 그것이 산출하거나 수정하는 관념에 대해 어떤 것을 대신한다.
또는 기호는 마음의 밖으로부터 어떤 것을 마음에 전달하는 수단이다.
기호가 대신하는 것을 대상체(object)라고 부르고, 기호가 전달하는 것

6　CP, 4.447.
7　같은 곳.

을 의미, 기호가 불러일으키는 관념을 해석체(interpretant)라고 부른
다.[8]

그러나 퍼스의 해석체 구분에 따르면 해석체는 단순히 '기호가 불
러일으키는 관념', 즉 기호적 의미에 국한되지 않는다.

해석체를 다음과 같이 …… 구분할 수 있다. 기호 자체에 대한 정확한
이해를 통해 드러나는 해석체인 직접적 해석체(Immediate Interpretant)
가 있다. 그것은 일상적으로 그 기호의 의미(meaning)라고 불린다. 둘
째, 우리는 역동적 해석체(Dynamical Interpretant)에 주목해야 하는데,
그것은 하나의 기호로서 그 기호가 실제로 결정하는 실제적 효과다. 끝
으로 내가 잠정적으로 최종적 해석체(Final Interpretant)라고 부르는 것
이 있는데, 그것은 기호가 그 대상과 관련되기 위해 스스로를 표상하는
방식을 가리킨다. 나는 이 세 번째 해석체에 관한 내 개념이 아직 선명하
지 않다는 사실을 고백한다.[9]

퍼스에게 해석체는 기호적 의미이며, 그 기호의 실제적 효과이며,
나아가 하나의 기호로서 스스로를 표상하는 방식이기도 하다. 여기에
서 퍼스가 당면한 숙제의 하나는 기호에 관해 현실적으로 드러나는
다양한 해석 가능성 속에서 안정된 해석의 규칙을 확립하는 일이다.
퍼스는 그 가능성을 해석체 자체의 작용에서 찾으려고 했던 것으로
보인다. 특히 직접적인 대상체를 갖지 않는 상징기호의 경우 이 문제

---

8 CP, 1.339.
9 같은 책, 4.536.

는 더더욱 중요하고도 복잡한 문제가 된다. 그러나 해석체에 관한 퍼스의 설명은 이 중요한 문제에 대한 선명한 답을 제시하기보다는 오히려 그가 해석체와 관련해 직면한 곤경이 무엇이었는지를 더 선명하게 보여 준다.

결과적으로 해석체 개념의 이러한 불투명성은 해석체가 개입되는 상징기호 개념의 불투명성을 낳을 수밖에 없다. 이런 관점에서 쇼트(T. L. Short)는 상징기호에 대한 퍼스의 정의가 일관성을 잃고 있다고 지적한다.

상징은 표상적 성격이 스스로 규칙이 된다는 사실에 근거하고 있는 표상체이며, 그것이 그 해석체를 결정한다.[10]

상징은 대체로 일반적 관념들의 연합인 법칙을 통해 그 대상체를 가리키는 기호다. 그것은 상징으로 하여금 그 대상을 가리키는 것으로 해석될 수 있도록 작동한다.[11]

여기에서 퍼스는 상징기호가 해석의 규칙이라는 생각과 상징기호가 특정한 대상을 가리키는 기호라는 생각 사이에서 흔들리는 것을 알 수 있다. 이 불투명성은 표상체와 대상체, 해석체라는 세 요소로 구성된 퍼스의 기호학적 구도 안에서 조정이나 수정을 통해 해결될 수 있을 것으로 보이지 않는다. 이 문제는 기호의 산출에 관한 더 근

---

10   Peirce, *The Essential Peirce: Selected Philosophical Writings*, Vol 2, ed. Peirce Edition Project (Bloomington, Ind.: Indiana University Press, 1998), p. 274.

11   같은 책, p. 292.

원적인 가정에서 비롯되기 때문이다. 즉 상징기호는 우리의 인지 기제인 기호적 사상을 통해 비로소 산출되며, 처음부터 내재적 규칙을 따라 구성되는 것이 아니다. 상징기표와 추상적 개념 사이의 연관성은 처음부터 물리적 질서를 넘어서 있으며, 따라서 물리적 층위에서의 이루어지는 시험의 대상이 될 수 없다. 그 연관성은 그 자체로 존재하는 것이 아니라 기호 산출자의 '기호적 사상'을 통해 비로소 창조되는 것이기 때문이다. 이러한 관점에서 필자는 상징기호에 관한 퍼스의 곤경이 근원적으로 기호 산출자/해석자인 우리 자신의 기호적 사상을 통해 구성된다는 사실을 간과한 데서 비롯된다고 보았다.[12]

예를 들어 이스터섬(Easter Island)의 거대석상 '모아이'(Moai)가 (단순한 도상이나 지표가 아니라) 무엇인가를 상징했다면 "이스터섬의 모아이가 무엇을 상징하는가?"라는 물음에 대한 답은 그 상징기호를 공유하는 공동체의 구성원에게만 의미 있는 어떤 것이다. 즉 모아이의 기호적 주인은 우리가 알 수 없는 어떤 추상적 경험내용을 모아이라는 기표에 사상했으며, 모아이의 상징성은 그렇게 창조되었을 것이다. 그러나 모아이의 기호적 주인은 소멸했으며, 오늘날 우리는 그들에게 모아이가 무엇을 상징했는지조차 잘 알지 못한다. 모아이가 도상기호이거나 지표기호였다면 그 연관성을 밝히는 일이 훨씬 더 쉬운 것일 수도 있다. 도상기호나 지표기호와 대상체 사이의 연관성은 물리적 경험 층위에서 승인되거나 반박될 수 있기 때문이다. 그 연관성은 대체로 물리적 질서 안에서 발견되며, 그만큼 보편적이며 안정적이다. 그러나 이러한 물리적 연관을 벗어난 상징기호의 경우 그 연

---

12 이 책 〈보론 1〉「퍼스의 기호 개념과 기호 해석」, pp. 179-80 참조.

관성 추정이 더 어려운 것은 결코 우연이 아니다.

　'잊혀진 기호'라고 할 수 있는 모아이 사례는 상징기표가 우리 앞에 현존하는 데도 불구하고 그 기호적 구조를 벗어난 우리가 그 연관성을 적절히 추정할 수 없다는 것을 말해 준다. 이러한 사실은 퍼스의 구도 안에서 기표, 즉 표상체가 특정한 추상적 내용과의 연관성을 스스로 규정할 수도 없으며, 따라서 해석체가 이 상황에서 어떤 역할을 하는지 또한 불분명하다는 것을 보여 준다. 모아이라는 상징기호는 그 기호적 구조에 참여하는 사람들, 즉 그것을 산출하거나 해석하는 사람에 의해서만 만들어지며, 이런 의미에서 그들이 바로 그 상징기호의 주인이다. 상징기호가 드러내는 연관성은 기호 산출자의 기호적 의도에 근거한 기호적 사상을 통해 구성되며, 기호 해석자들에 의해 공유된다. 이런 의미에서 기호의 질서는 사물의 질서가 아니라 인간의 질서다.

　여기에서 주목해야 할 것은 퍼스의 기호 탐구가 주어진 기호현상에 대한 분석에 전적으로 의존하고 있으며, 이 때문에 기호의 산출 과정을 간과하고 있다는 점이다. 체험주의적 시각에서 '기호적 경험'은 기호의 산출과 해석으로 이루어지며, 이 모든 과정은 '기호적 사상'이라는 기제를 통해 이루어진다. 상징기호는 산출자의 추상적 경험내용의 일부를 특정한 기표에 사상하는 방식으로 산출되며, 그 해석 또한 해석자의 추상적 경험내용의 일부를 그 기표에 사상하는 방식으로 이루어진다. 비둘기가 평화를 상징하는 기표라면 이때 물리적 기표인 비둘기와 「평화」라는 추상적 개념 사이에는 물리세계 안에서 찾을 수 없는 새로운 연관성이 필요하다. 비둘기를 이처럼 상징적 방식으로 경험하기 위해서 나는 「평화」에 관한 내 경험내용의 일부를 비둘기에 사상해야 한다. 이러한 사상은 본성상 사적 경험의 양상이며, 따라서 거기에는 어떤 필연성도 없다. 오늘날 많은 사람들이 비둘기를 평화의 상징으로 받아들이는 것은 평범한 관행이 되었지만 거기에는 어떤 규약이나 법칙도 없다.[13]

퍼스는 상징기호의 특수한 연관성을 설명하기 위해 '해석'이라는 개념을 도입했으며, 이런 의미에서 상징기호가 진전된 기호라고 생각했지만 이 진전이 어떤 방식으로 이루어지는지를 해명하는 데 이르지는 못했다. 퍼스는 기호학을 '준필연적이고 형식적인 규범과학'으로 규정하며,[14] 이 때문에 기호에 관한 그의 탐구는 처음부터 법칙화 가능성 문제를 중심으로 이루어진다. 결과적으로 퍼스의 이러한 접근은 오히려 기호의 본성과 구조를 해명하는 데 결정적 장애로 남게 된다. 체험주의적 관점에 따르면 기호적 경험 안에서 기호적 연관성은 무한히 창출될 수 있으며, 우리가 일종의 법칙으로 받아들일 수 있는 기호화는 사실상 그 중 매우 제한된 일부일 뿐이다. 내가 특정한 물리적 대상, 즉 기표에 어떤 경험내용을 사상할 것인지를 결정해 주는 선결적 원리는 없기 때문이다.

3. 기호적 사상의 중층성

퍼스를 포함해서 전통적 기호학자들을 미궁에 빠뜨린 핵심적 문제는 '기호적 의미의 원천' 문제다. 필자는 기호현상에 대한 퍼스의 섬세

---

13 어떤 공동체가 비둘기를 평화의 상징으로 간주하며, 그것을 근거로 비둘기의 포획이나 학대를 금지하는 법규를 만든다면 그것은 기호적 경험의 문제가 아니라 현실적 권력이나 제도의 문제가 된다. 즉 기호적 경험으로서 상징 경험은 본성상 무한히 열려 있는 사적 경험의 문제이며, 그것이 규약이나 제도로 확립되는 것은 기호화하는 인지적 구조를 넘어선 또 다른 문제다.
14 CP, 2.227 참조.

하고 방대한 분석에도 불구하고 이 문제가 답해지지 않은 주된 이유가 기호의 발생적 국면을 간과했기 때문이라고 본다. 퍼스의 기호 탐구는 기호 문제가 법칙적 추론의 문제라는 시각에서 출발하고 있으며, 이 때문에 기호의 문제를 표상체와 대상체의 연관성, 표상체와 해석체의 연관성 문제로 파악했던 것으로 보인다. 그래서 퍼스의 작업은 수많은 기호현상들에 대한 관찰과 분석을 통해 이 연관성을 발견하고 그 성격을 분류하는 데 집중하고 있다.

대신에 기호적 의미의 원천이라는 문제에 답하기 위해서는 기호의 산출과 해석으로 이루어지는 기호적 경험의 본성에 대한 새로운 해명이 필요해 보인다. 기호 문제는 기호적 경험의 문제이며, 그것은 우리 경험의 한 국면이기 때문이다. 최근 경험적 지식, 특히 인지과학이 제공하는 경험적 증거들에 의존해서 '신체화된 경험'(embodied experience)의 본성과 구조를 해명하려는 체험주의의 시도는 기호 문제에 접근하는 새로운 통로를 열어 준다.

체험주의에 따르면 우리 경험은 물리적 층위와 기호적 층위로 구분되는데, 기호적 경험은 물리적 경험을 토대로 확장되며, 동시에 물리적 경험에 의해 강력하게 제약된다. 이때 '기호적 사상'은 물리적 경험이 기호적 경험으로 확장되는 데 개입되는 핵심적 기제다. '기호적 사상' 개념은 레이코프와 존슨(G. Lakoff and M. Johnson)의 은유(metaphor) 이론에서 비롯된 것이다. 레이코프와 존슨에 따르면 은유는 원천영역의 경험이 표적영역으로 사상되는 구조를 갖는다. 예를 들어 「사랑은 여행」 은유 안에서 사랑이라는 추상적 개념에 여행 경험이 사상되며, 이러한 사상을 통해 사랑은 여행 경험의 '관점에서'(in terms of) 이해되고 경험된다. 여행 경험이 원천영역이 되며 사랑이라는 추상적 개념이 표적영역이 된다. 이런 관점에서 레이코프는 은유를 "개념체계 안의 영역 간 교차사상"[15]으로 특징짓는다.

　필자는 레이코프와 존슨의 은유 이론에서 핵을 이루는 '은유적 사상'이 바로 기호적 경험을 해명해 주는 결정적인 기제라고 보았으며, 그것을 '기호적 사상'이라는 개념으로 확장했다.[16] 기호적 경험의 뿌리를 거슬러 올라가면 그 끝에는 물리적 경험이 있다. 최초의 기호적 사상에서 사상되어야 할 경험내용은 이미 기호 산출자에게 주어져 있어야 한다. 이 경험내용의 발생적 원천은 물리적 층위에 있다. 최초의 경험은 우리 몸과 두뇌, 그리고 환경의 상호작용을 통해 주어질 수밖에 없으며, 이런 의미에서 모든 기호적 경험은 물리적 경험을 토대로 구성된다고 할 수 있다. 레이코프와 존슨의 은유 이론의 중요한 기여는 물리적 층위에서 주어지는 경험이 추상적 층위로 확장되는 과정을 은유적 사상이라는 기제를 통해 해명했다는 데 있다.

　기호적 사상은 무한히 중첩될 수 있지만, 그 발생적 국면에 주목한다면 우선 '일차사상'과 '이차사상'으로 구분할 수 있다. 전형적인 일차사상은 물리적 경험내용이 가상의 표적영역에 사상됨으로써 추상적 개념을 산출하는 방식이다. 예를 들어 「사랑」개념은 그 자체로 정의될 수 없으며, 다양한 사랑 은유들을 통해서만 정의된다. 「사랑은 여행」「사랑은 물리적 힘」「사랑은 마법」「사랑은 전쟁」「사랑은 미침」「사랑은 협동적 예술작품」「사랑은 전쟁」과 같은 은유들이 그것이다.[17] 이때 사랑 은유들은 대부분 구체적인 물리적 경험내용을 담고

15　George Lakoff, "The Contemporary Theory of Metaphor," in Andrew Orto-
　　ny, ed., *Metaphor and Thought*, 2nd ed. (Cambridge: Cambridge University
　　Press, 1993), p. 203.

16　노양진, 「기호적 경험의 체험주의적 해명」, 특히 pp. 165-67 참조.

17　G. 레이코프 · M. 존슨, 『삶으로서의 은유』, 노양진·나익주 역 (서울: 박이정,
　　2006), pp. 106-10 참조. 레이코프와 존슨은 '은유적 투사'라는 말을 사용하며,

있다. 그 물리적 경험내용들이 은유적으로 사상됨으로써 비로소 「사랑」이라는 추상적 개념이 만들어진다. 대부분의 추상적 개념은 이렇게 산출된다.

일차사상을 통해 주어진 추상적 개념은 우리의 추상적 경험내용을 이루며, 그것은 또다시 새로운 기표에 사상될 수 있다. 이것이 이차사상이다. 예를 들어 우리는 「사랑」이라는 추상적 개념에 관한 우리의 경험내용을 또 다른 물리적 기표에 사상함으로써 그것을 하나의 '상징'으로 만들 수 있다. 장미가 사랑의 상징이라면 우리는 장미라는 꽃에 「사랑」에 관한 경험내용을 부분적으로 사상하며, 장미를 그 사상된 경험내용의 관점에서 이해하고 경험할 수 있다. 이러한 기호적 사상은 적어도 원리적으로 삼차사상, 사차사상 등 무한히 이어질 수 있지만 중층적 사상이 이루어질수록 그 기호적 구조는 복잡해지며 동시에 이해하기 어려워질 것이다.[18]

이러한 구도 안에서 상징기호의 상위적 위상은 다음 그림과 같이 설명될 수 있다.

후일 그것을 '은유적 사상'이라는 말로 수정한다. 필자는 이들의 은유적 사상 개념이 바로 기호적 경험을 구성하는 핵심적 기제인 '기호적 사상'이라고 보았다.

18 이러한 사상의 중층성이 인간과 동물을 구분해 주는 결정적인 징후로 보인다. 이차사상의 전형적인 경우로 제례의식을 들 수 있다. 제례의식이 의미를 갖기 위해서는 적어도 죽은 자의 영혼은 물론 사후세계의 존재가 가정되어야 한다. 영혼이나 사후세계는 물론 기호적 구성물이며, 그 기호적 의미가 추상적 경험내용의 일부를 이루고 있을 때 제례의식에 관련된 모든 행위나 사건, 도구 등이 물리적 의미를 넘어서는 새로운 의미를 갖게 된다. 물론 이때 사상되는 추상적인 층위의 기호적 의미는 이전의 기호적 사상, 즉 일차사상을 통해서 만들어진 것이다. 인간 외적 존재에게는 이 추상적 층위의 기호적 의미를 산출하고 해석할 능력이 없어 보이며, 그래서 우리가 이해할 수 있는 형태의 제례의식을 찾아볼 수 없다.

〈상징기호의 사상 구조〉

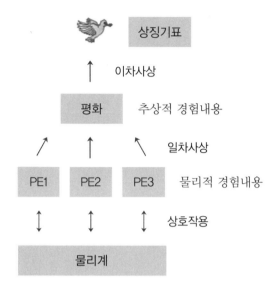

이 모형은 우리 앞에 나타난 기호현상에 대한 분석이 아니라 사실상 우리 경험의 구조를 보여 준다. 이 모든 과정은 우리 경험의 과정이다. 물리적 경험내용의 일부를 사상함으로써 추상적 경험내용이 구성되는데, 이 사상 과정을 '일차사상'이라고 부른다. 일차사상을 통해 주어진 추상적 경험내용은 다시 또 다른 기표, 즉 [비둘기]에 사상되는데, 그것이 '이차사상'이다. 이차사상 이상의 과정에서는 물리적 대상인 기표와 거기에 사상된 추상적 경험내용이 어떤 연관성을 갖게 된다. 이 연관성은 발견되는 것이 아니라 이차사상을 통해 새롭게 산출되는 것이다. 비둘기가 평화의 상징이라고 말하는 것은 비둘기라는 생명기표에 「평화」라는 추상적 개념에 대한 내 경험내용의 일부를 사상함으로써 그 사상된 경험내용의 관점에서 비둘기를 이해하고 경험한다는 것을 의미한다.

퍼스는 도상기호나 지표기호와 달리 상징기호가 드러내는 연관성이 물리적 층위에서 직접 주어지지 않는다는 사실에 주목했을 것이다. 그렇다면 상징기호는 무엇과 어떻게 연관성을 드러내는 것일까? 퍼스의 삼원적 구조 안에서 이 연관성이 대상체를 통해 해명되지 않는다면 그것은 해석체와의 관계 속에서 해명될 수밖에 없어 보인다. 이러한 관점에서 본다면 퍼스의 해석체는 그 자체로 정의되고 해명되기보다는 오히려 자신의 기호 이론적 요청을 따라 구성된 것이라고 할 수 있다. 그 결과 해석체 개념은 일관성을 유지하기 어려울 만큼 지나치게 복잡한 많은 것을 담게 되며, 이 때문에 해석체 개념은 오늘날까지도 불분명한 수수께끼로 남게 되었다.

체험주의적 해명에 따르면 기호적 사상은 퍼스가 말하는 도상기호나 지표기호, 상징기호에서 공통적으로 작동하는 인지적 기제다. 즉 동일한 기표는 기호 산출자/해석자인 우리가 그 기표에 어떤 경험내용을 사상할 것인가에 따라 도상이나 지표, 상징기호가 될 수 있다. 기호의 유형을 구분해 주는 것은 기표의 문제가 아니라 우리의 '기호적 의도'의 문제이며, 그 의도는 기호적 사상을 통해 구현된다. 도상기호의 경우 우리는 지도상의 삼각형이라는 기표에 산에 대한 경험내용의 일부를 사상하며, 그 사상된 경험내용의 관점에서 그 삼각형을 이해하고 경험한다. 지표기호의 경우 온도계의 눈금이라는 기표에 열에 대한 경험내용의 일부를 사상하며, 그 사상된 경험내용의 관점에서 온도계의 눈금을 이해하고 경험한다. 상징기호의 경우 비둘기에 평화에 관한 추상적 경험내용의 일부를 사상하며, 그 사상된 경험내용의 관점에서 비둘기를 이해하고 경험한다. 그러나 우리는 삼각형이라는 기표에 산에 대한 경험내용 대신에 '주가상승'에 관한 추상적 경험내용을 사상할 수도 있다. 이때 삼각형은 도상기호가 아니라 상

징기호가 된다. 기호적 사상은 우리 경험의 한 방식이며, 그것은 적어
도 '원리적으로' 무한히 열려 있다. 그러나 기호적 사상은 실제로 무
한히 자유롭게 이루어지지 않으며, 우리의 물리적 경험에 의해 강력
하게 제약된다. 기호의 산출과 해석에서 작동하는 이러한 제약의 문
제는 다음 절에서 좀 더 상세하게 다룰 것이다.

4. 상징기호의 해석

체험주의적 분석에 따르면 퍼스가 구분했던 '상징기호'는 중층적인
기호적 사상, 즉 이차사상을 통해 구성된다는 것을 알 수 있다. 이렇
게 주어진 추상적 경험내용은 또 다른 기호에 삼차사상, 사차사상 등
적어도 원리적으로 무한히 반복될 수 있다. 자연스러운 귀결이지만
이차사상, 삼차사상 등 중층적 사상을 통해 구성되는 기호는 해석 문
제에서도 훨씬 더 복잡한 구조를 갖게 되리라고 예상할 수 있다. 그러
나 실제적으로 기호적 사상이 무한히 중층적으로 이루어지지 않는 이
유는 우리의 현실적인 이해력이 무한하지 않기 때문이다.

　하나의 상징기호를 산출하기 위해 기호 산출자의 기호적 사상이 이
루어지며, 그 상징기호를 해석하기 위해 기호 해석자의 기호적 사상
이 이루어진다. 여기에서 기호 산출자와 기호 해석자의 기호적 사상
이 합치할 것이라는 원리적 보장은 없다. 기호 산출자와 해석자는 특
정한 기표에 각자의 방식으로 자신의 경험내용의 일부를 사상하기 때
문이다. 기호 산출자와 해석자의 경험내용이 동일할 것이라는 보장이
없으며, 설혹 이들이 동일한 경험내용을 갖는다 하더라도 어떤 기표
에서 그 경험내용의 어떤 부분을 사상할 것인지를 결정해 주는 선결
적 원리는 존재하지 않는 것으로 보인다.

예를 들어 '비둘기'가 평화의 상징이라는 기호화는 구약성서에 뿌리를 둔 오래된 것이지만 한국인에게는 수입된 기호화이다. 서구의 상징기호가 한국인에게 전이된 것이다. 사실상 세상사람 모두가 비둘기를 평화의 상징으로 간주하지 않으며, 또 그래야 할 당위나 의무도 없어 보인다. 그 상징기호가 광범위하게 유포되었다면 그것은 자연적·사회적·문화적 조건에 따라 나타난 실제적 현상일 뿐, 그것을 넘어서는 법칙이나 원리도 없어 보인다. 바꾸어 말하면 비둘기가 아닌 다른 모든 생명체나 사물이 평화의 상징이 될 수도 있었다. 우리가 흔히 알고 있는 비둘기의 형태나 행동방식 등이 평화적으로 보인다는 이유로 많은 사람들은 그 기호화를 그럴듯한 것으로 받아들일지도 모른다. 그것이 사실이라 하더라도 누군가는 전혀 이 기호화에 공감하지 않으며, 오히려 먹기 위해 여전히 비둘기를 사냥하고 있을지도 모른다.

기호적 사상이 자연적·사회적·문화적 조건에 영향받는다는 사실은 기호의 산출과 해석이 모두 다분히 우연적이라는 것을 말해 준다. 상징기호는 이차사상 또는 그 이상의 사상의 산물이다. 어떤 추상적 경험내용을 어떤 기표에 사상할 것인지를 결정해 주는 선결적 원리는 없어 보인다. 즉 자연적이든 인공적이든 모든 물리적 대상이 이차사상을 통해 상징기호가 될 수 있다. 사상의 과정은 기호 사용자의 자연적·사회적·문화적 조건에 따라 다양한 변이를 드러낼 것이며, 그렇게 산출된 상징기호의 공유나 확산 또한 마찬가지 방식으로 다양한 조건에 영향받을 것이다. 상징기호의 산출과 해석에 개입되는 기호적 사상은 본성상 사적 경험의 국면이며, 여기에는 어떤 원리적인 객관성도 없다.

이러한 주장은 기호 문제를 유아론적 회의주의로 몰아갈 것이라는 우려를 불러올 수 있다. 그 우려는 매우 현실적인 우려이지만 결코 근원적으로 제거하거나 극복할 수 없는 우려이기도 하다. 그러나 현실적으로 우리는 많은 종류의 기호화를 공유하며, 또 그 기호화에 공감하기도 한다. 이 때문에 사람들은 상징기호 자체에 본유적인 객관성이 내재되어 있을 것이라는 환상을 가질 수 있다. 그러나 우리가 실제 경험을 통해 확인할 수 있는 객관성이란 사실상 현재와 같은 몸을 가진 유기체로서 우리 인간이 공유하는 경험의 '공공성'(commonality) 이상의 것일 수 없다. 이 공공성은 물리적 층위의 경험에서 반박할 수 없을 정도로 현저하게 나타난다.[19] 이러한 공공성은 특정한 이론적 요청에 따른 이론적 개념이 아니라 우리 경험의 본성에 대한 탐구를 통해 드러나는 경험적 사실일 뿐이다. 즉 우리 경험은 물리적 층위의 경험을 토대로 기호적으로 확장되며, 동시에 그 기호적 확장은 물리적 층위의 경험에 의해 강력하게 제약된다.[20]

---

19 Lakoff, Women, *Fire, and Dangerous Things: What Categories Reveal about the Mind* (Chicago: University of Chicago Press, 1987), 특히 2장 참조.

20 현실적인 당위성이나 강제성을 갖는 것처럼 보이는 상징 현상으로 '의식'(ritual)을 들 수 있다. 예를 들어 제례의식을 살펴보자. 제례의식을 구성하는 일련의 물건과 행동은 물리적 층위를 넘어선 의미를 갖는다. 이 새로운 의미는 물론 기호 산출자/해석자의 기호적 사상을 통해 구성된 것이다. 여기에서 주목해야 할 것은 이 상징체계가 특정한 집단이나 공동체에 의해 공유되는 방식이다. 개인적 의식이든 집단적 의식이든 의식이 상징체계에 의존하고 있으며, 또 상징체계의 발생적 국면에서 본다면 기호적 사상이라는 인지적 기제를 거친다는 점에서 기호적 구조는 다르지 않다. 그 기호적 사상이 개인의 경험으로 국한되는지 집단의 경험으로 유포되는지 그 양상에서 차이가 드러날 것이다. 집단적 의식으로서의 기호적 경험은 특정한 공동체의 구성원들이 공유하는 형태로 나타나며, 거기에는 종종 외재적 강제성이 부과된다. 그러나 기호적 경험은 본성상 사적인 인지 과정이다. 그러한 기호적 경험의 산물인 의식이 현실적으로 어떤 강제성을 드러낸다면 그것은 기호적 경험의 본성에서 비롯된 것이 아니라 기호적 경험에 부가된 사회적 규약의 문제라고 할 수 있다. 또한 사회적 규약은 특정한 집단이

체험주의적 구도 안에서 퍼스가 구분하는 도상이나 지표기호는 물리적 경험내용을 특정한 기표에 사상하는 일차사상을 통해서 구성된다. 도상이나 지표기호가 모두 일차사상의 산물이라는 사실을 받아들인다 하더라도 퍼스처럼 그것들을 연관성의 성질에 따라 구분하는 것은 여전히 유용할 것이다. 그러나 상징기호가 이차사상을 통해 구성된다고 말하는 것은 중요한 국면에서 퍼스의 생각으로부터 멀어진다. 상징기호는 특정한 기표에 기호 산출자/해석자의 추상적 경험내용의 일부를 사상하는 방식으로 구성되며, 따라서 기호 산출자의 사상과 기호 해석자의 사상은 매우 다를 수 있기 때문이다. 이것은 상징기호가 드러내는 연관성이 본성적으로 객관적이거나 법칙적일 수 없다는 것을 말한다. 만약 퍼스가 상징기호에 관해 어떤 '준필연적 법칙성'을 여전히 염두에 두고 있다면 그것은 기호 구조 자체에서 비롯된 법칙성이 아니라, 기호 사용자들의 사회·문화적 합의를 통해 구성된 '규약'의 문제라는 것이다.

퍼스는 상징기호에 개입되는 '해석'의 문제를 근거로 상징기호의 본성을 설명하려고 했지만 정작 그 해석이라는 기제를 담아야 하는 '해석체' 개념 자체를 선명하게 정의할 수 없었다. 이 때문에 상징기호에 대한 그의 복잡한 해명 또한 불투명한 미완의 기획으로 남게 되었다. 이러한 관점에서 '기호적 사상'을 축으로 제시되는 체험주의의 기호 개념은 일견 퍼스의 상징기호 개념에 대한 보완적 해명으로 보일 수도 있다. 그러나 이러한 우호적 해석이 가능하기 위해서는 기호의 문제가 우리 밖의 사태나 사건의 문제가 아니라 우리 경험의 방식

나 공동체 안에서 편재적으로 공유된다 하더라도 다른 집단이나 공동체에서는 자연적·사회적·문화적 조건에 따른 상대적 변이를 드러낼 것이다.

문제라는 시각이 전제되어야 한다. 이러한 새로운 시각을 받아들일 때에만 퍼스의 상징 개념은 난해한 불투명성을 비켜서서 상위적 기호로서의 인지적 본성과 구조를 적절히 드러낼 수 있을 것이다.

5. 맺는말

상징기호의 특수한 위상은 '기호적 사상'이라는 기제의 작용방식을 통해 훨씬 더 선명한 방식으로 이루어질 수 있다. 퍼스의 기호적 탐구가 상징 문제에 이르러 불투명한 혼란에 빠져들게 된 것은 바로 이 기호적 사상이라는 인지적 기제에 대한 설명이 결여되었기 때문이다. 동시에 이러한 관점에서 지난 한 세기 동안 기호학의 방대한 논의와 지속적인 노력에도 불구하고 '기호적 의미의 원천' 문제가 미지의 수수께끼로 남아 있게 된 주된 이유 또한 기호적 사상의 구조에 대한 해명이 결여되었기 때문이라고 말할 수 있다.

체험주의적 해명에 따르면 기호적 의미의 원천은 신체적/물리적 층위의 경험이며, 그것은 기호적 사상을 거쳐 추상적 경험내용을 산출한다. 그렇게 산출된 추상적 경험내용은 다시 또 다른 기표에 사상되어 우리가 흔히 '상징'이라고 부르는 기호를 산출한다. 이러한 중층적 사상은 적어도 원리적으로 무한히 반복될 수 있으며, 그것은 점차 더 복잡한 기호적 경험을 산출할 것이다. 요약하면 '상징'이라고 부르든 아니면 또 다른 이름으로 부르든, 적어도 기호적 경험 안에는 상위적 질서가 있으며, 그것은 중층적인 기호적 사상의 문제라고 할 수 있다. 기호적 경험은 무한히 열려 있는 경험 확장의 통로이며, 그 자체로 선결된 목표나 방향을 갖지 않는다. 기호적 경험은 본성상 사적이며, 오히려 그것이 드러내는 목표나 방향은 기호 산출자/해석자의 기호적 의도나 욕구를 출발점으로 삼아서 열린다. 이러한 사실은 기호적 경험이 본성상 결코 법칙적이거나 객관적 경험이 아니라는 사실을 함축한다.

퍼스가 주목했던 것처럼 도상기호나 지표기호에서 드러나는 일정 정도의 법칙성은 체험주의적 시각에서 본다면 사실상 물리적 층위의 경험에서 현저하게 드러나는 '공공성'의 한 국면일 뿐이다. 중층적인 기호적 사상이 거듭되면서 점차 상위적 질서로 갈수록 이러한 공공성은 현저하게 감소할 것이며, 증가하는 변이 때문에 해석의 불투명성은 점차 증가할 것이다. 추상적 경험내용의 일부를 사상함으로써 산출되는 상징기호가 그 극적인 사례가 될 것이다. 기호에 관한 퍼스의 탐구는 처음부터 규범적인 사고의 법칙에 대한 관심에서 출발했으며, 따라서 그 탐구의 목표 또한 기호적 질서를 사고의 법칙으로 정형화하는 것이었다. 바꾸어 말하면 퍼스의 기호 탐구는 기호적 질서의 법칙적 국면에 초점을 맞추고 있었으며, 이러한 기본적 가정 때문에 '기호적 경험'의 사적 본성을 간과하게 된 것으로 보인다.

상징 능력이 다른 동물에게서 찾아볼 수 없는 인간의 고유한 능력이라는 사실은 분명해 보인다. 체험주의적 해명에 따르면 이 고유한 능력은 인간이 추상적 경험내용을 축적하고 그것을 또 다른 물리적 대상에 사상할 수 있는 능력이라고 할 수 있다. 이런 의미에서 상징은 신비도 초월도 아니며 오히려 진정한 인간적 능력이라고 말할 수 있다. 필자는 기호적 경험의 한 양상으로서 상징의 기호적 구조에 대한 체험주의적 탐구가 기호 문제에 대한 더 적절한 해명의 가능성을 열어 주는 동시에 우리 자신의 사고의 본성과 한계에 관한 철학적 논의에 새로운 방향성을 제시해 줄 것으로 본다.

제6장

예술의 기호

1. 머리말

"예술이란 무엇인가?"라는 물음은 여전히 답해지지 않은 채로 어느 사이 낡은 물음이 되고 말았다. 수많은 답이 시도되었지만 오히려 그 때문에 우리는 그 어느 것도 옳은 답이 아니라고 생각한다. 단토(A. Danto)는 그 진부한 이야기를 뒤로 하고 "무엇이 어떤 것을 예술로 만들어 주는가?"라는 새로운 물음을 묻는다. 이제 지각적으로 아무런 차이도 없는 물리적 대상이 어떻게 예술작품이 되는지를 밝히는 것이 예술철학의 새로운 과제가 되었다. 단토는 이 물음에 대한 답으로 '해석'(interpretation)을 내세운다. 비평가들의 해석이 일상적인 것을 예술로 만든다는 것이다.

그러나 단토의 이러한 답은 사실상 답이 아니라 또 다른 물음일 뿐이다. 우리는 이제 예술이 무엇인가를 묻는 대신에 '해석'이 무엇인가를 물어야 하기 때문이다. 단토는 해석에 관해 이미 자신의 답을 준비하고 있다. 단토는 '무한히 열린 해석'을 가정하며, 이 때문에 예술은 이론들로부터 완전히 해방되었다고 선언한다. 무한한 해석을 통해 모든 것이 예술이 될 수 있다는 주장과 함께 예술은 스스로의 운명을 결정하는 이론의 굴레로부터 벗어난 것이다.

단토의 매혹적인 주장은 '해석의 무한성'이라는 가정에 근거하고 있다. 필자는 이 글에서 '기호적 경험'의 본성과 구조에 대한 '체험주의적'(experientialist) 해명을 통해 단토의 해석 개념이 왜 과장된 것이며, 또 유용하지도 않은지를 지적할 것이다. 해석은 항상 '~에 관한' 해석이다. 해석에 앞서 텍스트의 '크기'가 주어져야 한다. 대신에 해석의 자유가 '모든 것에 대한 모든 해석'을 의미하게 되면, 그것은 모든 경계를 무화시키게 된다. 이것은 해석이 어디인가에서 제약되어야 한다는 것을 의미한다. 그것은 하나의 해석과 무한한 해석 사이 어디인가에서 이루어질 것이다.

체험주의적 해명에 따르면, 모든 기호적 경험은 물리적 경험에 근거하고 있으며, 동시에 물리적 경험에 의해 강력하게 제약된다. 모든 예술적 텍스트는 예술적 기표들이며, 따라서 그 해석은 '기호적 경험'의 일부다. 이 때문에 해석은 물리적 경험에 근거하고 있으며, 또 물리적 경험으로부터 자유롭지 않다. 이런 구도 안에서 단일한 옳은 해석은 존재하지 않지만, 그것이 무한한 해석을 의미하는 것은 아니다. 단토의 '무한한 해석' 이론은 물리적 대상과 기호적 대상의 인지적 비대칭성을 간과함으로써 생겨나는 과도한 이론/탈이론이다. 그러한 과도성을 벗어난다면 우리는 '예술적인 것'의 경계를 범주화에 관한 '원형 이론'(prototype theory)의 관점에서 훨씬 더 성공적으로 다룰 수 있을 것이다.

해석은 기호적 경험의 한 방식이며, 그 의미는 종적 지반 위에서 구성된다. 현재와 같은 몸을 가진 유기체인 인간이 공유하는 경험의 공공성이 그 지반을 이루고 있다. 이러한 종적 신뢰(specific commit-ment)를 넘어선 의미는 더 이상 '우리의' 의미가 아니다. 그것은 연실이 끊긴 연과 다르지 않다. 무한한 해석은 '의미 만들기'(meaning making)의 무화를 의미한다. 단토를 비롯한 포스트모던 철학자들의 이론적/탈이론적 과도성이 드러나는 것은 바로 이 대목이다. 그 급진성은 과거의 이론들의 굴레를 벗기는 데 그치지 않고 오히려 인간의 본성적 경험의 한 형태로서 예술의 모습을 가리게 된다.

2. '이론'의 끝으로

단토는 예술의 본질이 무엇인가를 묻는 대신에 "무엇이 어떤 것을 예술로 만들어 주는가?"라고 묻는다. 이 물음은 그 자체로 중요한 통찰을 담고 있다. 지각적으로 동일하게 보이는 '일상적인 것'(the com-monplace)이 어떤 지점에서 예술작품으로 '변형'(transfiguration)된다는 사실에 주목한 것이다. 일상적 대상은 지각을 넘어선 어떤 것에 의해 '예술작품'이라는 새로운 '대상'으로 전환된다. 그렇다면 일상적인 사물은 언제, 어떻게 예술이 되는 것일까? 단토는 이렇게 말한다.

예술은 그것이 존재하기 위해 이론에 의존하는 종류의 것이다. 예술에 관한 이론이 없이는 검정 물감은 그저 검정 물감일 뿐 다른 어떤 것도 아니다. 아마도 우리가 세계에 대해 가질 수 있는 이론과 완전히 독립된 세계가 어떤 것인지를 말할 수는 있겠지만, 사물들을 궤도와 성좌로 나누어 구별하는 것은 모종의 이론을 전제하기 때문에 나는 그러한 물음을 던지는 것이 유의미한지조차 확신할 수 없다. 그러나 예술계(artworld)

는 논리적으로 이론에 의존하기 때문에 이론 없이는 예술계가 있을 수
없다는 것은 분명하다. 그러므로 사물들을 실재적 세계에서 떼어내어 그
것을 다른 세계, 즉 예술세계, 해석된 것들의 세계의 일부로 만들 수 있
을 만큼 강력한 예술 이론의 성격을 이해하는 것은 우리의 탐구에 필수
적이다.[1]

이론들에 의해 '예술계'가 탄생하며, 일상적인 사물은 비평가들의
이론적 해석을 통해 예술계의 구성원으로 변형된다. 단토는 『예술의
종말 이후』에서 자신이 『일상적인 것의 변용』에서 다루었던 주제에
관해 이렇게 말한다.

　　첫 번째 조건은, 어떤 것이 예술작품이기 위해서는 그것은 하나의 의
미를 가져야 한다—어떤 것에 관한 것이어야 한다—는 것이다. 그리고
두 번째 조건은, 의미는 어떤 식으로든 물리적으로 작품 속에 구현되어
야 한다는 것이다. 이것이 의미하는 것은, 사물이 작품으로 변형되는 것은
해석을 통해서이다라는 것이다. 즉 사물에 대한 '독서'가 있어야 한다는
것이다. 이러한 독서를 통해 우리는 작품이 의미하는 바를 분간해낼 수
있다. 그런데 사실 이것은 예술비평이 행하는 일이다. 따라서 어떤 것이
예술작품이기 위해서는 우리로 하여금 그것을 이해할 수 있게 해 주는
예술비평이 있어야 한다.[2]

단토의 논의는 여기에서 멈추지 않는다. 단토는 자신의 해석 이론

1　아서 단토, 『일상적인 것의 변용』, 김혜련 역 (서울: 한길사, 2008), pp. 296-97.

2　단토, 『예술의 종말 이후』, 이성훈·김광우 역 (서울: 미술문화, 2004), 「한국어판
　　서문」, pp. 14-15. (고딕은 필자의 강조.)

을 바탕으로 예술사의 문제로 눈을 돌린다. 그는 오늘날 우리가 더 이상 무엇이 예술인지를 묻지 않아도 되는 시대에 이르게 되었다고 말한다. 모든 것이 '해석'을 통해 예술이 될 수 있다는 인식에 이르게 되었기 때문이다. 뒤샹(M. Duchamp)의 「샘」(*Fountain*, 1917)이나 워홀(A. Warhol)의 「브릴로 상자」(*Brillo Box*, 1964)를 예술작품으로 받아들임으로써 우리는 무엇이든 예술작품이 될 수 있는 시대, 즉 '탈예술사'의 시대에 이르게 되었다는 것이다. 단토는 그것을 '예술의 종말'이라고 부른다.

　예술작품이 그렇게 보여야 하는, 또는 그렇게 존재해야 하는 특별한 방식 같은 것이 존재하지 않는다는 것, 다시 말해, 간단한 손도구도 예술작품이 될 수 있고, 상품 상자나 쓰레기 더미나 한 줄의 벽돌, 속옷 무더기, 도살된 동물 등도 예술작품이 될 수 있다는 것을 예술의 역사가 입증하였을 때, 예술의 본성이 철학적 의식에 **충분히** 다가갈 수 있게 되었다는 것이 나의 생각이다. 20세기 말경이 되어서야 이것이 충분하게 인식되게 되었다. 그리고 내가 보기에, 이런 일이 벌어졌을 때, 철학적 미술사가 종말에 이르게 되었다.[3]

　예술의 종말은 예술가들의 해방이다. 그들은 이제 어떤 것이 가능한지 않은지를 확증하기 위해 실험에 매달릴 필요가 없다. 우리는 그들에게 모든 것이 가능하다고 미리 말해 줄 수 있다. 예술의 종말에 대한 나의 생각은 오히려 역사의 종말에 대한 헤겔의 생각과 비슷하다. 그의 견해에 따르면 역사는 자유에서 종말을 고한다. 그리고 이것이 오늘날 예술

3　같은 책, p. 13. (고딕은 원문의 강조.)

가들의 상황이다.[4]

그것은 사실상 '예술의 종말'이라기보다는 "예술이란 무엇인가?" 라는 물음의 종말이다. 정말 그런가? 필자는 단토의 이러한 급진적 주장이 그의 부적절한 해석 이론에 근거하고 있다고 본다. 단토는 "모든 해석이 가능하다"라는 급진적인 해석학적 시각을 받아들이는 것으로 보인다. 무제약적인 해석은 데이빗슨(D. Davidson)의 표현을 빌면 '매력적이고 이국적인'(heady and exotic) 발상이지만,[5] 정작 우리의 실제적 경험의 '해명'이라는 차원에서 본다면 부적절하고도 위험한 주장이다. 어떤 것이 해석을 통해 예술이 되며, 그 해석에 아무런 제약도 없다면 '모든 것'이 예술이 될 수 있다. 그것은 예술 이론의 해방이 아니라 예술 이론을 무화시키는 '정신적 자살'(mental suicide)의 한 행로다.[6]

단토의 해석 이론은 20세기의 언어철학적 논의 맥락에서 본다면 급진적 반실재론(antirealism)의 한 표현이다. 20세기 후반에 들어 다수의 철학자들이 지지했던 반실재론은 세계가 그 자체로 주어지는 것이 아니라 우리의 마음이 구성한 대로 주어진다는 것이다. 굿맨(N. Goodman)은 이렇게 주어진 세계를 '버전'(version)이라고 부른다.

모든 경우에 우리는 우리가 이미 갖고 있는, 그리고 우리가 새로운 것

---

4 같은 책, p. 17.

5 Donald Davidson, "On the Very Idea of a Conceptual Scheme," in his *Inquiries into Truth and Interpretation* (Oxford: Clarendon Press, 1984), p. 183.

6 힐러리 퍼트남, 『이성·진리·역사』, 김효명 역 (서울: 민음사, 2002), p. 205 참조.

으로 다시 만들어 내는 결단과 기술을 갖게 될 때까지 유지하는 몇몇 낡은 버전 또는 세계로부터 출발한다. 사실에서 느끼는 완고성의 일부는 습관의 고착이다. 우리의 확고한 기초는 사실상 허술하다. 세계 만들기는 한 버전에서 시작해서 다른 버전으로 끝난다.[7]

우리는 하나의 세계가 아니라 다수의 '세계-버전들'을 갖는다. 굿맨은 자신의 이러한 입장을 '비실재론'(irrealism)이라고 부르지만, 그 이론적 본성은 반실재론과 다르지 않다. 사람들은 굿맨의 이러한 입장을 흔히 '구성주의'(constructivism)라고 부른다. 단토는 해석 문제에서 해석이 세계 구성의 주된 방식이라는 주장을 통해 굿맨의 구성주의적 주장에 합세하고 있다.

반실재론은 '하나의 세계, 하나의 진리'라는 꿈을 무너뜨리는 데 주도적 역할을 했으며, 그만큼 옳은 길이다. 그러나 문제는 이러한 해석/구성에 아무런 제약도 주어지지 않는다면 우리가 공약 불가능한 각자의 세계를 갖게 될 수 있다는 점이다. 그것은 허무주의적 상대주의라는 우려를 불러온다. 누구도 그런 귀결을 원하지 않겠지만, 해석/구성의 무한한 분기를 막아 줄 제약의 소재를 제시하지 못하면 그것은 피할 수 없는 귀결이다. 그러한 제약은 그저 "나는 허무주의적 상대주의를 원하지 않는다"라는 선언만으로 정당화되는 것이 아니다. 그것은 경험적으로 해명되어야 할 문제다.

---

7 Nelson Goodman, *Ways of Worldmaking* (Indianapolis, Ind.: Hackett, 1978), p. 97.

3. 기호적 경험으로서의 예술

기호적 경험의 본성과 구조에 대한 체험주의적 해명은 '해석' 문제에
접근하는 새로운 통로를 열어 준다. '체험주의'는 낯선 이름이다. 체
험주의는 최근 급속히 성장하는 '인지과학' (cognitive science)의 경
험적 탐구 성과에 주목함으로써 사고와 언어, 의미, 지식에 관해 새로
운 철학적 논의의 가능성을 열어 준다.[8] 체험주의적 기호 해석이 기호
학의 결정적인 수수께끼에 모두 답할 수는 없지만, 적어도 단토가 여
기에서 제기하는 "무엇이 어떤 것을 예술로 만들어 주는가?"라는 물
음에 답하는 더 나은 길을 제시할 수 있을 것이다.

우리 경험은 물리적 경험과 기호적 경험으로 구분될 수 있다. 기호
적 경험은 물리적 경험이 '은유적으로' (metaphorically) 확장되어 나
타난다. 이때 은유는 이미 주어진 영역의 '관점에서' (in terms of)
새로운 영역을 경험하거나 이해하는 것이다. 여기에서 우리는 주어
진 경험을 새로운 경험 영역에 사상하는데, 그 사상의 원천은 우리의
몸과 몸을 중심으로 이루어지는 신체적 활동이다. 레이코프와 존슨
(G. Lakoff and M. Johnson)은 이러한 구조를 '은유적 사상' (meta-
phorical mapping)이라고 불렀다.[9] 필자는 이러한 은유적 사상이 바
로 기호적 경험의 출발점이라고 보았으며, 그것을 '기호적 사상'
(symbolic mapping)이라고 부른다. 주어진 경험내용은 또 다른 물리
적 대상이나 추상적 대상에 사상되며, 그렇게 해서 '기호적 대상'이

---

8 체험주의의 철학적 특성에 관해서는 노양진, 「체험주의적 접근」, 『상대주의의 두
   얼굴』 (파주: 서광사, 2007) 참조.
9 G. 레이코프·M. 존슨, 『삶으로서의 은유』, 수정판, 노양진·나익주 역 (서울: 박
   이정, 2006) 참조.

구성된다.

1) 물리적 대상과 기호적 대상

체험주의적 기호 이론은 기호적 의미의 뿌리가 우리의 신체적 경험이라는 것을 보여 준다. 물리적 경험은 몸의 직접적인 활동을 통해 이루어진다. 기호적 경험은 물리적 경험내용의 일부를 특정한 기표에 은유적으로 사상하는 방식으로 이루어진다. 이것이 기호적 경험을 구성하며, 따라서 이러한 사상을 '기호적 사상'이라고 부를 수 있다.[10] 체험주의의 기호 이론은 바로 이 '기호적 사상' 개념에 의해 전통적인 구조주의적 이론이나 화용론적 이론들과 명확히 구분될 수 있다.[11]

모든 기표는 물리적 대상이며, 그런 의미에서 물리적 경험의 대상이다. 우리는 그것에 특정한 경험내용을 사상함으로써 기호적 대상으로 만든다. 기호화를 통해 우리는 그 사상된 경험내용의 '관점에서' 그 기표를 이해하고 경험한다. 이때 사상된 경험내용이 바로 기호의

10 체험주의적 기호 이론의 전반적 윤곽에 관해서는 노양진, 「기호적 경험의 체험주의적 해명」, 『몸·언어·철학』 (파주: 서광사, 2009) 참조.
11 소쉬르(F. de Saussure) 이래로 기호에 대한 탐구를 주도해 왔던 구조주의적 전통은 기호적 의미의 문제를 객관적 세계의 구조 문제로 봄으로써 기호적 의미의 원천을 수수께끼로 남겨 두었다. 탈구조주의의 기호학은 완고한 구조를 깨뜨리는 데 성공했지만 여전히 기호의 문제를 세계의 문제로 보았다는 점에서 다르지 않다. 구조주의의 기호학에는 인간이 없으며, 따라서 기호적 사상의 주체가 없다. 한편 퍼스(C. S. Peirce)로부터 출발해서 에코(U. Ecco)로 이어지는 화용론적 기호학의 전통은 구조주의와는 매우 다른 방향을 택하고 있다. 퍼스의 삼원적 모형은 '표상체'(representamen) '대상체'(object) '해석체'(interpretant)라는 세 가지 축을 제시하여 기호 산출자이자 사용자인 인간의 역할을 고려함으로써 기호적 의미의 구조에 대한 진전된 해명의 가능성을 열었지만, 정작 기호적 의미의 원천 문제는 여전히 미지의 수수께끼로 남아 있다. 해석체에 대한 퍼스의 불투명한 기술은 퍼스가 이 문제에 접근하려는 시도에도 불구하고 기호적 의미의 구조에 대한 명확한 해명에 이르지는 못했다.

의미, 즉 '기호내용'(sign content)이 된다.[12] 기호적 대상은 이렇게 구성된다. 여기에서 주목해야 할 것은 기호적 사상이 본성적으로 부분적이라는 점이다. 사상의 부분성은 경험의 본성적 파편성에서 비롯된다. 시간과 공간에 갇혀 있는 우리에게 한 대상에 대한 완전한 경험은 원천적으로 불가능하며, 타인과 동일한 경험을 하는 것도 원천적으로 불가능하다. 따라서 한 기표에 사상되는 경험내용은 모두 파편적일 수밖에 없다. 어떤 기표에 동일한 모든 것이 사상될 수 있다면 그것은 더 이상 기호가 아니라 대상 자체이며, 그것은 더 이상 기호내용을 대신할 수 없으며, 또 그래야 할 이유도 없을 것이다. 이런 구도 안에서 기호는 '연기된 현전'(deferred presence)이 아니라 '생략된 현전'(elliptical presence)이다.[13] 특정한 대상에 대한 경험이 특정한 기표에 사상되는 과정에서 기호대상에 대한 경험내용은 필연적으로 생략된다. 만약 모든 경험내용 전체가 한꺼번에 사상된다면 그것은 기호가 아니라 또 하나의 동일한 대상일 뿐이다.

이러한 기호 이론과 함께 다시 우리의 문제로 돌아가 보자. 두 가지 층위의 경험은 두 가지 층위의 대상을 산출한다. 물리적 대상과 기호적 대상이 그것이다. 중요한 것은 물리적 대상과 기호적 대상이 대등한 인지적 위상을 갖지 않는다는 점이다. 물리적 대상은 물리적 상호작용을 통해 물리적 변형을 겪는다. 기호적 대상은 그 물리적 대상을

---

12   노양진, 「기호적 경험의 체험주의적 해명」, 『몸·언어·철학』, pp. 165-68 참조.

13   같은 책, p. 171 참조. 데리다(J. Derrida)는 '대응' 개념에 묶여 있는 고전적인 기호 이론을 '연기된 현전'이라고 비판한다. Jacques Derrida, *Margins of Philosophy*, trans. Alan Bass (Chicago: University of Chicago Press, 1982), p. 9 참조. (이 장은 「예술의 기호」라는 논문으로 처음 발표되었던 것이다. 논문에서 이 단락이 담고 있는 '대응' 개념에 대한 필자의 불투명한 서술을 부분적으로 수정했다.)

향한 기호적 사상을 통해 구성된다.

예술작품은 예술적 기표다. 예술작품의 산출에는 필수적으로 물리적 대상인 기표에 대한 물리적 변형이 개입된다. 그것을 '예술적 조형'(artistic figuration)이라고 부를 수 있다. 작가는 이러한 조형작업 과정을 통해 구성되는 기표에 자신만의 경험내용의 일부를 사상한다. 작가는 조형 과정에서 독자와 공유가 용이한 방식을 택하기도 하며, 공유가 어려운 낯선 방식을 택하기도 한다. 작가의 조형작업은 기표에 물리적 변형을 가함으로써 해석의 계기를 제공하며, 작품으로서의 해석은 그 계기에서 출발한다. 그러나 비평가의 해석은 다양한 기호적 대상을 산출하지만 기표에 물리적 변형을 주는 것은 아니다.

단토의 구성주의적 해석 이론은 물리적 경험과 기호적 경험의 이러한 비대칭성을 간과하고 '물리적 대상'과 '기호적 대상'을 동일한 평면에서 다루고 있다. 단토는 작가의 조형작업을 통해서 이루어지는 물리적 기표의 변형과 기호적 사상을 통해서 이루어지는 기호적 변이를 구분하지 않고 모두 '해석'이라는 하나의 창을 통해 설명하려고 한다. 기표적 조형은 물리적 변형을 불러오지만, 기호적 해석이 물리적 변형을 불러오는 것은 아니다. 작가의 해석을 동반한 조형작업은 물리적 층위에서 이루어지며, 비평가/독자의 해석은 기호적 층위로 국한된다.

우리는 인위적 조형이 가해지지 않은 자연물을 예술작품이라고 부르지 않는다. 단토는 일상적인 브릴로 상자와 예술작품 사이에 '비평가들의 해석'만이 개입된 것처럼 말하지만, 거기에는 작가의 물리적 경험으로서의 조형작업이 개입된다는 중요한 사실을 간과하고 있다. 전시장의 브릴로 상자는 마트 안의 브릴로 상자와 물리적으로 유사한 형태를 유지하고 있지만, 최소화된 것이라 하더라도 작가의 조형작업이 가해져 있으며, 또 특정한 물리적 배열 안에 놓여 있다. 그것은 비평가들의 해석의 결과가 아니다.

이러한 혼선은 단토만의 문제가 아니라 대부분의 극단적 구성주의자들이 필연적으로 부딪히는 문제다. 물리적 대상으로서 기표적 대상의 존재를 가정하지 않으면, 기호적으로 구성된 대상들 사이의 관계를 이어 줄 고리를 잃게 된다. 무한한 기호적 대상들이 아무런 제약 없이 산출될 수 있다. 너의 대상과 나의 대상은 그저 다른 대상이며, 그것들이 왜 한 평면에서 거론되어야 하는지를 설명할 수도 없다. 그것들을 묶어 줄 아무런 제약도 없이 모든 것이 자유롭게 구성되기 때문이다. 이러한 상황은 필경 기호적 대상들 사이에 '공약 불가능성'(incommensurability)을 허용할 수밖에 없으며, 그것이 허무주의적 상대주의라는 우려를 불러온다.

2) 범주화와 이론의 크기

최근의 범주화 이론에 따르면 범주의 구성원은 필요충분조건에 의해 결정되는 것이 아니라 느슨하고 다양한 관계들로 결정된다. 비트겐슈타인(L. Wittgenstein)은 그것을 '가족 유사성'(family resemblance)이라고 불렀다.[14] 범주화에 관한 지속적인 연구는 비트겐슈타인의 가족 유사성 개념을 매우 섬세한 방식으로 입증했다. 로쉬(E. Rosch) 등은 실제적 범주가 중심적 구성원들을 중심으로 그것들과 다양한 관계를 갖는 주변적 구성원들로 이루어진다는 것을 발견했다. 즉 한 범주의 구성원들의 위상은 동등하지 않으며, 이 때문에 범주의

---

14 루트비히 비트겐슈타인, 『철학적 탐구』, 이영철 역 (서울: 책세상, 2006), 66-67절 참조.

경계 또한 명확하지 않다. 이것이 범주화의 '원형 이론'(prototype theory)이다.[15] 원형 이론은 이론적 요청에 의해 만들어진 가설이 아니라 실제 범주들에 대한 경험적 탐구를 통해 밝혀낸 것이다. 「예술」 범주 또한 다르지 않을 것이다.

예술적 행위는 특정한 시대의 이론적 산물이 아니라 인류사의 출발점에서부터 발견되는 원초적 행동양식이다. 「예술」이라는 범주는 우리가 세련된 이론적 개념을 동원해서 규정하는 문제가 아니라 원형적 구성원들을 중심으로 한 다양한 주변적 구성원들을 한데 묶은 것이다. 예술의 경계는 확정적일 수 없지만 그렇다고 해서 모든 경계가 무너지는 것도 아니다. 이것은 '무지개'와 같다. 우리는 하늘과 무지개를 구별하며, 또 무지개의 색깔들을 구별하지만 그 어디에도 명확한 경계가 있는 것은 아니다.[16] 예술이라는 범주가 극단적인 형태로 문제시된다면, 그것은 개개인의 예술적 경험의 문제라기보다는 대부분 '예술 이론가들' 사이에 벌어진 이론적 논쟁의 문제다. 전문적인 예술가나 작가가 아니라 하더라도 거의 대부분 사람들은 이런저런 방식으로 예술적이거나 미학적인 경험을 갖지만, 예술의 경계 문제로 고민하지 않는다. 그것은 비평 영역의 이론가들이 제기한 문제이며, 그것도 지나치게 과장된 문제다.

물론 비평가들의 이론에 의해 예술의 구성원이 된 작품들도 있을 것이며, 「예술」 범주의 변방에서 애매한 작품/후보들도 있을 것이다.

---

15 범주화의 원형 이론과 관련된 새로운 연구 성과는 George Lakoff, *Women, Fire, and Dangerous Things: What Categories Reveal about the Mind* (Chicago: University of Chicago Press, 1987), 특히 1부 2장에 상세하게 소개되어 있다.

16 이 사례는 이 글의 초고에 대한 논평 과정에서 전남대학교 영어영문학과의 나희경 교수가 제시해 준 것이다.

그러나 여전히 그것이 「예술」이라는 범주와 관련된 이야기의 전부는
아니다. 이론적 담론은 그 자체로 의미를 갖지만, 그것이 지나치게 이
론화될 때 정작 삶의 실제적 국면과는 괴리된 공허한 지경으로 나아
간다. 우리는 '이론'을 위해 살아가는 것이 아니라 살아가기 위해 이
론을 필요로 한다. 때로 이론은 그 자체의 관성 때문에 스스로 감당할
수 없는 지점까지 확장된다. 대부분의 포스트모던 이론가들이 그런
지점으로 나아갔기 때문에 스스로 불러오는 허무주의적 우려에 답하
지 못한다. 포스트모더니즘은 이론들의 제약을 극복하기 위해 탈이론
화라는 전략을 선택하지만, 그것은 그 자체로 또 다른 '과도한 이론
화'(over-theorization)로 드러난다. 단토는 거기에 있다.

이러한 맥락에서 디사나야케(E. Dissanayake)는 단토와 같은 포스
트모던 이론가들이 예술적 경험이 '특별화하기'(making special)라
는 인간적 본성의 표출이라는 사실을 망각함으로써 과도한 이론화에
빠져들게 되었다고 지적한다.

문헌에 따르면 19세기는 예술가나 저자에 집중했으며, 모더니즘의 20세
기는 작품이나 텍스트에 집중했다. 우리 시대의 포스트모더니즘은 비평가
와 독자에 집중한다. 이제 이런 것들로부터 벗어나 인간적 '실재'(reality)
에 눈을 돌려야 할 때가 된 것 같다. 즉 현대의 과도한 현학적 삶이 '예
술'과 함께 가리고, 왜곡하고, 축소하고, 제거해 왔던, 종적 본성 안에서
표출되는 항구적인 인간적 욕구, 열망, 제약, 한계, 성취 등에 눈을 돌려
야 한다.[17]

---

[17] Ellen Dissanayake, *Homo Aestheticus: Where Art Comes From and Why*
(Seattle, Wash.: University of Washington Press, 1995), p. 223.

위홀의 「브릴로 상자」는 실험적인 예술작품이다. 여기에는 작가의 조형작업이 최소화되어 있다. (그것을 다른 사람이 아닌 위홀이, 다른 곳이 아니라 전시장에 배치하고, 무더기가 아니라 세 개만을 쌓은 것이 모두 조형작업의 일부다.) 그것은 적어도 외형적으로 마트에서 판매되는 브릴로 상자와 거의 다르지 않다. 조형작업이 최소화된 것이다. 「브릴로 상자」는 이런 특수성 때문에 전형적인 예술의 구성원이 아니며, 또 앞으로도 그렇게 되지 않을 것이다. 그런 실험적 시도는 과거에 고착된 예술의 영역을 넓히려는 시도로서 여전히 상징적 중요성을 갖지만, 그렇게 함으로써 예술의 모든 경계가 무너지고 예술이 자유롭게 될 것이라는 단토의 예언은 과도한 이론적/탈이론적 낙관으로 보인다.

이런 필자의 주장을 위해 단토와 유사한 사고실험을 시도해 볼 수 있다. 「인간」이라는 범주를 확장시키기 위해 존재하는 모든 것을 「인간」에 포함시킬 수 있다. (그것은 원리적으로 가능하다.) 고릴라를 인간으로 받아들이고, 물고기를 인간으로 받아들이고, 할미꽃을 인간으로 받아들이고, 또 지렁이와 아메바를 인간으로 받아들인다는 것이 무엇을 의미할 수 있는가? 그것이 인간의 종말이고, 인간에 관한 이론의 종말이며, 따라서 인간에 관한 이론들의 해방을 의미하는가? 우리는 현재와 같은 몸을 가진 유기체로서 우리 몸에 부합하는 이론들과 함께 가장 성공적으로 살아갈 수 있다. 즉 우리에게 합치하는 '개념의 크기'가 있으며 '이론의 크기'가 있다.[18]

예술의 해방이 예술의 유용성의 경계를 무화시키는 지점에 이르면, 그것은 과도성으로 드러난다. 가르기의 경계를 무너뜨리는 것은 항상

---

18   노양진, 「비트겐슈타인과 철학의 미래」, 『몸·언어·철학』, 특히 pp. 335-39 참조.

또 다른 유용성을 찾으려는 시도로서만 의미가 있다. 원리적인 급진성
은 과거의 경계를 무너뜨리고, 우리를 자유롭게 하지만 무한한 자유는
의미의 무화로 귀결된다. 과도한 이론들은 일시에 무너지고 세워지지
만 그 소용돌이 속에서도 우리는 완고한 '몸의 존재'로 남아 있다. 이
론의 과도성은 우리 자신의 크기와의 불합치로 드러난다. 이론의 과도
성을 식별하기 위한 유력한 척도는 우리 자신의 삶의 조건에 대한 반
성적 성찰이다. 인간의 모든 가르기가 현재와 같은 몸을 가진 유기체
로서 우리 삶의 관련성 속에서만 '적절한' 의미를 갖기 때문이다.

4. 다시 '이론'의 끝에서

기호의 본성에 대한 체험주의적 해명은 우리가 절대적 보편성과 허무
주의적 상대성 사이의 무적지(無籍地)에 서 있다는 것을 말해 준다.
그 무적지에 새로운 이름을 붙이는 것은 유럽인들이 아메리카를 '신
대륙'이라고 부르는 것처럼 억지스러운 일이다. 그곳은 우리가 처음
부터 거주해 왔던 곳이기 때문이다. 역설적이게도 범람하는 '이론들'
속에서 그 무적지에 관한 이야기는 오히려 '새로운' 이야기가 되었다.

1) 기표와 조형

모든 기표는 물리적 대상이다. 예술작품은 다양한 기표를 사용하
며, 그것이 '예술'이 되기 위해 작가의 인위적인 조형작업을 거쳐야
한다. 그것은 색, 형태, 배열에 물리적 변형을 가한다. 거기에 작가의
기호적 사상이 이루어진다. 문학 또한 언어라는 기표 체계를 사용한
다는 것을 제외하면 다른 예술과 다르지 않다. 일상적인 대상이 작가
의 기호적 사상과 기호적 조형작업을 통해 예술이 된다.

기표적 조형은 물리적 변형을 말한다. 작가의 조형작업과 기호적 사상은 동시적으로 이루어지며, 그렇게 해서 새로운 예술적 기표, 즉 예술작품이 산출된다. 그러나 다양한 기호적 사상이 기표에 물리적 변형을 가져오는 것은 아니다. 해석은 기호적 경험 영역에서 이루어지며, 새로운 해석이란 새로운 기호적 사상을 의미한다. 그것은 기표의 물리적 변형을 수반하지 않는다.

작가만이 기표적 조형작업의 배타적 주체다. 관객에게 "작품을 해석하지 마시오"라고 말하지는 않지만 "작품에 손대지 마시오"라고 말하는 것은 우연이 아니다. 작가의 조형작업은 물리적 변형을 수반하지만 비평가의 해석이 물리적 변형을 불러오는 것은 아니다. 작가의 조형작업에 작가 자신의 해석이 개입되고 있겠지만, 그것은 조형작업과 맞물려 있다는 점에서 독자의 해석과는 층위를 달리한다. 그것을 모두 한데 뭉뚱그려 '해석'의 문제로 몰아넣는 것은 소박하고도 성급한 이론적 행보다.

문학작품에서 이러한 상황은 훨씬 더 선명하게 드러난다. 조정래의 『태백산맥』에 사용된 문장들을 모두 바구니에 담아 두고 무작위로 다시 배열한다고 가정해 보자. 문학성은 그대로 유지되는가? 조형성을 잃은 문학작품은 더 이상 동일한 작품일 수 없으며, 아예 문학작품이 아닐 수도 있다. 그래도 그것이 여전히 비평가들의 해석의 문제라고 할 수 있을까? 조형성은 기표들의 단순한 조작이나 배열이 아니다. 그 배열과 여백이 스스로 말하기 때문이다. 메를로 퐁티(M. Merleau-Ponty)는 이것을 '침묵의 목소리'라고 부른다.[19]

---

19 Maurice Merleau-Ponty, "Indirect Language and the Voices of Silence," in his *Signs*, trans. Richard McCleary (Evanston, Ill.: Northwestern University Press, 1964), p. 67. 메를로 퐁티는 이렇게 말한다. "모든 지각, 또 그것을 전제

　기호적 조형은 기표에 대한 작가의 몸의 활동이며, 그 조형은 작가의 기호적 사상을 수반한다. 작가는 그러한 작업을 통해 비평가 이전에 이미 예술적 의미의 영역에 들어서 있다. 기호적 사상이 이루어지지 않는 예술도 문학도 없다. 문학작품은 문학적 기표이며, 그것은 반드시 작가의 조형작업을 거친다. 문학적 활동은 단순히 탈신체화된 텍스트의 문제가 아니라 신체화된 인간 경험의 확장이다. 단토를 비롯한 급진적 구성주의자들의 과도성은 기표로서의 예술작품이 갖는 경험적 중층성을 외면하고, 그 모든 것을 평면적인 텍스트의 문제로 간주하는 데에서 비롯된다.

2) 저자의 죽음

　문학에서 저자는 자신의 기호적 의도를 '문학적 조형성'을 통해 표현한다. 일반적으로 텍스트 읽기에서 가장 흔히 제기되는 과제는 저자의 기호적 의도를 읽는 문제이지만 그것이 읽기의 유일한 과제도 아니며, 최선의 읽기도 아니다. 더욱이 저자의 의도와의 완전히 합치하는 읽기는 실제적으로 존재하지 않는다. (그것은 독자들 사이에서도 마찬가지다.) 저자의 의도는 텍스트 읽기의 중요한 한 부분일 수 있지만 전부는 아니다. 그것은 문학만의 문제가 아니라 의사소통 일반의 문제다.

　텍스트 읽기에 관한 자극적인 주장은 바르트(R. Barthes)에게서 찾아 볼 수 있다. 바르트는 "말하는 것은 언어이지 저자가 아니다"[20]라고 말한다. 그의 시도는 저자가 텍스트의 주인이며, 그것을 바르게

하는 모든 행위, 한마디로 몸의 모든 사용은 이미 원초적 표현(primordial expression)이다." (고딕은 원문의 강조.)

20　롤랑 바르트, 『텍스트의 즐거움』, 김희영 역 (서울: 동문선, 1997), p. 29.

'해독'하는 것이 텍스트 읽기의 본질이라는 낡은 관념에 대한 강력한
문제 제기이며, 그만큼 옳은 것이다. 그래서 그는 "독자의 탄생은 저
자의 죽음이라는 대가를 치러야 한다"[21]고 말한다. 그러나 바르트의
은유는 다분히 전략적 수사일 뿐이다. 저자의 완전한 죽음은 바르트
의 지지자/반대자들의 입을 통해 무차별적으로 유포되고 있는 것으로
보이지만, 그것은 사실이 아니며, 또 바르트의 진의로 보이지도 않는
다. 바르트 자신의 다음과 같은 말이 그것을 말해 준다.

   저자의 멀어짐은(브레히트와 더불어 우리는 그것이 진정한 '거리두
   기'라고 말할 수 있을 것이다. 저자는 문학적 무대 저 끝에 있는 단역 배
   우처럼 축소된다) 하나의 역사적 사실, 혹은 글쓰기의 행위만이 아니
   다.[22]

   저자는 자신의 텍스트가 있는 한 결코 독자의 손에 죽지 않는다. 예
술작품, 즉 예술적 기표에는 반드시 작가의 배타적 조형작업을 통한
기호적 사상이 이루어지며, 그것은 멀든 가깝든 모든 해석의 맥락 안
에서 자리를 차지한다. 독자의 해석에 의해 작가의 조형작업이 변하
는 것도 아니며, 작가 자신의 기호적 사상이 사라지는 것도 아니기 때
문이다. 작가의 의도가 아무리 축소된다 하더라도 최소한 독자의 해
석이 의미를 갖는 만큼 작가의 의도 또한 의미를 갖는다. 작가 자신이
창조자인 동시에 해석자이기 때문이다.

---

21 같은 책, p. 35.
22 같은 책, pp. 30-31. (고딕은 필자의 강조.)

3) 해석의 지반

저자가 기호적 사상을 하는 것처럼 기표들의 체계로 주어진 작품에 대해 독자도 기호적 사상을 함으로써만 해석의 길에 접어든다. 이때 생겨나는 괴리는 단지 저자와 독자의 문제가 아니라 독자들 간의 문제이기도 하다. 저자든 독자든 모든 기호적 사상은 파편적일 수밖에 없으며, 그것들이 합치한다는 것은 적어도 그것을 정확히 예측할 수 있는 알고리즘(algorithm)이 존재하지 않는다는 점에서 '우연적 변이'를 드러낸다. 그러나 그 변이가 무한히 자의적이지 않은 이유는 무의식적이라 하더라도 우리가 그 차이들을 인식하는 순간 모종의 공통 지반을 공유하고 있기 때문이다. 필자는 이처럼 차이를 의미화해 주는 공통 지반을 '의미지반'(meaning base)이라고 부른다.[23]

저자와 독자 사이에 모종의 공통 지반이 주어지지 않는다면 우리는 거기에서 아무런 차이도 읽어 낼 수 없다. 물리적 변형으로서 작가의 조형작업이 바로 그 공통 지반이 된다. 그러한 공통 지반이 없이는 어떤 차이도 의미화될 수 없다. 저자와 독자의 '완전한' 괴리는 있을 수 없으며, 그러한 괴리가 생기면 우리는 저자의 존재조차도 알 수 없다. "텍스트의 의미는 …… 항상 그 저자를 넘어선다"[24]는 가다머(H.-G. Gadamer)의 해석학적 주장은 바로 이러한 공통 지반을 적절히 제시할 수 없기 때문에 이론적 곤경에 처하게 된다. 바르트의 '저자의 죽음' 논제 또한 이 문제에 대해 답하지 못하는 한 '전략적'이라는 지적으로부터 자유로울 수 없다. 만약 독자의 해석이 저자의 의도와 상관없이 의미 있는 것이라면, 저자의 의도 또한 독자의 해석과 상관없이

---

23 노양진, 「의미와 의미지반」, 『몸·언어·철학』, pp. 142-47 참조.

24 Hans-Georg Gadamer, *Truth and Method*, trans. William Glen-Doepel, 2nd ed. (London: Sheed and Ward, 1979), p. 264.

의미 있는 것이다.

이러한 상황은 공통 지반을 통한 저자와 독자의 '의미 있는 합치'
의 근거가 존재한다는 것을 함축한다. 그것은 어떻게 이루어질까? 설
(J. Searle)은 우리가 무엇을 어떻게 공유하는지, 또 공유할 수 있는지
에 관해 매우 중요한 제안을 한다.[25]

　　영희는 철수에게 열쇠를 건네주었으며, 철수는 그 열쇠로 현관문을 열
　　었다.

우리는 일상적으로 이 문장을 이해하는 데 큰 어려움이 없다. 그러
나 이 문장만으로는 "그 열쇠는 길이가 10미터이고 무게가 1톤이며,
철수는 그 열쇠로 현관문을 부수고 열었다"라는 해석을 막을 아무런
문자적 장치도 없다. 우리는 이 문장에 대해 이보다 훨씬 더 기이한
해석도 상상할 수 있다. 그렇지만 우리는 실제로 큰 문제없이 이러한
문장을 적절하게 해석하고 이해하며, 또 사용한다. 그래서 일상적인
의사소통이 가능하다. 설은 이처럼 우리가 일상적으로 사용하는 실제
적인 의미를 '통용의미'(current meaning)라고 부른다.

설 자신은 통용의미가 결정되는 방식에 관해 더 이상 구체적인 논
의를 제시하지는 않고 있다. 체험주의적 해석은 통용의미의 폭이 무
한한 우연이 아니라 현재와 같은 몸을 가진 종의 종적 지반 안에서 정
해진다고 제안할 수 있다.[26] 그 지반은 인간이 신체적·물리적 층위에
서 공유하는 '경험의 공공성'이다. 이러한 공공성은 초월적이거나 선

25　Searle, *The Rediscovery of the Mind* (Cambridge, Mass.: MIT Press, 1992),
　　p. 182 참조.
26　노양진, 「설의 지향주의적 의미 이론」, 『몸·언어·철학』, 특히 pp. 86-87 참조.

험적인 사변에 근거한 것이 아니라 경험적 탐구에 근거한 것이다. 이러한 공공성은 절대적 공공성이 아니라 우리가 의미 있게 공유할 수 있는 보편성이다.

다양한 해석들이 소통하기 위해서는 공통 지반을 향한 회귀적 해석이 필요하다. 단일한 합치에 대한 보장은 없지만 적어도 공통 지반으로의 회귀는 그 갈등을 완화시킬 수 있는 안정된 가능성을 제공한다. 그래서 우리는 대립적 해석들조차도 '종적'(種的) 지반 위에서 이루어지고 있다는 사실에 주목해야 한다. 우리는 좀벌레나 딱정벌레와 문학을 이야기하고 있는 것이 아니다. 좀벌레는 문학책을 좀먹지만 우리는 그 좀벌레가 문학작품을 특이하게 해석한다고 믿지 않는다. 공유된 지반을 총체적으로 넘어선 해석들은 그 자체로 의미화될 수 없다. 그들은 우리와 다른 이야기를 하고 있는 것이다.

이 지반으로의 회귀적 해석을 통해 우리는 확장되는 보편성에 접근할 수 있다. 그 보편성의 지반은 '종으로서의 인간'이 공유하는 '경험의 공공성' 부근이 될 것이다. 그것이 우리가 도달할 수 있는 실제적 보편성의 원천이다. 필자는 그것을 '종적 보편성'(specific universality)이라고 부른다. 종적 보편성은 절대적 보편성과 허무주의 사이를 이어 주며, 거기에서 우리의 '의미 만들기'의 한 국면으로서 기호의 산출과 해석이 이루어진다.

5. 맺는말

"무엇이 어떤 것을 예술로 만들어 주는가?" 단토의 물음은 일상적인 것과 예술의 거리를 조망함으로써 낡은 물음을 새로운 방식으로 묻는다. 그러나 단토의 논의는 이 물음에 답하는 대신에 우리를 "해석이란

무엇인가?'라는 또 다른 물음으로 이끌어 간다. 이 물음과 관련된 단
토의 논의는 급진적 해석 이론에 의지함으로써 모든 것이 예술이 될
수 있다는 포스트모던적 구호에 이르게 된다. 그것은 예술의 종말을
의미한다. 종말의 배후에는 성급한 해석 이론이 자리 잡고 있다. 단토
는 물리적 경험과 기호적 경험의 비대칭성을 간과함으로써 전형적인
구성주의의 딜레마에 빠지게 된다. 제약되지 않은 수많은 대상들이
나타나며, 예술계가, 예술작품이 거기 끼어 있다. 모든 것이 해석이
가능하며, 모든 것이 예술이 된다.

체험주의의 새로운 기호 이론은 기호적 경험이 물리적 경험에 근거
하고 있으며, 따라서 물리적 경험에 의해 제약된다는 것을 보여 준다.
그것은 물리적 대상과 기호적 대상이 동등한 인지적 구조를 갖지 않
는다는 것을 의미한다. 기호적 경험은 원리적으로 무한히 산출될 수
있지만 그 모든 경험이 인지적으로 대등한 것은 아니다. 기호적 대상
들은 존재의 문제가 아니라 우리 경험의 방식의 문제이며, 물리적 경
험의 '공공성'을 지반으로 한 확장물이다.

예술도 이론도 종말에 이르지 않았으며, 또 종말에 이르지도 않을
것이다. 그래서 단지 '해석'에 의해 모든 것이 예술이 되고 모든 것이
문학이 될 수 있다는 생각은 원리적으로 가능한 것이지만, 현재와 같
은 몸을 가진 인간의 종적 담론 안에서 실제로 모든 것이 예술이 되고
문학이 되는 것은 아니다. 작가는 죽었으며, 모든 해석이 가능하며,
모든 것이 문학이 되리라는 것은 지적 예언이라기보다는 '전략적' 구
호일 뿐이다. '모든 것에 대한 모든 해석'이라는 발상은 개념의 '과도
한 팽창'(over-inflation)이 낳은 공허한 사고실험이다. 그것은 더 나
은 가르기를 선택하기보다는 모든 가르기를 무화시키는 일이기 때문
이다. 단토의 예술론이 그렇다.

   예술적 경험은 기호적 경험이며, 기호적 경험은 물리적 경험에 그 뿌리를 두고 있다. 그 물리적 경험이 다양한 기호적 경험을 해석하는 근거가 되며, 그것이 우리가 찾을 수 있는 해석적 보편성의 뿌리다. 단일한 해석의 꿈은 깨어졌지만 그것이 "무엇이든 된다"(Anything goes)라는 해석적 허무주의를 의미하는 것은 아니다. 체험주의적 해석은 그 공유된 지반은 우리 경험의 예술적 확장이 종적 경험의 한 유형이라는 것을 말해 주며, 해석 또한 종적 담론의 한 유형이라는 것을 말해 준다. 그 지반에 우리의 '몸'이 있다. 그것이 '몸의 철학'이 전하는 '지적 책임'에 관한 메시지다.

제7장

기호의 역전

1. 머리말

'신체화된 경험'(embodied experience)의 본성과 구조에 대한 '체험
주의'(experientialism)의 해명에 따르면 기호적 경험은 물리적 경험
을 토대로 확장된 창발적 국면이다. 기호적 층위의 경험으로 접어들
면서 우리는 동일한 물리적 대상을 매우 다른 방식으로 이해하고 경
험하게 된다. 이러한 기호적 경험을 특징짓는 것은 '기호적 사상'
(symbolic mapping)이라는 인지적 기제다. 나는 내 경험내용의 일부
를 특정한 대상에 사상하며, 그 사상된 경험내용의 '관점에서'(in
terms of) 그 대상을 새로운 방식으로 이해하고 경험한다. 이 기호적
사상을 통해 그 대상은 기호적 경험의 대상, 즉 '기표'(signifier)가
된다. 이런 의미에서 '기호'는 우리 밖의 사건이나 사태, 현상이 아니
라 우리 안의 '경험의 방식'을 가리키는 말이다.[1] 이러한 기호적 경험

---

1 필자는 체험주의의 은유 이론에 대한 탐색 과정에서 기호의 문제가 본성상 '기호

은 우리 삶의 초기 단계에서 나타나 모든 인간적 삶의 전 과정에서 지
속적이면서도 폭넓게 이루어진다. 이 때문에 많은 사람들은 기호적
경험이 기호적으로 구조화된다는 사실 자체도 의식하지 못하는 것으
로 보인다.

특정한 물리적 대상에 기호적 사상이 이루어지고 내 경험의 방식이
새롭게 바뀐다 해도 그 '기표'가 스스로 새로운 물리적 동력을 발휘
하는 것은 아니다. 특정한 기호적 구조가 물리계 또는 타인에게 지각
가능한 방식으로 작동하기 위해서는 다시 기호의 주인, 즉 기호 산출
자/해석자인 인간을 거쳐야만 한다.[2] 여기에서 기호 산출자/해석자인
인간은 자신이 산출/해석한 기호의 도구, 즉 그 기호에 물리적 동력을
제공하는 '사역자'가 된다. 기호의 주인이 다시 그 기호의 사역자가

───────────

적 경험'의 문제라는 생각에 이르게 되었다. 이러한 관점에서 서술된 기호적 경험
에 대한 개괄적 윤곽은 노양진, 「기호적 경험의 체험주의적 해명」, 『몸·언어·철
학』(파주: 서광사, 2009) 참조.

2 전통적으로 기호학에서 기호(sign)/상징(symbol) 구분은 매우 복잡한 논의를 불
러왔다. 필자는 체험주의적 기호 개념을 통해 카시러(E. Cassirer)가 구분했던 기
호(sign)와 상징(symbol), 퍼스(C. S. Peirce)가 구분했던 도상(icon)과 지표
(index), 상징이 모두 '기호적 사상'이라는 기제를 거쳐 구성된다고 보았다. 필자
는 이들이 공통적으로 생각했던 상위적 기호로서의 '상징'은 중첩적인 기호적 사
상, 즉 이차사상을 통해 구성된 기호라고 설명했다. 즉 일차사상을 통해 주어진 추
상적 경험내용이 또 다른 기표에 다시 사상될 수 있으며, 이러한 과정은 원리적으
로 무한한 다차사상을 낳을 수 있다. 체험주의적 기호 개념에 따르면 인간만이 기
호의 유일한 주인, 기호의 산출자/해석자는 아니다. '기호적 사상'이라는 인지적
기제가 작동하는 한 다른 동물, 심지어 극히 제한적이지만 소수의 식물 또한 기호
적 활동을 하는 것으로 추정할 수 있다. 그러나 인간만이 이차사상 이상의 상위적
기호를 산출할 수 있는 존재로 보인다. 이 글에서는 인간의 기호적 경험에 초점을
맞출 것이다. 이러한 관점에서 필자가 사용하는 '기호적'이라는 말은 이 모든 유
형의 기호작용을 포괄적으로 가리키고 있으며, 여기에 대응하는 영어 어휘로는
'symbolic'을 사용한다. 다차사상의 구조에 관한 좀 더 상세한 논의는 이 책 7장
「상징의 탄생」 참조.

되는 현상이 바로 '기호적 역전'(symbolic inversion)이다. 기호적
역전은 기호적 경험이 사적 의미를 넘어서서 실제 삶의 세계에서 작
동하기 위한 필연적 과정이지만 항상 우호적인 귀결을 낳는 것은 아
니다. 기호적 역전은 종종 기호적 구조의 지반을 이루는 물리계를 왜
곡하거나 물리계 자체를 거부하는 극단적인 형태로 나타난다.

기호의 역전은 '기호적 존재론'(symbolic ontology)을 통해서 가
장 극적인 방식으로 드러난다. 기호적 실재가 구성되고 이 실재가 거
주하는 또 하나의 세계가 건설된다. 그러나 기호적 세계와 그 거주자
들은 스스로는 우리의 물리적 세계에 아무런 동력도 갖지 않는 무력
한 기호적 구성물이다. 따라서 기호적 실재가 물리계의 인과적 질서
에 개입하는 경로를 잃게 되면 이 실재는 단지 허구적이거나 신화적
인 이야깃거리로 남게 된다.[3] 기호적 존재론은 인간이라는 사역자를
통해서만 물리적 질서에 개입하며, 그것은 종종 물리계와 기호계의
존재론적 위상을 뒤바꾼다.[4]

---

3 이때 기호적 존재론은 매우 다른 차원의 의미를 갖게 되며, 이 의미는 대부분 '미
   학적인 것'으로 간주된다. 예를 들어 그리스신화의 신들, 그리고 그들의 능력이나
   기능은 현실세계의 물리적 존재론에 직접 개입하는 존재나 능력, 기능이 아니라
   허구적 구성물이다. 대신에 그들에 관한 이야기 자체가 문학적이거나 예술적, 미
   학적이라고 간주될 만한 새로운 의미를 산출한다.

4 기호적 상상을 통해 구성된 수많은 이야기들이 기호적 존재론을 구성하고 이야기
   를 꾸미지만 모든 기호적 존재론이 물리계의 인과적 질서에 문자적으로 개입하기
   위한 것은 아니다. 영화 『아바타』(Avatar)는 환상과 감동을 전해 주지만 그것이 우
   리의 물리적 질서를 인과적으로 해명하거나 개입하려는 시도는 아니다. 그러나 기
   호적 존재론은 종종 '철학'이나 '종교', '신화'라는 진지한 이름으로 물리적 질서에
   개입한다. 플라톤의 이데아론은 이데아의 세계를 건설하고 바로 이 세계가 현상계
   의 근거이며 모형이라고 주장하며, 이 세계를 인간의 사고와 행위를 규제하는 준거
   로 삼으려고 한다. 플라톤의 기획은 『아바타』가 전해 주는 이야기와는 차원이 다른
   의도와 목적을 갖고 있으며, 이 때문에 그것은 '철학'이라는 이름으로 유포되었다.

기호적 구조의 산출에는 어떤 선결적 원리도 없으며, 따라서 무한히 많은 기호적 구조들이 스스로를 정당화하는 방식으로 구성될 수 있다. 기호적 구조에 근거한 일련의 이상과 가치들은 바로 그 구조에 의해 정당화되며, 이 때문에 기호적 구조들 사이의 각축은 순환의 늪을 벗어날 수 없는 것처럼 보인다. 필자는 이 글에서 기호적 경험이 물리적 경험을 토대로 구성된다는 체험주의적 해명을 토대로 기호적 구조의 왜곡을 교정하기 위한 궁극적 근거가 물리적 경험 영역이라는 사실을 환기하려고 한다. 여기에서 기호적 구조들은 우리 경험 확장의 핵심적 국면으로서 듀이(J. Dewey)가 말하는 '성장'(growth)에 기여하는 방식을 통해서 '더 나은 것'으로 평가될 수 있을 것이다.

2. 기호의 침묵과 역전의 논리

기호의 역전에 관한 필자의 논의는 기호의 문제가 우리 밖의 사건이나 사태, 현상의 문제가 아니라 우리 안의 경험의 문제라는 체험주의적 시각에서 출발한다. 체험주의에 따르면 우리 경험은 물리적 층위와 기호적 층위로 구분될 수 있으며, 기호적 경험은 물리적 경험을 토대로 확장된 국면이다. 이 경험 확장의 과정에서 기호적 경험을 특징짓는 핵심적 기제는 '기호적 사상'이라는 인지적 기제다. 즉 우리는 한 경험 영역(표적영역)에 다른 영역(원천영역)의 경험내용의 일부를 사상하며, 그 사상된 경험내용의 '관점에서'(in terms of) 표적영역, 즉 '기표'를 새롭게 이해하고 경험한다.[5] 이 기호적 사상을 통해 물리

---

5 '기호적 사상' 개념은 레이코프와 존슨(G. Lakoff and M. Johnson)의 은유 이론에서 온 것이다. 이들의 은유 이론은 '영상도식'(image schema)과 '은유적 사상'(metaphorical mapping)이 두 축을 이루고 있다. 필자는 여기에서 은유적 사

적 대상은 새로운 기호적 의미를 얻게 되며, 나아가 기호적 해석의 대상, 즉 '기표'가 된다. 이러한 체험주의적 시각에 따르면 물리계는 스스로를 기호화하지 않는다. 이 물리계의 침묵을 깨뜨리는 것이 바로 우리의 기호적 사상이다.

이러한 구도 안에서 모든 기호적 경험은 물리적 경험을 토대로 이루어지며, 동시에 물리적 경험에 의해 강력하게 제약된다는 것이 체험주의의 핵심적 주장의 하나다.[6] 즉 우리 경험은 이 두 층위의 중층적 연속성 속에서 전개된다. 여기에서 기호적 경험은 물리적 경험을 벗어나는 유일한 통로인 동시에 우리 경험을 확장해 주는 핵심적 국면이다. 우리가 흔히 '문화적'이라고 부르는 광범위한 영역이 바로 기호적 경험을 통해 구조화된다. 이러한 기호적 경험은 우리 삶의 초기에서부터 편재적으로 이루어지며, 우리의 일상적 삶에 너무나 깊숙이 스며들어 있어서 많은 사람들은 이러한 경험이 '기호적'이라는 사실 자체도 의식하지 못하는 것으로 보인다.

물리계는 인간의 언어로 말하지 않는다. 기호 산출자/해석자인 유기체만이 기호화를 통해 물리계의 이 침묵을 깨뜨릴 수 있다. 이 기호화를 통해 물리적 대상은 비로소 기호적 해석의 대상인 '기표'가 되며, 새로운 기호적 구조와 함께 기호적 의미를 산출하게 된다. 그러나

상이 사실상 기호적 경험 전반을 특징짓는 핵심적 기제라고 보았으며, 이 은유적 사상을 '기호적 사상'으로 확장해 사용한다. G. 레이코프 · M. 존슨, 『삶으로서의 은유』, 수정판, 노양진·나익주 역 (서울: 박이정, 2006) 참조.

6 마크 존슨, 『마음 속의 몸: 의미, 상상력, 이성의 신체적 근거』, 노양진 역 (서울: 철학과현실사, 2000), 특히 3-5장 참조. 이 책에서 존슨은 우리 경험을 신체적/물리적 층위와 정신적/추상적 층위로 구분하고 있다. 필자는 존슨이 구분하는 정신적/추상적 층위의 경험이 필연적으로 기호적 구조를 거쳐 확장된다는 사실에 주목했으며, 이 때문에 이 층위를 '기호적 경험'이라고 부른다.

여기에서 중요하게 상기해야 할 것은 기호적 구조를 통해 드러나는
경험의 새로운 국면이 물리적 대상이 가진 고유한 성질의 변화를 말
하는 것이 아니라 기호 산출자/해석자인 유기체의 경험 방식의 변화
를 말한다는 점이다. 예를 들어 운주사(運舟寺)의 불상은 인간의 손을
거치기 전에 그저 바위덩어리였다. 예술적 의도를 가진 조형자는 (아
마도 종교적 혹은 예술적 의도와 함께) 물리적 조형을 통해 석상을 만
들고 거기에 종교나 예술과 관련된 자신의 경험내용의 일부를 사상하
며, 그 사상된 경험내용의 '관점에서' 그 대상을 새롭게 이해하고 경
험했을 것이다. 그는 기호의 산출자인 동시에 해석자다. 반면에 우리
는 그 조형된 바위덩어리에 우리 경험내용의 일부를 사상하며, 그 사
상된 경험내용의 관점에서 그 바위덩어리를 새롭게 이해하고 경험한
다. 우리는 그 기표의 해석자일 뿐이다.[7]

사물이나 사태, 사건 등 지각 가능한 모든 물리적 대상이 기표가 될
수 있다. 표정이나 몸짓, 소리, 말은 물론 산이나 바위 같은 자연물,
그리고 문자나 도구, 예술작품, 조형물 등 인공물이 모두 기표가 될
수 있다.[8] 그러나 물리적 대상이 스스로 기표가 되는 일은 없다. 물리

---

7 그 조형자의 모든 의도, 그리고 그가 무엇을 사상했는지를 정확히 읽어 내는 일은
처음부터 불가능한 일이지만 오늘날에도 그것을 단순히 바위덩어리로 보려는 사
람이 드물다는 사실은 그 기호 산출자의 의도가 아직도 완전히 소멸되지 않았다는
것을 말해 준다. 모든 기호적 구조가 영구적인 것은 아니다. 모든 기표는 물리적
대상이며, 따라서 물리적 변형과 소멸의 과정을 겪는다. 기호의 산출자/해석자 또
한 소멸한다. 이스터섬(Easter)의 모아이(Moai)는 여전히 거대석상의 형태로 남
아 있지만 언젠가 씻기고 무너져 그 섬을 구성하는 평범한 토양의 일부가 될 것이
다. 이처럼 기표는 변형되고 소멸된다. 기표의 이러한 물리적 한계는 유사한 기호
내용이 다양한 다른 기표들로 전이되는 주된 이유의 하나가 된다. 이 문제에 관한
좀 더 상세한 논의는 노양진, 이 책 3장 「기호의 전이」 참조.
8 기표는 크게 신체기표와 비신체기표로 구분되며, 비신체기표는 다시 자연기표와
인공기표로 나누어진다. 노양진, 『몸이 철학을 말하다: 인지적 전환과 체험주의의

적 대상은 유기체의 기호적 경험, 즉 우리의 '기호적 사상'을 통해서 비로소 기호적 해석의 대상인 '기표'가 된다. 바위나 나무 같은 자연 기표의 경우에는 해석자만으로 기호가 산출되고 구성되지만, 인공적 조형이 가해진 인공기표의 경우에는 그 기호의 산출자인 조형자를 포함해 그것을 해석하는 해석자가 있다. 기호 산출자든 해석자든 기호적 경험에 참여하는 모든 사람은 '기호적 사상'이라는 인지적 과정을 거친다. 이런 의미에서 기호의 문제는 기호적 경험의 문제다.

　기호의 문제가 기호적 경험의 문제라는 체험주의적 시각을 받아들이면 기호의 현실적 작동과 관련해 매우 새로운 국면이 드러난다. 즉 우리가 구성하는 기호적 구조 자체는 스스로 어떤 물리적 동력도 갖지 않는다는 것이다. 내가 특정한 물리적 대상에 내 경험내용의 일부를 사상하고, 그 사상된 경험내용의 관점에서 그 대상을 새롭게 이해한다고 하더라도 이 때문에 그 대상이 물리적으로 변화하는 것은 아니다. 내가 운주사의 바위덩어리를 하나의 불상으로 받아들이든 아니면 전혀 다른 어떤 것의 상징으로 받아들이든 그 바위덩어리의 물리적 조건이 변화하는 것은 아니다. 그러나 내가 그것을 단순히 바위덩어리로 받아들일 때와 받아들이지 않을 때 나와 그 바위덩어리와의 상호작용은 매우 다르게 나타날 수 있다.

　이러한 기호적 경험이 다시 물리계에 작동하기 위해서는 필연적으로 유기체인 매개자를 필요로 한다. 이때 기호의 산출자/해석자인 인간은 자신이 (또는 타자가) 산출한 기호적 구조의 '사역자'가 된다. 이러한 기호의 역전은 특수한 유형의 기호화에서 나타나는 특수한 현상이 아니라 기호적 구조가 현실에서 작동하기 위한 기본적 조건이

물음』(파주: 서광사, 2013), p 93 참조.

다.[9] 우리 삶을 채우고 있는 기호적 경험이 실제로 작동하고 있다면 그것은 우리가 자의든 타의든 이 기호적 구조의 사역자가 되어 있다는 것을 의미한다.

3. 기호적 존재론과 존재론적 역전

기호적 존재론 안에서 기호적 실재가 구성되며, 그 실재가 거주하는 조건들이 구성된다. 이 모든 존재론은 비어 있는 가상의 장(場)에 물리계의 기본적 성질과 요소들이 기호적으로 사상되는 방식으로 구성된다. 기호적 실재들은 이런 방식으로 비로소 생명을 얻으며, 목소리를 갖게 된다. 기호적 존재론 안에서 물리계에서 발견되는 성질들 중 일부는 제거되며, 여전히 유지되는 다른 성질들은 다양한 '개념혼성'(conceptual blending)을 통해 새로운 성질로 다시 태어난다.[10] 기호적 존재론의 이러한 유연성은 물리적 존재론을 규정하는 기본적 제약인 시간과 공간에 대한 변형이나 제거를 통해 이루어진다. 그리스신화에는 수많은 신들이 거주하는 공간이 마련되고, 신들의 각축이 벌어지며, 신들과 인간의 새로운 접속이 이루어진다. 이들은 다양한 개념혼성을 통해 부분적으로 인간/동물과 유사하며 부분적으로 다른

---

9 현실적 작동 가능성이 없는 기호적 상상은 부질없는 사적 공상이나 환상으로 그칠 것이다. 오히려 그것들이 불러오는 이차적인 부작용으로 현실감의 상실이나 나태 등을 생각해 볼 수 있다. 그러나 그러한 부작용은 기호적 구조 자체가 불러온 것이 아니라 개개인의 삶의 태도에서 비롯된 별개의 문제라고 할 수 있다.

10 개념혼성에 관한 좀 더 체계적인 서술은 질 포코니에·마크 터너, 『우리는 어떻게 생각하는가: 개념적 혼성과 상상력의 수수께끼』, 김동환·최영호 역 (고양: 지호, 2009)에서 찾아볼 수 있다. 모든 기호적 사상의 부분적 본성 때문에 모든 기호적 사상은 필연적으로 개념혼성의 과정을 거치게 될 것이다.

존재로 그려진다.

　기호적 존재론은 인간에게서만 관찰되는 독특한 기호적 구조로 보인다. 기호적 존재론은 처음부터 물리적 존재론과의 괴리에 의해 구성되며, 이 때문에 기호적 존재론과 물리적 존재론 사이에는 서로를 이어 주는 어떤 인과적 고리도 존재할 수 없다. 하지만 이러한 본성적 괴리에도 불구하고 기호적 존재론은 물리적 존재론에 개입하려는 의도로 구성되며, 이 때문에 기호적 존재론은 흔히 '초월적'(transcendental)이라는 이름을 얻게 된다.

　여기에서 기호적 구조의 본성에 대한 체험주의적 해명과 관련해 중요하게 상기해 두어야 할 사실이 있다. 그것은 바로 모든 기호적 사상이 본성상 '부분적'(partial)이라는 점이다. 즉 우리의 모든 경험은 더 근원적으로 시간과 공간 안에 파편화되어 있을 뿐만 아니라 특정한 기호적 상황에서 우리의 경험내용을 한꺼번에 사상할 수도 없다. 이러한 제약 안에서 기호적 경험은 결코 단일한 원리나 규칙을 통해 통합되거나 합치되지 않으며, 또한 완결되지도 않는다. 이 때문에 우리의 기호적 경험은 기호적 사상의 엇갈림 속에서 분열과 증식을 계속한다. '산출/해석 엇갈림'과 '해석/해석 엇갈림'은 새로운 의미를 향해 무한히 열려 있다. 기호의 산출자와 해석자가 다르며, 이들 간의 기호 해석 또한 그 무엇과도 합치하지 않는 또 다른 기호적 사상의 연속적 과정이다. 기호적 질서의 이 불투명성은 우리를 '기호적 불안'(symbolic anxiety)으로 이끌어 간다.[11] 이 기호적 불안을 넘어서서

11　이 표현은 번스타인의 용어인 '데카르트적 불안'(Cartesian anxiety)을 변용한 것이다. 번스타인은 '확실성의 탐구'로 특징지어지는 근세 인식론이 '데카르트적 불안'에 사로잡혀 있었다고 주장한다. 즉 확실성이라는 과도한 척도가 제시됨으로써 그것에 도달할 수 없는 불안을 낳게 되었다는 것이다. 리처드 번스타

모든 것을 수렴하는 단일한 원리를 발견하려는 이론적 시도는 때로는 '신화'라는 이름으로, 때로는 '종교'라는 이름으로, 때로는 '철학'이라는 이름으로 인류사를 통해 반복적으로 나타난다. 그러나 기호적 존재론이 그리는 단일한 원리는 그 자체로 존재하는 것의 이름이 아니라 또 다른 기호적 산물의 또 다른 이름일 뿐이다.

전승된 것이든 우리가 산출한 것이든 우리가 실제로 받아들이는 대부분의 기호적 존재론은 물리계와 충돌을 일으키지 않을 뿐만 아니라 물리계 안에서의 삶을 확장하고 고양하는 데 실제로 중요한 역할을 한다. 그러나 변질된 기호적 존재론은 물리계와의 충돌을 불러올 뿐만 아니라 종종 물리계, 나아가 그 안에서의 인간의 삶 자체를 근원적으로 왜곡하거나 거부하는 극단적 방식으로 드러난다.

아스테카(Aztec)는 16세기 중반 에스파냐의 에르난 코르테스의 침략으로 멸망할 때까지 매주 1,000명을 제물로 바치는 희생제를 지냈다. 이들의 신은 왕국과 신민의 번영의 대가로 수많은 인간의 생명을 요구했다. 제사장만이 이 신의 목소리를 들을 수 있으며, 신의 목소리를 전하는 제사장만이 제물을 결정할 수 있었을 것이다. 그것은 고작 400년 전의 일이다. 이제 신은 더 이상 목소리를 전하지 않으며, 제물을 요구하지도 않는다. 신은 사라진 것일까? 아니면 아스테카가 아닌 다른 거처를 찾게 된 것일까? 아스테카의 신은 스스로 제단을 건설하지 않으며, 제물의 생명을 거두어 가지도 않는다. 신의 의지는 오직 인간을 통해서만 이 세계의 인과에 개입한다. 신은 기호적으로 구성된 인간의 열망이다. 도렌(C. Van Doren)은 아스테카의 야만적인 희

인, 『객관주의와 상대주의를 넘어서』, 정창호 외 역 (서울: 보광재, 1996), pp. 39-46 참조.

생제에 관해 이렇게 서술한다.

에스파냐의 침략이 이루어지기 직전의 수년 동안만 해도, 매주 1,000
명의 어린이와 젊은이가 제물로 바쳐졌다. 제물에게는 아름다운 예복을
입혔고, 약물에 취한 상태에서 계단을 통해 높은 피라미드로 올려 보내,
제단 위에 눕게 했다. 피 묻은 칼을 한 손에 쥔 사제는 예복을 찢고 제물
의 살을 갈랐으며, 다른 한 손으로는 아직 뛰고 있는 심장을 꺼내서 저
아래의 광장에 모여 있는 사람들이 볼 수 있도록 높이 치켜들었다. 일주
일에 1,000명씩 바쳐지는 사람들 가운데 상당수는 멕시코 계곡에 위치한
이웃 부족들을 습격해서 잡아온 포로들이었다. 그렇게 붙잡힌 어린이와
젊은이 가운데서도 가장 우수한 축은 감옥에 갇힌 채로 자기 차례가 오
길 기다렸다. 아스테카의 적들이 기꺼이 에스파냐인 침략자들의 동맹자
가 되어 그 잔혹한 정권을 전복시키는 데 일조했던 것도 무리는 아니었
다. 하지만 그 열성적인 동맹자들에게는 그런 도움도 결코 좋은 결과를
가져오진 못했다. 왜냐하면 그들 역시 승리한 에스파냐인 침략자들의 노
예가 되었기 때문이다.[12]

그러나 기호적 존재론이 변형되는 데 항상 외재적 강제가 개입되는
것은 아니다. 기호적 존재론은 종종 '종교'라는 이름으로 나타나며, 제
도나 권력이라기보다는 개인적 믿음의 형태로 유포된다. 1997년 3월
26일 캘리포니아 샌디에이고(San Diego)에서는 '천국의 문'(Hea-

---

12 찰스 밴 도렌, 『지식의 역사』, 박중서 역 (서울: 갈라파고스, 2010), p. 58. 아스
   테카의 희생제는 형식적으로는 태양신에 대한 인신공양이었지만 실제적으로 아
   스테카인들은 고산지대의 단백질 부족 문제를 해결하기 위해 희생제의 제물을
   식량으로 이용한 것으로 알려져 있다.

ven's Gate)이라는 종교집단의 신도 39명이 집단적으로 자살했다. 이들은 지구 문명의 기원이 외계에 있으며, 수명이 다한 지구 문명을 벗어나 다시 외계로 되돌아가야 한다고 믿었다. 이들은 2,500년의 공전주기를 가진 헤일밥(Hale Bopp) 혜성을 따라 오는 외계인이 자신들을 구원해 줄 것이라 믿었으며, 이 때문에 헤일밥 혜성이 지구에 가깝게 근접하는 3월 26일을 택해 집단자살을 했다. 교주인 마셜 애플화이트는 1960년대에 텍사스주의 세인트토마스대학 음대교수를 지냈으며, 더 높은 인간 진화 단계로 나아가기 위해 UFO에 탑승해야 한다고 가르쳤다. 이들은 새로운 세계를 향해 물리계를 떠난다는 영상 메시지를 남기고 모두 자살했다. 천국의 문은 우리의 해석과 평가의 토대인 물리계와 근원적으로 절연하는 길을 선택함으로써 그 모든 가능성을 무화시키고 말았다. 천국의 문은 '철학'이라는 이름 대신에 '광신'이라는 이름으로 기록되었다.

우리에게는 이 다양한 기호적 존재론을 평가할 근거가 필요하다. 만약 그 평가의 기준이 기호적 존재론 스스로에 의해 주어진다면 우리는 그 존재론들을 평가할 단일한 기준을 잃게 된다. 모든 기호적 존재론은 각자의 척도에 의해서만 평가될 것이기 때문이다. 우리가 '천국의 문'을 어리석음이라고 말할 수 있기 위해서는 그들이 스스로 수립한 기준을 사용할 수 없다. 그들은 그 기준이 최선이라고 믿을 만한 정합적인 존재론을 스스로 구성했기 때문이다. 또 다른 메타 기호적 시도를 통해 새로운 존재론을 구성한다 하더라도 상황은 여전히 달라지지 않을 것이다.

'천국의 문'을 비판하는 수많은 논변이 가능하다. 상이한 기호적 존재론을 구성한 사람들은 자신의 존재론이 옳은 것이며, 그에 반하는 모든 것을 잘못된 것으로 평가하고 비판할 수 있다. 그러나 천국의 문은 다른 모든 기호적 존재론에 대해 똑같은 논변을 사용할 수 있다. 기호적 존재론은 각자의 논변에 최종적 근거를 제공하며, 이 때문에 그 존재론들을 수렴하고 포섭하는 단일한 통로는 어디에도 없어 보인다. 기호적 존재론이 스스로의 절대성을 자임하면서도 다른 기호적 존재론을 평가하기 위한 제3의 척도를 제시할 수 없는 이유가 바로 여기에 있다. 각각의 기호적 존재론은 스스로 산출한 원리와 척도를 벗어날 수 없기 때문이다. 이 때문에 기호적 존재론들로 가득 찬 '초월의 늪'에는 구원이 없다.[13] 오히려 초월의 늪에는 너무나 많은 '구원들'이 열리며, 정작 무엇이 진정한 구원인지를 가릴 수 없기 때문이다. 이 문제에 관한 비트겐슈타인(L. Wittgenstein)의 말은 더없이 절실하다.

종교는 이렇게 말한다. 이렇게 하라! 저렇게 생각하라! 그러나 종교는 이것을 정당화할 수 없으며, 또 정당화하려고만 해도 거부감을 불러온다. 왜냐하면 종교가 제시하는 모든 근거에는 타당한 반대 근거가 존재하기 때문이다. 대신에 이렇게 말하는 것이 더 설득력이 있다. "아무리 이상해 보일지라도 이렇게 생각하라!" 또는 "아무리 거부감이 들더라도 이렇게 하지 않겠는가?"[14]

기호적 존재론들의 늪을 벗어나 정작 "어떤 기호적 존재론이 더 나은가?"라는 물음에 대해 우리가 의지할 수 있는 최선의 척도는 매우 포괄적이면서도 원초적인 것이다. 이 물음에 답하기 위해서 우리는

---

13 노양진, 『몸이 철학을 말하다』, pp. 46-50 참조.

14 Ludwig Wittgenstein, *Culture and Value*, trans. Peter Winch (Chicago: University of Chicago Press, 1980), 29e. (고딕은 원문의 강조.)

그 기호적 존재론의 끝이 아니라 그 출발점, 즉 유기체적 삶의 지반으로 되돌아와야 한다. 삶의 확장이라는 방식으로 전개되는 기호적 존재론이 그 확장의 지반, 즉 원초적인 삶의 조건을 훼손하거나 거부하는 방식으로 드러난다면 그것은 이 존재론이 '왜곡된 존재론'이기 때문이다. 이러한 평가의 궁극적 근거가 되는 것은 모든 기호적 경험의 근거를 이루고 있는 물리적 경험이라는 공통 지반이다. 이 근거는 다양한 기호적 존재론 중 어떤 것이 더 나은지를 결정하는 위계적 척도를 제공할 수는 없지만 어떤 것이 스스로의 지반을 무너뜨리는, '나쁜 존재론'인지를 말해 주는 결정적 근거가 된다. 물리적 경험은 기호적 경험의 발생적 근거인 동시에 기호적 경험을 제약하는 유일한 공통 지반이기 때문이다.

4. 기호에서 인간으로

기호적 존재론은 종종 이론적 체계화를 거치며, 이렇게 구성된 기호적 존재론은 우리의 현실세계를 해명하기 위한 새로운 준거가 된다. '신적 관점'을 추구하는 사변적 전통의 초월 철학은 전형적으로 이러한 경로를 따른다. 서양철학사를 통해 플라톤 철학은 이러한 철학적 사고실험의 원형이라고 할 만큼 대표적인 모형이 되었다. 플라톤의 경우 물리계를 넘어선 이데아의 세계에 인식론적·가치론적 우선성을 부여한다. 이데아는 물리계의 모든 사물의 존재 근거이며 원인이다. 동시에 이데아는 인식과 가치의 근거다. 플라톤의 이데아론은 이데아의 세계를 참된 세계라고 보았다. 물리계는 가상의 세계이며, 기껏해야 모방의 세계다. 그래서 물리계는 이차적인 세계로 전락하며, 스스로의 기준과 척도를 가질 수 없다. 오직 이데아의 세계만이 이 물리계

를 이끌어 갈 이유와 근거를 가지며, 이 때문에 이데아만이 이 세계의
향배에 대한 기준과 척도가 된다. 존재론적 역전이 이루어진 것이다.

그러나 플라톤과 이후의 플라톤주의자들이 직면하는 최대의 난제
는 '관여'(methexis)의 문제였다. 이들은 초월적인 이데아가 이 세계
와 어떻게 관계를 맺는지를 해명하는 데 결정적인 어려움을 겪게 된
다. 필자는 이 관여의 문제에서 모든 초월적 이론은 피할 수 없는 역
설에 부딪히게 된다고 보았다. 즉 초월자는 우리를 넘어서서 단절되
어 있으면서도 동시에 우리의 삶에 개입해야 하는 역설적 요구를 안
게 된다.[15] 이러한 근원적 역설에도 불구하고 인간의 역사는 여전히
'초월에 대한 열망'으로 가득 차 있다. 초월적인 것에 대한 열망은 현
재와 같은 몸을 가진 유기체로서 인간이 갖는 본성의 일부로 보인다.
우리 자신의 생물학적 한계를 넘어서려는 열망은 너무나 자연스러운
것이지만 그 자연스러움이 열망의 이론을 정당화해 주는 것은 아니
다. 플라톤의 이데아론은 기호적 존재론의 철학적 버전이다. 서양철
학의 원류처럼 받아들여져 왔던 플라톤의 사고실험은 '탈형이상학'
이라는 20세기의 지적 반성을 거쳐 이제 온전히 철학사의 일부가 된
것으로 보인다.

'철학'이라는 이름이 아니더라도 '기호적 존재론'은 다양한 형태
로 우리 삶에 배어 있다. 기호적 존재론에는 기호적 실재들이 있으며,
이 실재들이 거주하는 장이 있다. 그것은 새로운 세계의 탄생을 의미
한다. 이렇게 구성된 기호적 존재론은 우리로 하여금 물리적 질서에
반하거나, 또는 물리적 질서 차원에서 무의미한 방식으로 생각하고

---

15   노양진, 『철학적 사유의 갈래: 초월과 해체를 넘어서』(파주: 서광사, 2018),
     pp. 21-24 참조.

행동하도록 이끌어 간다. 죽은 자에게 또는 죽은 자의 묘비에 술을 따르거나 절을 하는 것은 물리적 질서에 반하거나 물리적 질서를 넘어서는 특이한 행동이다. 만약 기호적 질서와 물리적 질서가 동일한 생각과 행동을 낳는다면 그 기호적 경험은 더 이상 '기호적'이라고 불러야 할 이유가 없다. 물리적으로 낯선 생각이나 행동은 오직 기호적 질서에 의해서만 적절한 의미를 갖는다.

기호적 존재론이 안고 있는 본성적인 위험성에도 불구하고 기호적 경험은 거부할 수 없는 인간적 경험의 국면이다. 만약 기호적 경험이 없다면 우리는 모두 물리적 질서―때로는 그대로 받아들이기에 너무나 잔혹한―에 갇히게 될 것이기 때문이다. 예를 들어 티베트의 '조장'(鳥葬)은 죽은 자의 시신을 토막 내어 독수리의 먹이로 주는 장례의식이다. 이 장례의식은 죽은 자의 영혼이 독수리를 통해 하늘로 나아간다는 믿음을 토대로 행해진다. 이러한 의식을 받아들이기 위해서는 '불사의 영혼'이나 '하늘나라'와 같은 기호적 실재가 주어져야 한다. 만약 이 관행에 기호적 해석이 주어지지 않는다면 우리 앞에는 죽은 자의 시신을 난도질하며, 독수리가 그 시신 조각들을 먹어치우는 잔인한 현실만이 남게 된다. 그러나 기호적 해석을 거침으로써 우리 앞의 잔혹한 현실은 '의식'이라는 이름으로 위안 받을 수 있다. 이 위안은 '기호적으로만' 가능해 보인다.

기호적 존재론은 두 가지 의미에서 '인간적'이다. 기호적 존재론은 현재와 같은 몸을 가진 유기체인 인간의 열망의 산물이다. 이 열망은 우리의 물리계를 넘어서려는 열망이다. 물리계 안에서 우리의 모든 경험은 시간과 공간이라는 조건 안에서 파편화되어 있으며, 따라서 '완전성'이라는 인간적 이상을 담고 있지 않다. 모든 유기체는 불완전한 조건 때문에 그 존립과 성장을 위한 지속적인 활동을 요구 받는

다. '생로병사'로 말해지는 유기체의 원초적 조건은 인간에게 지속적
인 불안정성을 불러온다. 이 물리계의 곤경을 비켜서는 유일한 길이
바로 기호적 도약이며, 그것은 새로운 세계에 대한 열망과 결합되어
기호적 존재론을 낳는다. 그처럼 기호적으로 구성된 세계는 처음부터
물리계와 다른 어떤 것일 수밖에 없지만, 그 기호적 도약에 물리계에
서 주어진 경험내용을 동원할 수밖에 없다는 것은 우리의 또 다른 숙
명이다. 새로운 세계에 관한 모든 것은 물리계 안에서 주어진 경험내
용을 기호적으로 사상하는 방식으로만 구성될 수 있기 때문이다.

　기호적 존재론은 또 다른 의미에서 '인간적'이다. 기호적 존재론은
다른 유기체가 이르지 못한 기호적 층위에서 구성된다. 기호적 존재
론은 일차사상을 통해 주어진 추상적 경험내용을 원천영역으로 삼아
또 다른 영역으로 사상하는 방식, 즉 이차사상을 통해 구성된다. 바꾸
어 말하면 기호적 존재론은 '이차사상', 나아가 그 이상의 중층적 사
상을 통해 구성된다. 기호적 존재론의 구성은 추상적 경험내용을 축
적하며, 이 내용을 새로운 기표에 사상하는 이차사상, 또는 그 이상의
다차사상 능력을 가진 인간에게만 가능해 보인다.[16]

16　중층적 사상에 관해서는 노양진, 이 책 5장 「기호의 탄생: 퍼스와 상징의 문제」
　　참조. 퍼스(C. S. Peirce)는 상징기호(symbol)가 도상기호(icon)나 지표기호
　　(index)의 작용을 토대로 구성되며, 이런 의미에서 상징기호를 상위적인 동시에
　　완전한 기호로 보았다. Charles Sanders Peirce, *Collected Papers of Charles
　　Sanders Peirce*, Vol. 4, eds. Charles Hartshorne and Paul Weiss (Cambridge,
　　Mass.: Harvard University Press, 1960), 448; Peirce, *The Essential Peirce:
　　Selected Philosophical Writings*, Vol. 2, ed. Peirce Edition Project (Blooming-
　　ton, Ind.: Indiana University Press, 1998), 306-307 참조. 퍼스는 도상기호나
　　지표기호가 대상체와의 물리적 연관성을 드러내는 반면, 상징기호는 물리계에서
　　대상체 자체를 찾을 수 없으며, 이 때문에 '해석체'(interpretant)를 요구하는 특
　　수한 기호라고 보았다. 필자는 퍼스가 생각했던 상징기호가 사실상 이차사상 이
　　상의 다차사상이 개입된 기호라고 보았으며, 다차사상이 인간에게만 가능하다고

기호적 존재론의 경험은 우리를 '인간'으로 만들어 주는 핵심적 징후이지만 과도한 기호적 확장은 종종 우리를 또 하나의 역설로 이끌어 간다. 기호적 경험은 우리 경험의 본성적 '유폐성'(incarcerated-ness)을 벗어나기 위한 유일한 통로다.[17] 우리 경험의 유폐성을 벗어나기 위해 출발했던 기호적 경험이 오히려 우리를 또 다른 층위의 유폐로 이끌어 가는 것이다. 초월적 존재론이 기호적으로 구성되고, 그 안에서 존재든 가치든 인식이든 우리의 모든 것을 수렴하는 '꼭짓점'(apex)이 설정된다. 모든 것은 그 꼭짓점으로 수렴되며, 그 꼭짓점에 의해 재단된다. 거기에는 더 이상 나아갈 길이 없다. 필자는 이러한 닫힌 체계를 '꼭짓점 이론'이라고 부르며, 이 꼭짓점 이론이 불러온 새로운 유폐를 '기호적 유폐'라고 부른다. 기호적 경험의 본성이 경험의 유폐성을 벗어나려는 탈유폐의 통로라는 사실을 상기하면 기호적 유폐는 역설적 귀결이 아닐 수 없다.

꼭짓점 이론에 묶인 사람에게 남아 있는 일은 그것을 널리 유포하는 일 뿐이다. 역설적이게도 꼭짓점 이론 안에서는 더 나아질 아무런 여백도 없지만 더 나빠질 수 있는 모든 가능성은 완전히 열려 있다. 그렇지만 꼭짓점 이론의 옹호자들은 설혹 꼭짓점 이론이 현실적으로 나쁜 결과를

보았다.

17 필자는 우리 경험의 본성을 '유폐성'으로 규정했으며, 그 유폐성을 벗어나는 유일한 통로가 바로 기호적 경험이라고 보았다. 이런 의미에서 필자는 기호적 경험의 본성을 '탈유폐성'(ex-carceration)으로 특징지었다. 즉 우리는 타자의 경험에 직접 접속할 수 없으며, 그 반대도 마찬가지다. 우리가 타자의 경험에 접속하는 유일한 통로는 그의 표정이나 몸짓, 언어 등 제3의 매개물을 거치는 길이며, 이 매개물이 바로 기호적 해석의 대상, 즉 기표가 된다. 이 문제에 관한 좀 더 상세한 논의는 노양진, 「의사소통의 기호적 구조」, 『철학적 사유의 갈래』, pp. 165-66 참조.

불러온다 하더라도 (그 이론의 결함을 되돌아보는 대신에) 이 결과를 그
이론을 받아들이지 않는 사람들의 잘못으로 돌릴 수 있다. 꼭짓점 이론
의 은밀한 폭력성은 바로 여기에 있다. 우리 자신을 완전한 존재라고 받
아들이지 않는 한 그 폭력성은 피할 수 없는 귀결이다.[18]

　　초월적 존재론을 통해 구성된 꼭짓점 이론이 제시하는 이상은 도달
할 수 없는 이상이며, 동시에 위험한 이상이다. 대규모적 재앙을 이끌
었던 유토피아적 사유의 배후에는 공통적으로 꼭짓점 이론이 자리 잡
고 있다. 존재하지 않는 것에 대한 열망을 채워 주는 유일한 길은 기
호적 길이며, 그것이 꼭짓점 이론을 낳는다. 이상주의자가 꿈꾸는 새
로운 세계가 구성되며, 그렇게 구성된 유토피아의 요구를 따라 이 세
계는 새롭게 재단된다. 이러한 유토피아적 기획은 인류사를 통해 종
종 변혁이 아니라 '야만'이나 '광신'으로 기록되었다.

　　인류의 지성사는 이 야만과 광신을 교정하고 비켜서기 위해 또 다
른 수준의 새로운 기호적 구성을 반복해 왔다. 모든 것을 수렴하는 또
하나의 절대적 원리를 수립하는 것이 그 모든 야만과 갈등을 일거에
해소하는 유일한 해법이라고 믿었으며, 그 믿음이 동·서양철학의 주
류를 이루어 왔다. 그러나 기호적 사상의 본성적 부분성을 상기한다
면 기호적으로 구성된 이론에게 '절대성'이란 근원적으로 도달할 수
없는 이론적 환상이다.

　　기호적 존재론들이 불러오는 순환의 늪을 비켜서는 또 다른 길이
있다. 그 길은 바로 그 모든 기호적 구조들의 근원적 지반을 되돌아보
는 일이다. 그 지반으로의 회귀는 기호적 삶을 그 지반으로 '환원'하

18　노양진, 『몸이 철학을 말하다』, p. 265.

려는 시도가 아니라 기호적 삶의 본성을 되돌아보는 새로운 조망점을 찾으려는 것이다. 그 조망점은 모든 기호적 경험의 근거를 이루고 있는 물리적 경험 영역에서 다시 찾을 수 있다. 그 물리적 지반에는 우리가 기호적 확장을 통해 넘어서려고 했던 우리의 원초적 조건, 즉 '유폐된 경험'이 있다. 기호적 확장은 바로 이 경험의 유폐성을 비켜서는 유일한 통로이며, 그래서 기호적 경험의 본성은 '탈유폐성'으로 특징지을 수 있다. 그렇게 열리는 기호적 존재론들은 듀이가 말하는 '성장' 개념을 통해 가장 적절하게 이해되고 또 평가될 수 있을 것이다. 듀이는 '성장'에 대해 이렇게 말한다.

> 목적은 더 이상 도달해야 할 종착점이나 한계가 아니다. 그것은 현존하는 상황을 변화시키는 능동적 과정이다. 최종적으로 목표로서의 완성이 아니라, 완성시키고, 성숙해지고, 다듬어가는 부단한 과정이 삶에서의 목표이다. 건강, 부, 학식과 마찬가지로 정직, 근면, 절제, 정의도, 마치 그것들이 획득해야 할 고정된 목표를 표현하는 것인 양 소유되어야 할 선들은 아니다. 그것들은 경험의 질적인 변화의 방향이다. 성장 자체는 유일한 도덕적 '목적'이다.[19]

5. 맺는말

경험의 유폐성을 벗어나려는 기호적 확장은 종종 새로운 기호적 구조를 건설하며, 그 구조는 흔히 우리의 현실적 삶의 질서에 개입한다. 이렇게 구성된 기호적 구조가 물리적 질서에 개입하기 위해서는 필연

---

19 존 듀이, 『철학의 재구성』, 이유선 역 (서울: 아카넷, 2010), p. 203.

적으로 기호의 산출자인 동시에 해석자인 인간을 필요로 한다. 기호의 주인인 인간은 여기에서 기호의 사역자로 탈바꿈한다. 이러한 기호적 역전은 '기호적 존재론'을 통해 가장 극명하게 드러난다. 급진적인 기호적 존재론은 새로운 기호적 질서를 통해 물리계를 재단하고 이끌어 가는 방식으로 물리계를 지도하고 통제하지만, 종종 우리의 물리적 조건을 왜곡하거나 훼손하는 결과로 이어진다.

신화든 종교든 철학이든 수많은 초월적 질서가 '절대'라는 이름으로 물리적 존재론을 재편성하고 이끌어 가는 유일한 원리를 제시한다. 초월적인 것 자체가 기호적 구성물이라는 사실을 상기하면 초월적 존재론이 '절대'라는 이름으로 제시하는 원리는 절대적 원리가 아니라 사실상 절대를 신봉하는 인간의 원리일 뿐이다. 역사를 통해 드러나는 것처럼 만약 어떤 초월적 원리가 우리 자신을 곤경으로 몰아넣는다면 그 배후에는 반드시 초월적 원리를 앞세운 인간이 있다. 기호적 구조는 그 자체로 동력을 갖지 않는 무력한 구조물이기 때문이다.

기호의 역전은 특정한 유형의 기호적 구조에서 비롯된 특수한 현상이 아니라 기호적 구조 자체의 본성에 속하는 문제다. 기호의 역전이라는 구조 안에서 우리는 종종 기호의 희생자가 될 수 있다. 그 위험성에도 불구하고 우리에게 기호적 경험을 근원적으로 거부하거나 포기하는 길은 열려 있지 않은 것으로 보인다. 기호적 삶을 포기하는 것은 우리가 물리적 경험에 묶여 있다는 것을 의미하며, 이것은 인간적 삶을 포기하는 것과 다르지 않기 때문이다. 우리 앞에 열려 있는 모든 기호적 구조들을 조망하고 평가하는 '신적 관점'은 존재하지 않는다. 우리 자신은 모두 어떤 구조인가에 속해 있을 수밖에 없기 때문이다. 대신에 우리는 모든 기호적 구조가 출발했던 지반으로 눈을 돌림으로써 '더 나은' 구조들의 가능성을 가늠할 수 있을 것이다. 그 지반에는 바로 유기체로서 우리 자신의 몸과 두뇌, 그리고 환경이 상호작용하는 물리적 경험 영역이 있다.

<보론 1>

퍼스의 기호 개념과 기호 해석

1. 머리말

기호에 관한 체계적 탐구의 역사는 길지 않다. 20세기 초 소쉬르(F. de Saussure)가 언어의 체계에 관한 포괄적인 과학으로 '기호학'(semiology)을 제안한 이래로 기호 문제는 마치 구조주의의 전유물처럼 구조주의적 전통 안에서 집중적인 논의의 주제가 되었다. 그럼에도 기호와 관련해서 여전히 미해결의 숙제로 남아 있는 것은 기호적 의미 발생의 구조와 원천에 관한 문제다. 이 문제에 관한 한 구조주의적 전통의 기호학은 근원적인 한계를 안고 있다. 즉 기호의 문제를 '기표'와 '기의'라는 이원적 구도 안에서 해명되어야 할 사건으로 간주함으로써 기호화에서 기호 산출자/해석자인 인간의 자리를 원천적으로 배제하고 있기 때문이다.

소쉬르와 거의 동시대에 미국에서는 소쉬르의 기호 이론과 화해 불가능해 보이는 또 다른 기호 이론이 구성되고 있었다. 실용주의의 창도자인 퍼스(C. S. Peirce)는 소쉬르와는 매우 다른 갈래를 통해 기호의 본성과 구조에 관해 방대하고 섬세한 탐구를 수행하고 있었다.[1] 퍼스는 '기호학'(semeiotic)이 우리의 사고와 지식에 관한 일반 이론이 되어야 한다고 생각했으며, 이러한 관점에서 기호학을 규범적인 형식과학으로 규정했다. 그것은 퍼스가 기호의 문제를 우리의 사고의 문제로 보았다는 점에서 처음부터 구조주의와는 달리 화용론적 통로를 열어 가고 있다는 것을 의미한다.

퍼스의 기호 이론은 그의 다른 모든 철학적 논의와 마찬가지로 끝내 미완의 숙제로 남겨졌지만 그의 삼원적 모형은 '해석체'(interpretant)라는 새로운 요소를 도입함으로써 기호적 의미의 산출에 관해 훨씬 더 섬세한 해명의 가능성을 열고 있다. 퍼스를 통해 기호적 의미의 본성에 '해석'의 문제가 핵심적 축으로 등장한 것이다. 더 중요하게 퍼스는 '사고기호'(thought sign)라는 개념을 통해 기호의 문제가 바로 마음의 문제라는 시각을 도입했으며, 이러한 맥락에서 그는 언어의 본성이 마음의 본성 문제라는 시각에 이르게 된 것으로 보인다. 이것은 화용론적 전환의 출발점을 알리고 있다. 기호가 세계의 문제가 아니라 바로 기호 산출자/해석자인 인간의 문제라는 시각이 도입된 것이다.

그러나 퍼스의 기호 이론은 그 자체로 미완의 이론일 뿐만 아니라 퍼스 자신의 모호한 기술은 내적 정합성에 관한 의구심을 불러일으킬 수 있을 만큼 산만하게 분산되어 있다. 특히 '해석체'에 관한 퍼스의

---

1 소쉬르와 퍼스는 거의 동시대의 인물이지만 소쉬르의 기호 이론을 체계적으로 제시하고 있는 유고작인 『일반언어학 강의』는 소쉬르가 사망한 지 3년, 퍼스가 사망한 지 2년이 지난 1916년에 발간되었다는 점을 감안하면, 이 두 사람 사이에 직접적인 영향 관계를 추정할 만한 소지는 없어 보인다. T. L. Short, *Peirce's Theory of Signs* (Cambridge: Cambridge University Press, 2009), pp. 16-17 참조.

논의는 매우 복잡하게 이루어지고 있으며, 해석자들 사이에서도 해석체의 성격과 위치에 관해 명확한 합치점을 찾지 못하고 있다. 대신에 이들은 퍼스의 기호학이 '미완성'이라는 점에 관해서만 쉽게 동의한다. 그러나 미완성이라는 사실이 결코 퍼스 기호 이론의 실패를 의미하는 것은 아니다. 퍼스의 기호 이론은 기호화에 대한 새로운 탐구와 화해될 수 있는 가능성을 열고 있다는 점에서 여전히 생명력 있는 이론이기 때문이다.

필자는 이 글에서 '체험주의'(experientialism)의 시각을 통해 퍼스 기호 이론이 '기호적 경험'의 발생적 국면을 간과하고 있으며, 이 때문에 그의 기호 이론, 특히 해석체 개념이 불투명한 미완의 기획이 될 수밖에 없었다는 점을 드러낼 것이다. 체험주의적 시각에 따르면 기호적 경험은 물리적 경험의 확장적 국면이며, 여기에서 '기호적 사상'(symbolic mapping)은 그 확장의 핵심적 기제다. 즉 우리는 우리의 경험내용을 특정한 대상에 기호적으로 사상하며, 그 사상된 경험내용의 '관점에서'(in terms of) 그 대상을 이해하고 경험한다. 퍼스는 기호적 경험의 이 중층적 구조를 해석체 개념에 무리하게 포섭하려고 시도함으로써 해석체 개념을 불투명한 이론적 수수께끼로 남기게 된 것으로 보인다. '기호적 경험'의 발생적 구조에 대한 체험주의적 해명은 퍼스의 삼원 모형을 지탱해 주는 더 근원적인 구도를 제공해 줄 수 있을 것으로 보이며, 그것은 퍼스의 기호 이론을 정교하게 구체화할 수 있는 새로운 논의의 가능성을 열어 줄 것이다.

2. 사고로서의 기호

퍼스의 기호 개념을 다루면서 주목해야 할 것은 퍼스가 기호학을 논리학, 인식론, 나아가 형이상학의 토대를 위한 일반 이론으로 기획하고 있었다는 점이다. 바꾸어 말하면 퍼스에게 기호학은 지식에 관한 일반 이론의 토대를 이루고 있다. 이 때문에 기호에 관한 퍼스의 논의는 그 출발점에서부터 마음에 관한 탐구와 밀접하게 묶여 있다. 이 때문에 퍼스는 기호라는 말 대신에 '사고기호'라는 말을 사용한다.

퍼스는 사고를 하나의 사건으로 간주한다. 퍼스가 말하는 '사고'는 느낌, 영상, 개념, 표상 등 우리 의식에 현전하는 모든 것을 가리킨다.[2] 퍼스는 그것들이 모두 사건들이라고 본다. 퍼스에 따르면 사고는 그 자체로 단순하며 분석 불가능하다(『전집』, 5.289). 그것은 하나의 단순한 '느낌'일 뿐이다. 따라서 우리에게 현전하는 사고는 그 자체로 아무런 의미도 갖지 못한다. 단순자로서의 사고는 아무런 부분도 성질도 가질 수 없기 때문이다. 사고가 그 자체로 의미를 갖지 못한다면 그 의미는 어떻게 주어지는 것일까? 퍼스는 사고가 그것에 앞서 있거나 뒤따라오는 다른 사고와의 연결을 통해서만 번역되거나 해석된다고 주장한다(『전집』, 5.284, 5.285, 5.289). 어떤 것의 의미가 '무엇인가를 통해서만' 주어진다는 것은 그것이 무엇인가에 의해 '매개'된다는 것을 의미하며, 이런 점에서 모든 사고가 기호일 수밖에 없다는 퍼스의 생각은 설득력을 갖는다.[3]

---

2 Charles S. Peirce, *Collected Papers of Charles Sanders Peirce*, eds. Charles Hartshorne and Paul Weiss (Cambridge, Mass.: Harvard University Press, 1960), 5.283. 이하 이 책은 『전집』으로 약하고 권과 절의 번호를 본문에 표시한다.
3 여기에서 사고기호들의 연관의 가능성은 사고기호들의 차이를 통해서 가능하다. 들레달은 의미의 산출에서 차이에 대한 퍼스의 생각이 소쉬르와 다르지 않다고 지적한다. 그러나 소쉬르와 퍼스의 기호학 사이에는 이러한 유사성보다도 훨씬 더 중요한 차이들이 드러난다. Gérard Deledalle, *Charles S. Peirce's Philosophy of Signs* (Bloomington, Ind.: Indiana University Press, 2001), pp. 107-108 참조.

기호가 "어떤 측면 또는 능력에서 누군가에게 다른 것을 대신하는 어떤 것"(『전집』, 2.228)이라는 퍼스의 기호 개념은 '다른 무엇을 대신하는 어떤 것'이라는 고전적인 기호 개념과 크게 다르지 않다. 그러나 퍼스 기호학은 크게 두 측면에서 고전적인 기호학과 차별성을 드러낸다. 먼저 퍼스는 기호에 대한 탐구를 특정한 분과적 탐구가 아니라 매우 폭넓은 일반학의 일종으로 보았다. 퍼스는 논리학이 기호에 관한 준-필연적인, 또는 형식적인 이론으로서 기호학의 다른 이름일 뿐이라고 본다(『전집』, 2.227). 퍼스 기호학의 독창성은 단지 그가 이처럼 폭넓은 기호 개념을 갖고 있다는 사실에서만 드러나는 것은 아니다. 퍼스는 구조주의적 전통의 기호학자들이 간과해 왔던 핵심적인 문제, 즉 기호적 의미의 원천에 접근하는 통로를 열어 주고 있는데, 그 통로가 바로 퍼스가 새롭게 도입하고 있는 '해석체' 개념이다. 퍼스는 이렇게 말한다.

> 하나의 기호, 즉 표상체는 어떤 측면 또는 능력에서 누군가에게 다른 것을 대신하는 어떤 것이다. 표상체는 누군가에게 작용하는데, 말하자면 그 사람의 마음속에 대등한 기호 또는 아마도 더 진전된 기호를 산출한다. 그것이 산출하는 그 기호를 나는 그 처음 기호의 해석체라고 부를 것이다. 그 기호는 어떤 것, 즉 대상체를 대신한다. 그것은 모든 측면에서가 아니라 일종의 관념과의 관련성 속에서 그 대상체를 대신하는데, 나는 그 관념을 종종 그 표상체의 배경(ground)이라고 불렀다(『전집』, 2.228, 고딕은 원문의 강조).

퍼스가 기호의 문제를 사고의 문제로 보았다는 것은 기호 이론의 역사를 통해 매우 중요한 전환점을 제공하고 있다. 즉 기호가 우리 밖의 사건이 아니라 우리 안의 사건이라고 말하는 것은 기호가 우리 마음의 문제라는 사실을 함축하고 있기 때문이다. 구조주의 기호학의 전통과는 달리 퍼스는 마음의 문제라는 시각을 통해 기호의 구도 안에 '인간' 의 자리를 마련하고 있는 것이다.[4]

'인간' 이라는 요소가 기호의 본성과 구조를 해명하는 데 필수적인 이유는 너무나 간단하다. 우리가 이 세계의 어떤 사물을 하나의 기호로 이해하고 경험한다는 것은 기호 자체의 작용 문제가 아니라 우리 자신의 '경험' 의 문제이기 때문이다. 즉 어떤 물리적 대상이 하나의 기호가 된다는 것은 그 대상의 속성이 아니라, '기호화' 라는 우리 경험의 작용 문제다. 어두운 밤길에 돌덩어리에 부딪쳐 고통을 느꼈다면 내가 그 대상과 물리적으로 상호작용했다는 것을 의미한다. 그러나 다음날 아침 그것이 역사적 유래를 갖는 돌부처라는 것을 알게 되면 나는 그 돌을 어젯밤에 부딪친 것과는 매우 다른 국면에서 경험하게 된다. 즉 나는 그 물리적 돌을 종교적 양상이나 역사적 양상의 '관점에서'(in terms of) 경험하게 된다. 이때 나는 그 돌에 나의 종교적, 역사적 경험내용을 '사상'(mapping)하며, 그 사상된 경험내용의 '관점에서' 그 돌을 경험하는 것이다. 이때 나는 물리적 경험을 넘어서서 기호적 경험으로 접어든다.

이처럼 그 대상을 기호적으로 새롭게 경험한다고 해도 나는 여전히

---

4 전통적으로 구조주의적 전통의 기호학자들은 소쉬르가 제시했던 기표/기의의 이원적 구도 안에서 기호의 문제를 해명하려고 시도해 왔다. 부분적으로 지칭체 개념을 도입함으로써 그것을 보완하려는 시도가 있었지만 그것이 근원적으로 구조주의의 기본 가정을 넘어선 것은 아니다. 구조주의적 가정의 핵심적 문제는 기호화의 과정에서 기호 산출자/해석자인 인간의 자리가 처음부터 주어지지 않고 있다는 점이다. 기호는 일종의 사건으로 간주되며, 이 때문에 인간은 이 기호적 사건에 개입하는 한 사건적 요소일 뿐 결코 기호의 주인의 자리를 갖지 못한다.

그 대상과 또다시 물리적으로 상호작용할 수 있다. 즉 물리적 경험과 기호적 경험은 교호적으로 양립하는 경험의 국면들이다. 중요한 것은 이 두 경험의 경우 나는 매우 다른 층위의 의미를 경험하게 된다는 점이다. 동일한 대상에 대해 이처럼 두 갈래 경험 사이를 교호적으로 오갈 수 있는 것은 돌의 선택이 아니라 나의 선택이다. 어떤 물리적 대상이 하나의 기표가 되는 것은 그 물리적 대상의 결정이 아니라 기호화라는 나의 경험 양식에 의한 것이다. 따라서 기호의 본성을 해명한다는 것은 돌을 분석하는 문제가 아니라 '기호화라는 우리의 경험 구조'를 해명하는 문제가 된다.

3. 해석체의 수수께끼

기호적 탐구의 역사에서 퍼스의 핵심적 기여는 기호에 대한 삼원적 구도를 제안했다는 점일 것이다. 퍼스의 삼원적 모형은 '표상체'(repre-sentamen), '대상체'(object), '해석체'(interpretant)로 이루어진다. 여기에서 퍼스 기호학의 핵심적인 수수께끼를 담고 있는 부분이 바로 해석체다. 해석체에 대한 퍼스의 언급은 엄격한 일관성을 갖는 것으로 보이지 않으며, 퍼스 스스로 이 개념의 불투명성을 인정하고 있다. 퍼스는 초기의 저작에서 해석체를 일종의 관념으로 규정한다.

> 기호는 그것이 산출하거나 수정하는 관념에 대해 무엇인가를 가리킨다. 그것이 가리키는 것을 그것의 대상체라고 부른다. 즉 마음의 밖으로부터 무엇인가를 운반해 오는 운반자다. 그것이 가리키는 것이 바로 대상체다. 그것이 전달하는 것이 의미이며, 그것이 산출하는 관념이 해석체다(『전집』, 1.339, 고딕은 원문의 강조).

그러나 퍼스의 또 다른 언급은 해석체의 매우 다른 국면을 드러낸다. 그것은 해석체가 하나의 '효과'라는 것이다.

해석체를 다음과 같이 …… 구분할 수 있다. 기호 자체에 대한 정확한 이해를 통해 드러나는 해석체인 직접적 해석체(Immediate Interpretant)가 있다. 그것은 일상적으로 그 기호의 의미(meaning)라고 불린다. 둘째, 우리는 역동적 해석체에 주목해야 하는데, 그것은 하나의 기호로서 그 기호가 실제로 결정하는 실제적 효과다. 끝으로 내가 잠정적으로 최종적 해석체(Final Interpretant)라고 부르는 것이 있는데, 그것은 기호가 그 대상과 관련되기 위해 스스로를 표상하는 방식을 가리킨다. 나는 이 세 번째 해석체에 관한 내 개념이 아직 선명하지 않다는 사실을 고백한다(『전집』, 4.536).

퍼스의 이러한 서술은 퍼스가 예상했던 것보다 훨씬 더 복잡한 문제를 불러오며, 해석체에 대한 연구자들 또한 다양한 해석들 사이에서 일관된 합치점을 찾지 못하고 있다. 그러나 적어도 이러한 혼선이 어디에서 비롯되는지에 관해서는 대체로 동의할 만한 견해가 있다. 에코(U. Eco)는 퍼스의 해석체 개념이 다음과 같은 두 갈래 의미를 갖는다고 지적한다.

사실 해석소[=해석체]에 대해서는 두 가지 관점이 있다. 첫 번째 관점에 따르면 해석소는 최초의 기호를 표현하는 '다른 기호'이며(『전집』, 4.127 이하), 두 번째 관점에 따르면 해석소는 일련의 기호들이 만들어내는 '개념'이다(『전집』, 1.554, 4.127, 5.283)[5]

해석체에 대한 논란의 대부분은 표상체와 대상체의 상호관계에서 제3의 매개자, 또는 중재자로서의 역할과 위상에 집중되어 있는 것으로 보인다. 해석체는 때로는 제3의 관념으로, 때로는 제3의 기호로 서술되고 있기 때문이다. 도대체 해석체가 갖고 있는 중재자로서의 역할은 무엇을 말하는 것일까? 많은 사람들이 해석체가 구체적인 해석자가 아니라는 점에 관해서는 대체적으로 동의하는 것으로 보인다. 김운찬은 해석체에 관해 이렇게 설명한다.

이렇게 구별되는 해석소[체]들은 다양한 형태로 나타난다. 다른 기호 체계로 된 등가의 기표가 해석소로 기능하는 경우가 많은데, 가령 단어 [의자]에 대한 의자의 그림, [이것]이라고 말하면서 개별 대상을 가리키는 검지손가락 등을 해석소로 볼 수 있다. 또는 동일한 기호 체계에 속하는 해석소가 있다. 예를 들어 [소금] 대신 [염화나트륨]이라고 말하거나 [물] 대신 [H_2O]로 표기하는 것과 같은 과학적 정의나 설명, 감정적 연상([개]라는 단어로 '충직함'을 표현하는 경우), 동의어, 다른 언어로의 번역 등이 해석소가 된다.[6]

한편 트라반트(J. Trabant)는 해석체가 단순히 산출되거나 부가되는 관념에 그치지 않고 해석하는 것으로서 '해석하는 의식'을 뜻한다고 주장한다.[7] 그러나 해석체를 해석하는 의식으로 읽는 것은 퍼스의 초기 언급만으로는 충분치 않다. 앞서 인용했던 것처럼 퍼스는 해석체

5 움베르토 에코, 『기호: 개념과 역사』, 김광현 역 (서울: 열린책들, 2000), p. 258.
6 김운찬, 『현대 기호학과 문화 분석』 (서울: 열린책들, 2005), p. 33.
7 유르겐 트라반트, 『기호학의 전통과 경향』, 안정오 역 (서울: 인간사랑, 2001), p. 43 참조.

를 일종의 관념이라고 분명히 말하고 있기 때문이다(『전집』 1.339).
퍼스 자신의 이러한 초기 서술에만 국한한다면 해석체는 소쉬르가 말
하는 '기의'와 더 유사한 개념이라고 보아야 할 것이다. 해석체의 적
극적 작용은 퍼스의 후기 서술에서 선명하게 드러난다. 해석체가 해
석하는 의식을 포함한다는 것은 해석체가 단지 표상체나 대상체와의
관계 속에서만 규정되는 것이 아니라는 것을 말해 준다. 퍼스의 기호
이론이 성숙의 단계에 들어선 것으로 간주되는 1909년의 서한에서
해석체는 해석자에게 미치는 '효과'라는 사실이 분명해진다. 퍼스는
이렇게 말한다.

나는 기호를 그 대상체라고 불리는 것에 의해서 결정되며, 따라서 누
군가에게 어떤 효과를 결정해 주는 모든 것이라고 정의합니다. 이때의
효과를 기호적 해석체라고 부르는데, 이것은 기호에 의해 매개적으로 결
정됩니다.[8]

효과로서의 해석체 개념은 의사소통 문제와 관련해서 훨씬 복잡한
국면을 드러낸다. 의사소통에는 발화자와 해석자라는 두 층위가 개입
되기 때문이다. 우리 경험이 알려 주는 것처럼 발화자의 의도와 해석
자의 해석은 항상 합치하는 것은 아니며, 이 경우 해석체는 두 갈래의
다른 효과를 드러낼 것이다. 이것은 퍼스가 의사소통 상황에서 불안
정한 해석적 구조가 개입한다는 것을 인식하고 있다는 것을 의미한
다. 퍼스는 이렇게 말한다.

---

8 Peirce, C. S. *Peirce's Letters to Lady Welby*, ed. Irwin Lieb (New Haven, Conn.: Whitlock, 1953), p. 29.

의도적(Intentional) 해석체가 있는데, 그것은 발화자의 마음의 확정 (determination)이다. 효과적(Effectual) 해석체는 해석자의 마음의 확정 이며, 소통적(Communicational) 해석체는 의사소통이 일어나기 위해 발 화자의 마음과 해석자의 마음이 통합되는 마음의 확정이다. 이 마음을 코 멘스(commens)라고 부를 수 있을 것이다. 그것은 처음부터 발화자와 해석자 사이에 충분히 이해되는, 또 이해되어야 하는 모든 것으로 이루어 져 있다. 그렇게 함으로써 문제시되는 기호는 그 기능을 수행할 수 있다.[9]

이때 발화자나 해석자의 '마음의 확정'이란 인과적으로 결정론적인 과정을 의미하는 것이 아니라 발화자나 해석자의 마음에 대한 제약 (constraining)을 의미하는 것으로 보인다.[10] 여기에서 우리는 해석체 안에 표상체와 대상체 사이를 연결해 주는 기능뿐만 아니라 발화자와 해석자의 마음을 통합해 주는 기능이 주어져 있다는 것을 알 수 있다. 이러한 통합의 시도는 퍼스가 처음부터 발화자와 해석자의 마음이 일 치하지 않을 수 있다는 사실을 받아들이고 있다는 것을 말해 준다. 이 불일치를 해소하는 제3의 해석체가 설정되고 있는 것은 바로 이 때문이 다. 해석체 개념의 이러한 확장은 해석체 개념을 점차 선명하게 정돈해 주기보다는 오히려 그 실체를 더욱 더 파악하기 어렵게 만들고 있다.

불투명한 논란 속에서도 여전히 분명한 것은 적어도 퍼스의 해석체 가 기호에 수반되는 관념인 동시에 해석자에게 미치는 효과, 나아가

---

9 Peirce, *Semiotics and Significs: The Correspondence between Charles S. Peirce and Victoria Lady Welby*, eds. Charles Hardwick and James Cook (Blooming-ton, Ind.: Indiana University Press, 1977), pp. 196-97. (고딕은 원문의 강조.)

10 '확정'(determination)을 일종의 '제약'으로 보는 것은 리츠카의 해석을 따른 것이다. James Liszka, *A General Introduction to the Semiotic of Charles Sand-ers Peirce* (Bloomington, Ind.: Indiana University Press, 1996), p. 23 참조.

해석하는 의식이라는 다중적인 의미를 지니고 있다는 점이다. 해석체
는 기호적 해석을 통해 주어진 기호적 관념인 동시에 적극적인 기호
적 효과 또는 기호적 의식인 셈이다. 비록 퍼스 자신이 명시적으로 서
술하고 있는 것은 아니지만 퍼스는 자신의 기호적 구도 안에 해석체
라는 요소를 도입함으로써 기호 사용자—기호 산출자든 기호 해석자
든—의 자리를 마련하려고 했던 것으로 보인다. 그러나 퍼스가 간과
했던 것은 상이한 기호적 해석이 단지 해석체라는 불분명한 요소에
의해 나타나는 것 아니라 기호 산출자/해석자의 다양한 기호적 의도
에 의해 나타난다는 점이다.

해석체와 관련된 퍼스의 이러한 곤경과 관련해서 쇼트(T. L.
Short)의 제안은 주목할 만하다. 쇼트는 퍼스의 곤경을 벗어나는 출
구로 퍼스 이론에 '의도성'(purposefulness)이라는 또 다른 요소가
추가되어야 한다고 주장한다. 표상체, 대상체, 해석체의 세 가지 요소
를 모두 받아들인다 하더라도 여전히 의도성이라는 제4의 요소가 필
요하다는 것이다.

> 퍼스 기호학은 잘 알려진 것처럼 삼원적이기 때문에 기호 분석에 [의
> 도성이라는] 네 번째 요소를 도입하는 것은 독자들의 반발을 불러올 수
> 있다. 나로서는 어쩔 수가 없다. 나는 퍼스의 진전된 기호학을 이해하기
> 위한, 또는 퍼스와는 상관없이 기호와 사고의 의도성을 해명하기 위한
> 다른 방법을 찾을 수가 없다. 그렇지만 이것은 퍼스 철학의 기본적 삼원
> 성을 위협하는 것은 아니다. 삼원적인 것을 넘어서는 모든 관계가 더 단
> 순한 관계들의 복합체로 환원될 수 있다는 그의 주장을 상기해 보라. 우
> 리의 분석은, 맥락이 의도성의 한 종류이며, 기호화가 맥락 안에서 이루
> 어진다는 사실을 인정하는 것일 뿐이다.[11]

쇼트의 제안은 퍼스 기호 이론, 특히 해석체 개념의 난점이 어디에서 비롯되고 있는지에 관해 중요한 사실을 시사한다. 즉 의도성은 기호 자체의 국면이 아니라 기호 산출자이자 해석자인 인간의 문제라는 것이다. 쇼트의 이런 지적을 따라 우리는 퍼스 기호 이론이 왜 헤어날 수 없는 복잡성에 빠져들게 되었는지를 역으로 추정할 수 있다. 퍼스는 기호 산출자/해석자의 의도성 문제를 해석체 개념에 포섭하려고 시도했으며, 그 결과는 의도성에 대한 적절한 해명 대신에 해석체 개념의 과도한 불투명성을 낳게 된 것이다.

4. 기호적 경험과 기호적 사상

퍼스는 기호작용이 우리의 사고를 구조화하는 핵심적 기제라는 사실에 주목했으며, 따라서 기호에 대한 탐구가 사고에 관한 모든 것을 해명해 주는 결정적 열쇠라고 생각했다. 따라서 퍼스에게 언어의 탐구는 세계와의 관련 속에 있는 마음에 관한 탐구이며, 나아가 그것은 다시 세계 자체에 대한 탐구가 된다.[12] 퍼스의 이러한 발상은 의미 탐구에서 화용론적 전환의 출발점을 이루고 있다.

이러한 통찰에도 불구하고 퍼스가 결정적으로 간과했던 것은 기호의 문제가 '기호적 경험'의 문제라는 점이다. 기호적 경험은 현재와 같은 몸을 가진 유기체인 인간 경험의 한 국면이다. '신체화된 경험'(embodied experience)의 본성에 대한 체험주의적 해명에 따르면 우리 경험은 신체적/물리적 층위에서 이루어지는 물리적 경험과 그것을

---

11   Short, *Peirce's Theory of Signs*, p. 158.

12   H. O. Mounce, *The Two Pragmatisms: From Peirce to Rorty* (London: Routledge, 1997), p. 23 참조.

토대로 확장되어 정신적/추상적 층위에서 이루어지는 기호적 경험으로 구분될 수 있다.[13] 기호적 경험은 물리적 경험을 토대로 확장되는데, 그 확장의 핵심적 기제가 바로 '기호적 사상'(symbolic mapping)이다.[14] 즉 기호적 사상은 기호의 산출과 해석의 과정에서 필연적으로 개입되는 우리 경험의 방식이다. 퍼스는 기호적 경험이라는 층위의 발생적 구조에 주목하는 대신에 그 모든 것을 '해석체'라는 포괄적인 개념 안에서 무리하게 포섭하려고 시도했던 것으로 보인다.[15]

필자는 체험주의적 시각을 통해 기호화 또는 기호적 경험의 본성과 구조가 과거의 기호학이 그랬던 것과는 매우 다른 방식으로 해명될 수 있다고 주장했다. 이러한 구도 안에서 기호화는 특정한 기표에 기호 산출자/해석자의 특정한 경험내용의 일부를 사상하는 방식으로 이루어진다. 필자는 이것을 '기호적 사상'이라고 부른다. 예를 들어 언

---

13 마크 존슨, 『마음 속의 몸: 의미, 상상력, 이성의 신체적 근거』, 노양진 역, (서울: 철학과현실사, 2000, 특히 3–5장 참조.

14 '기호적 사상'이라는 개념은 레이코프와 존슨(G. Lakoff and M. Johnson)의 은유 이론에서 사용된 '은유적 사상'(metaphorical mapping) 개념을 변용한 것이다. 이들은 은유를 원천영역의 경험을 표적영역에 사상하는 과정이라고 주장한다. G. 레이코프 · M. 존슨, 『삶으로서의 은유』, 수정판, 노양진·나익주 역 (서울: 박이정, 서울, 2007) 참조. 필자는 레이코프와 존슨이 제안하는 '은유적 사상'이 바로 기호적 경험을 설명해 주는 핵심적 기제라고 보았으며, 그것을 '기호적 사상'이라는 개념으로 확장했다. 이러한 기호화 과정은 기호대상의 유형에 따라 세 가지 유형으로 구분될 수 있다. 즉 1) 물리적 기호대상의 기호화, 2) 추상적 기호대상의 기호화, 그리고 3) 그것들의 중첩적 결합이 그것이다. 기호적 사상의 구조에 대한 좀 더 상세한 해명은 노양진, 「기호적 경험의 체험주의적 해명」, 『몸·언어·철학』(파주: 서광사, 2009), 특히 pp. 165–67 참조.

15 퍼스가 기호의 문제를 우리 경험의 구조에 대한 해명의 문제로 충분히 옮겨 오지 못한 데에는 퍼스가 일관되게 유지했던 실재론적 믿음이 그 장애가 되었을 것이다. 퍼스는 무한한 기호 과정이 궁극적으로 실재와 맞닿을 것이라는 칸트적 열망을 벗어나지 못했으며, 이 때문에 우리 경험의 한 양상으로서 기호적 경험의 발생적 구조에 소홀했던 것으로 보인다.

어적 기호인 [나무]라는 기표는 그 자체로 물리적 표지다. 그것이 문자로 인식된다는 것은 그것이 단지 물리적으로 지각된다는 사실을 넘어서서 '나무'라는 단어―기호적 의미를 갖는―로 인식된다는 것을 의미한다. 체험주의적 시각에 따르면 우리는 [나무]라는 기표에 외부 대상으로서의 나무에 대한 우리 경험내용의 일부를 사상함으로써 그 사상된 경험내용의 '관점에서' 이 기표를 새롭게 이해하고 경험한다. 이때 [나무]는 기표이며, 기호대상인 나무에 대한 경험내용의 일부가 그 기표에서 사상되며, 그것이 바로 '기호내용'(sign content)이다. 그것이 기호화를 통해 우리에게 주어지는 기호적 의미다. 이 경우 기호적 경험의 구조는 다음과 같이 도식화될 수 있다.[16]

〈그림 1〉 물리적 대상의 기호화

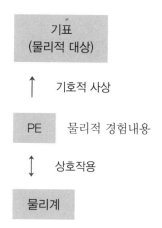

---

16 필자는 앞서 제1장 「간략한 서론」에서 기호화의 모형을 1) 물리적 대상의 기호화, 2) 추상적 개념 형성, 그리고 3) 상징의 구조 모형으로 구분했다. 여기에서는 현재의 논의 맥락을 고려해 가장 단순한 형태인 물리적 대상의 기호화 모형만을 제시한다.

여기에서 알 수 있는 것처럼 '기호적 사상'이나 '상호작용'은 기호 자체의 작용이 아니라 기호를 산출하거나 사용하는 데 개입하는 우리 자신의 경험의 양상들이다. 이러한 기호화가 이루어지기 위해서는 이 모든 경험의 주체가 있어야 하며, 동시에 그 기호 주체가 사상하려는 경험내용이 기호화에 앞서 주어져 있어야 한다. 이 일련의 국면들은 퍼스가 가정했던 표상체, 대상체, 해석체라는 평면적인 분류 방식으로 포섭하기 힘든 발생적이고 중층적인 구조를 갖는다.

더 중요한 것은 모든 기호적 사상이 본성상 '파편적'(fragmentary)이라는 점이다. 그 이유는 크게 두 가지로 나누어 볼 수 있다. 먼저 이 세계에 대한 나의 경험 자체가 부분적이다. 우리는 파편화된 시간과 공간 안에 거주하며, 따라서 우리 경험은 본성상 파편적일 수밖에 없다. 나아가 그렇게 주어진 경험내용을 어떤 기표에 사상하는 과정에서도 나는 내 경험내용의 일부만을 사상할 수밖에 없다. 모든 경험내용이 동시에 한 기표에 완전히 합치하는 방식으로 사상될 수 있다면 그것은 더 이상 기호가 아닐 것이기 때문이다. 만약 특정한 경험내용 모두가 또 다른 기표에 사상된다면 그 경험내용과 기표 사이에는 아무런 차이도 없게 될 것이며, 그것은 더 이상 기호가 아닐 것이다.

기호적 사상의 본성적 '파편성'은 사상 과정에서 우리의 경험내용의 일부가 본성적으로 생략된다는 것을 함축한다. 기호적 사상의 과정에서 생략된 여백이 해석의 공간으로 남게 된다. 사람들은 나무에 대해 상이한 경험내용을 갖고 있으며, 따라서 '나무'라는 기표에 상이한 경험내용을 사상한다. 기호 산출자는 '나무'에 대한 자신만의 경험내용의 일부를 사상하며, 기호 해석자는 또다시 '나무'에 대한 자신만의 경험내용의 일부를 사상하는 방식으로 주어진 기표를 해석한다. 그래서 이들이 갖는 기호적 경험은 동일하지 않다. 이것이 기호

적 해석이 수반하는 본성적 불투명성의 소재다.[17]

　이 문제는 기호 산출자와 해석자 사이의 의사소통 과정에서 가장 선명하게 드러난다. 종종 사람들 사이에 기호적 경험이 유사하게 나타나지만 우리에게는 그것이 정확히 서로 합치하는지를 결정할 제3의 방식이 없다. 우리는 각자의 경험 안에 유폐되어 있으며, 서로의 경험에 직접적으로 접속할 수 없기 때문이다. 우리가 어떤 기호적 경험이 유사하다고 말할 수 있는 것은 기호적 경험 자체를 측정한 결과가 아니라 그 기호화의 과정을 통해 드러나는 사람들의 행동에 대한 관찰을 통해서다. 기호적 경험의 유사성은 기호화 과정의 동일성 때문이 아니라 더 근원적으로 나무에 대한 이들의 유사한 경험내용 때문이다. 예를 들면 몰려오는 구름을 기표로 삼아 비가 올 것으로 해석하거나 자동차의 속도를 보고 그 자동차가 목적지에 도착할 시간을 예측하는 것은 물리적 층위에서 기호적 해석이 왜 훨씬 더 안정적인지를 보여 준다. 그러나 기호적 층위로 확장된 경험 영역에서 이러한 해석의 안정성은 현저히 감소될 것이다. 기호적 해석의 안정성은 물리적 층위의 경험에서 현저하게 드러나며, 그것이 기호 해석에서 우리가 실제적으로 도달할 수 있는 최대한의 보편성의 근거일 것이다.[18]

17　의사소통 과정에서 설혹 기호 산출자와 해석자의 경험내용이 합치한다 하더라도 우리에게는 그 합치를 확인할 제3의 방법이 없다. 우리는 각자의 경험 안에 유폐되어 있으며, 서로의 경험에 직접적으로 접속할 수 없기 때문이다. 필자는 이러한 관점에서 기호적 경험의 본성을 '탈유폐성'(ex-carceration)으로 특징지었다. 이에 관한 좀 더 상세한 논의는 노양진, 「의사소통의 기호적 구조」, 『철학적 사유의 갈래: 초월과 해체를 넘어서』 (파주: 서광사, 2018), pp. 165-66 참조.

18　이러한 구도가 함축하는 중요한 사실 중의 하나는 적어도 기호적 경험이 물리적 경험을 전제하고 있다는 점이다. 즉 기호화의 출발점에서 나무에 대한 물리적 경험이 선행되지 않으면, 우리는 [나무]라는 기표에 사상할 아무런 내용도 갖지 못하게 될 것이다. 이런 의미에서 기호적 경험은 물리적 경험에 근거하고 있으

퍼스의 기호 이론에는 기호적 경험의 발생적 국면에 대한 고려가 없다. 퍼스는 섬세하고 정교한 분류들을 통해 기호의 문제를 체계화하려고 시도했으며, 이 과정에서 기호적 경험이 드러내는 이 중층적 국면을 모두 해석체 개념에 포섭하려고 시도했던 것으로 보인다. 결과적으로 이것이 바로 퍼스 자신뿐만 아니라 퍼스 기호학 해석자들을 곤경으로 몰아가는 복잡성의 핵심적 소재가 되었다. '기호적 사상'은 기호 산출자나 기호 해석자에게 공통적인 경험의 기제이며, 그것은 퍼스의 평면적 구도가 작동하기 위한 더 근원적인 중층적 기제라고 할 수 있다.

체험주의적 해명에 따르면 기호화는 우리 경험의 문제이며, 기호적 의미는 기호적 사상, 그리고 그 해석을 통해 산출된다. 이런 의미에서 기호의 문제는 '기호적 경험'의 문제다. 따라서 기호의 본성에 대한 해명은 우리 경험의 본성과 구조에 대한 해명의 일부로서 가장 성공적으로 이루어질 수 있을 것이다. 기호의 본성에 대한 탐구가 어떤 방식으로 이루어질 것인지는 이론적 성향의 문제가 아니라 대부분 경험적 지식의 문제다. 그것은 기호적 경험과 기호적 의미에 대한 탐구가 경험의 구조에 대한 새로운 탐구에 결정적으로 의존해야 한다는 것을 의미한다. 기호학을 규범적 탐구로 인식했던 퍼스는 아마도 이러한 제안을 거부했을지도 모른다. 그렇다 하더라도 퍼스가 열어 두었던 기호학적 탐구의 가능성은 우리 인지 본성과 구조에 대한 경험적 탐구 성과를 통해서만 훨씬 더 적절한 방식으로 열리게 될 것이다.

며, 동시에 경험의 확장이라는 방식으로 나타난다.

5. 맺는말

퍼스의 기호 이론은 해석체라는 제3의 요소를 통해 기호의 산출자이
자 해석자인 인간의 자리를 마련함으로써 기호적 의미의 원천을 탐색
할 수 있는 가능성을 열었던 것으로 보인다. 그러나 퍼스는 기호 문제
를 우리 경험의 한 방식인 '기호적 경험'의 문제로 충분히 옮겨오지
는 못했다. 이 때문에 퍼스는 기호의 본성과 구조를 표상체, 대상체,
해석체라는 평면적인 요소들 사이의 관계 속에서 해명하려고 시도함
으로써 난해한 복잡성에 빠져들게 되었으며, 정작 중요한 문제, 즉 기
호적 의미의 원천과 기호화의 과정에 관한 논의는 미해결의 숙제로
남게 된 것으로 보인다.

　기호적 사상을 기호적 경험의 핵심적 기제로 받아들이는 것은 물리
적 경험과 기호적 경험 사이의 발생적 층위를 구분한다는 것을 의미
한다. 퍼스의 기호 이론에는 기호적 사상이라는 기제가 없으며, 이 때
문에 기호의 발생적 근원 문제가 간과된 것으로 보인다. 퍼스가 초기
이론에서 사고기호들의 무한한 연쇄라는 난제에 빠져 들게 된 것도
이 때문이다. 기호적 경험은 사상되어야 할 내용으로서 경험내용을
요구하며, 그것은 원천적으로 신체적/물리적 층위의 경험에서 제공된
다. 그것이 기호적 의미의 원천이다. 이것은 경험적 해명의 문제이며,
이론적 요청의 문제가 아니다.

　퍼스는 처음부터 기호학을 규범적인 형식과학이라고 보았으며, 이
때문에 객관적 의미 구조의 근거를 탐색하는 데 초점을 맞추었다. 퍼
스는 기호화라는 인지적 기제에 주목하는 대신에 기호가 궁극적으로
도달해야 할 종착점에 주목함으로써 스스로 해결할 수 없는 수수께끼
에 빠져들게 되었다. 그것은 퍼스의 기호 이론이 의존하고 있던 칸

트적 가정에서 비롯되는 것으로 보인다. 퍼스의 이러한 가정이 기호
화의 본성에 대한 경험적 탐구를 가로막고 있었으며, 결과적으로 퍼
스의 탐구를 미완성으로 남겨 두게 된 핵심적 이유로 보인다.

　　퍼스의 기호학적 숙제를 가장 적절하게 해결해 줄 수 있는 탐구는
'기호적 사상'에 관한 경험적 탐구가 될 것이며, 그것은 우리 경험의
본성과 구조에 대한 탐구의 한 부분이다. 체험주의가 제안하는 기호
적 사상이라는 기제는 퍼스의 기호 개념과 화해 불가능한 개념으로
보이지는 않는다. 체험주의적 기호 개념을 퍼스의 기호 이론과 접합
한다면 해석체의 자리에는 기호적 의미만이 있어야 하며, 기호적 사
상은 기호 산출자/해석자인 인간의 경험 기제로서 기호화 자체를 이
끌어 가는 일반 원리로 분리될 수 있을 것이다.

<보론 2>

설과 사회적 실재의 구성

1. 머리말

우리의 경험 영역에는 물리적 세계를 넘어선 매우 특수한 대상이 있
다. 재산, 화폐, 결혼, 정부 등이 그것이다. 그것들은 산이나 강, 고양
이 등 자연적 대상들과는 달리 우리의 정신활동과의 밀접한 관련 속
에서만 존재한다. 설(J. Searle)은 이것들을 한데 묶어 '사회적 실
재'(social reality)라고 부른다. 사회적 실재는 우리의 합의를 통해서
만 존재한다는 점에서 '자연적 실재'(natural reality)와 선명하게 구
분된다. 사회적 실재는 자연적 실재와 같은 방식으로 존재하지는 않
지만 여전히 우리의 전반적 삶에 자연적 실재만큼, 때로는 그보다 훨
씬 더 강력한 영향을 미친다. 사회적 실재는 어떤 의미에서 '존재하지
않으면서도 여전히 강력하게 존재하는' 역설적 성격을 드러낸다.

　사회적 실재의 중요성에 대한 광범위한 논의와 인식에도 불구하고
사회적 실재의 구성과 작용방식에 대한 탐구와 해명은 미해결의 숙제
로 남아 있다. 이러한 관점에서 설은 지난 두 세기 동안 베버(M. We-

ber), 짐멜(G. Simmel), 뒤르켐(E. Durkheim) 등이 이루어낸 탁월한 사회과학적 탐구 성과에도 불구하고 이 물음이 여전히 선명하게 답해지지 않았다고 본다. 설은 이들의 한계가 화행 이론, 수행문, 지향성, 집단 지향성, 법칙 지배적 행동 등 적절한 이론적 도구가 주어지지 않았기 때문이라고 본다.[1] 그것은 중요하고도 옳은 지적으로 보인다. 나아가 설은 사회적 실재의 존재론을 탐색하기 위해 '사회의 철학'(Philosophy of Society)이라는 새로운 철학적 탐구 분과의 필요성과 가능성을 제안한다.[2]

이 글에서는 기호적 경험의 본성과 구조에 대한 체험주의적 시각을 통해 사회적 실재에 관한 설의 견해와 그 난점을 검토함으로써 기호적 층위의 경험에 대한 좀 더 구체적인 해명의 필요성을 제안하려고 한다. 설은 자신의 실재론적 믿음 안에서 사회적 실재의 문제가 자신을 가장 곤혹스럽게 하는 문제라고 말한다. 설은 이 사회적 실재가 인간의 합의를 통해서 구성되며, 그 합의 과정에 기호작용(symbolization)이 개입한다는 사실에 주목한다. 즉 한 대상이 사회적 의미를 갖게 되는 것은 우리가 기호작용을 통해 그것에 '위상기능'(status function)을 부여하기 때문이다. 설은 그 기호작용이 언어에 내재적인 것으로 간주하며, 이 때문에 모든 사회적 실재가 언어를 전제한다는 주장으로 나아간다. 그러나 언어 자체가 또 다른 사회적 실재라는 사실 때문에 설의 논의는 순환성에 빠지게 된다.

필자는 이 글에서 설의 난점을 크게 두 갈래로 나누어서 검토하려

---

1 John Searle, *The Construction of Social Reality* (New York: Free Press, 1995), p. xii 참조.

2 Searle, *Making the Social World: The Structure of Human Civilization* (Oxford: Oxford University Press, 2010), p. 5 참조.

고 한다. 첫째, 설의 이론적 곤경이 상징/기호의 본성에 대한 부적절
한 해명에서 비롯된다고 본다. 기호적 경험은 물리적 경험을 넘어서
는 유일한 통로이며, 언어는 바로 그 기호적 경험의 한 산물이다.[3] 하
지만 설은 기호작용을 언어의 내재적 국면으로 받아들이며, 이 때문
에 언어가 모든 사회적 실재의 구성에 필수적인 요소라는 주장으로
나아가게 된다. 대신에 필자는 체험주의적 시각을 통해 기호적 경험
이 언어 현상에 앞서 훨씬 더 원초적인 작용이며, 언어는 그 기호적
경험 산물이라는 점을 지적할 것이다. 둘째, 설은 사회적 실재가 드러
내는 '의무력'(deontic power)의 원천을 또다시 언어에서 찾고 있다.
사회적 실재가 기호적 경험의 산물이라는 것은 분명하지만 모든 기호
적 경험이 의무력을 수반하는 사회적 실재를 산출하는 것은 아니다.
기호적 경험은 사적 경험을 구성할 수 있으며, 그 일부는 사회적 합의

---

3 필자는 과거의 철학적/기호학적 논의를 통해 '기호'(sign)와 '상징'(symbol) 사
   이에 적절한 구분이 이루어지지 않았으며, 과거의 몇몇 시도들이 오히려 기호의
   본성에 대한 불필요한 혼선만을 불러왔다고 본다. 예를 들어 퍼스(C. S. Peirce)는
   기표를 '도상'(icon), '지표'(index), '상징'(symbol)으로 구분함으로써 상징을
   기호화의 한 갈래로 보고 있다. Charles Sanders Peirce, *Collected Works of
   Charles Sanders Peirce*, vols. 1-2, eds. Charles Hartshorne and Paul Weiss
   (Cambridge, Mass.: Harvard University Press, Oxford: Clarendon Press,
   1960) 참조. 반면에 카시러(E. Cassirer)는 동물이 단순히 기호/신호 능력만을 갖
   는 반면, 인간만이 상징 능력을 갖는다고 주장한다. 카시러에게 상징 능력은 언어
   의 체계적 확장과 같은 포괄적 능력을 가리키는 것으로 보인다. 에른스트 카시러,
   『인간이란 무엇인가?』, 최명관 역, 개정판 (서울: 창, 2008) 참조.
     설이 이러한 구분을 염두에 두고 있는지는 불분명하지만 적어도 설은 사회적 실
   재에 관한 논의에서 '기호'라는 말 대신에 '상징'이라는 말을 사용하고 있다. 필
   자는 설이 말하는 상징이 필자가 체험주의적 시각을 통해 제안하는 기호 개념과
   다르지 않다고 본다. 따라서 필자는 기호와 상징의 구분—퍼스의 것이든, 카시러
   의 것이든—이 기호화에 대한 포괄적인 해명을 통해 해소되거나 포섭될 수 있다
   고 본다. 기호적 경험에 대한 필자의 체험주의적 해명에 관해서는 노양진, 「기호
   적 경험의 체험주의적 해명」, 『몸·언어·철학』 (파주: 서광사, 2009) 참조.

를 거쳐 사회적 실재가 된다. 따라서 사회적 실재가 드러내는 의무력
은 기호적 경험 자체의 산물이 아니라 기호적 경험에 부가되는 사회
적 규약의 산물이다.

체험주의적 기호 이론의 관점에서 기호적 경험을 특징짓는 핵심적
기제는 '기호적 사상'(symbolic mapping)이다. 기호화에 대한 설의
해명에는 '기호적 사상'이라는 기제에 대한 구체적 해명이 없다. 이
때문에 설은 기호작용을 언어 자체의 본성의 일부로 간주하고 있지만
그것은 기호적 구조에 대한 해명이 아니라 기호화에 관한 핵심적인
물음을 가리는 일이다. 오히려 언어 자체가 정교한 기호의 체계이며,
따라서 기호적 사상의 산물이기 때문이다. 이런 의미에서 기호적 경
험은 설이 생각하는 언어에 선행하는 원초적인 인지 작용이며, 언어
는 그 산물의 하나다. 이러한 주장은 사회적 실재에 관한 설의 논의의
난맥상을 비켜서기 위한 새로운 논변이 아니라 기호적 경험에 대한
대안적 해명의 필요성과 가능성에 대한 제안이다.

2. 제도적 사실과 원초적 사실

설은 우리가 하나의 물리적 세계 안에서 살아간다고 말한다. 이런 의
미에서 설은 완고한 '실재론자'다. 그는 오늘날 우리가 받아들이는
자연과학적 사실들이 우리의 견해에 상관없이 독립적으로 존재한다
고 보며, 우리는 모두 그 세계를 공유하고 있다고 믿는다. 설은 이 하
나의 세계와 그 물리적 구성원을 '자연적 실재'라고 부른다. 그러나
이러한 실재론자를 곤혹스럽게 만드는 것은 이 세계 안에 물리적으로
는 존재하지 않으면서도 여전히 우리 삶의 핵심적 국면을 규정하는
또 다른 세계가 존재한다는 사실이다. 그것이 바로 '사회적 실재'다.

설은 사회적 실재의 핵심적 유형으로 '제도적 사실'(institutional fact)에 주목한다. 제도적 사실은 우리의 합의나 해석을 통해 존재하며, 그러한 합의나 해석과 상관없이 존재하는 '원초적 사실'(brute fact)과 구분된다.[4] 설의 이러한 구분은 그가 확고하게 받아들이고 있는 소박한 실재론에 근거한다. 그는 우리의 정신활동과 상관없이 존재하는 대상들에 대해 확고한 신념을 갖고 있으며, 그것을 특수한 이론이라기보다는 전반적인 사고의 전제 조건이라고 본다. 이런 관점에서 설은 이 세계에 관한 과학적 지식의 안정적 우선성을 기본적 현실로 받아들인다. 예를 들면 우리가 살아가는 하나의 지구가 있다는 사실, 종(種)은 진화한다는 사실, 물리적 대상들이 더 작은 요소들로 구성되어 있다는 사실 등은 절대적으로 확실한 것은 아니라 하더라도 적어도 현대를 살아가는 우리에게는 적절한 정도로 자명한 것이라고 주장한다.

이러한 원초적 사실들은 인간의 합의나 의지와 무관하게 성립하는 데 반해, 제도적 사실은 오직 인간의 합의에 의해서만 존재한다. 언어, 화폐, 결혼 등이 바로 인간의 합의에 의해 존립하는 제도적 사실들이다. 모든 제도적 사실은 원초적 사실을 바탕으로 이루어지지만, 그 원초적 사실이 제도적 사실로 되는 데에는 어떤 물리적인 것도 새롭게 부가되지 않는다. 화폐의 경우, 동일한 물리적 대상으로서 특정한 질과 모양의 종이가 있을 뿐이며, 그 화폐의 사용자 또는 관찰자는 그 종이를 전혀 다른 차원에서 받아들이는 것이다. 이 때문에 제도적 사실에서 드러나는 추가적 국면의 원천이 우리의 정신활동이라고 보는 것은 자연스러운 일이다.

---

4   Searle, *The Construction of Social Reality*, p. 2.

제도적 사실의 본성을 해명하기 위해 설은 주관적/객관적 구분을 인식(론)적인 것과 존재론적인 것으로 나눈다.[5] 인식론적인 측면에서 주관적/객관적 구분은 일차적으로 판단의 술어다. 인식론적으로 주관적인 판단은 그 진위가 객관적으로 수립될 수 없다. 예를 들면 "렘브란트는 루벤스보다 더 나은 화가다"라는 판단이 여기에 속한다. 그러나 "니체는 1900년 8월 25일에 죽었다"라는 판단의 진위는 사람들의 특정한 태도나 의지와 상관없이 존재하는 사실에 의해 결정된다는 점에서 인식론적으로 객관적이다. 반면에 존재론적인 주관적/객관적 구분은 개체 또는 개체의 유형들에 대한 술어다. 그것들은 존재의 양상과 관련되어 있다. 예를 들면 고통은 주관적 개체이지만, 에베레스트는 객관적 개체다. 이러한 의미에서 설은 "모든 제도적 실재는 비록 일반적으로는 인식론적으로 객관적이지만 …… 존재론적으로는 주관적"[6]이라고 말한다.

설은 이러한 제도적 사실의 산출에 핵심적인 여섯 가지 조건을 제시한다.[7]

1) 사회적 개념들은 대부분 자기 지칭적이다.
2) 제도적 사실의 산출에 수행적 발화가 사용된다.
3) 원초적 사실이 제도적 사실에 대해 논리적 우선성을 갖는다.
4) 제도적 사실들 사이에 체계적 관계가 있다.
5) 사회적 행위가 사회적 대상에 대해, 과정이 산물에 대해 각각 우선성을 갖는다.

---

5 같은 책, pp. 7-9.
6 같은 책, p. 63.
7 같은 책, pp. 32-37 참조.

6) 대부분의 제도적 사실은 언어적 요소를 갖는다.

제도적 사실은 원초적 사실과 다른 새로운 차원을 구성한다. 예를 들면 화폐는 물리적으로는 특정한 질과 모양의 종이일 뿐이지만, 화폐제도 안에서 전혀 다른 차원의 기능을 가지며, 따라서 매우 다른 경험을 낳는다. 말하자면 동일한 물리적 대상이 물리적 차원에서 경험할 수 없는 새로운 차원의 이해와 경험의 대상이 된다. 이러한 특성을 선명하게 보여 주는 것은 제도적 사실에서 나타나는 의무적(deontic) 특성이다.[8] 결혼, 재산, 화폐제도 등은 제도적 형태의 권력, 권리, 책무, 의무를 산출한다. 설에 따르면 모든 제도적 사실은 '의무력'(deontic power)을 갖는다.[9] 이제 설의 과제는 하나의 물리적 세계 안에서 어떻게 사회적 실재가 구성되는지에 관한 구체적 해명을 제시하는 일이다. 그 해명의 핵심에는 물론 사회적 실재가 드러내는 '의무력'의 산출 과정을 밝히는 문제가 포함되어 있다.

3. 기호작용과 언어

사회적 존재론의 구성에서 설의 핵심적 과제는 물리적 실재에 추가되는 방식으로 구성되는 사회적 실재의 기호적 구조를 밝히는 일이다.

---

8 같은 책, p. 70 참조.

9 Searle, *Making the Social World*, p. 24 참조. 설은 *The Construction of Social Reality*에서 모든 제도적 사실이 의무력을 수반한다는 주장에 예외가 있을 수 있다고 생각했지만, 이 책에서는 사실상 자신이 예외라고 생각했던 사례들 또한 의무력을 갖는다는 사실을 받아들임으로써 자신의 주장을 수정하고 있다. 설이 도입하는 '의무력'이라는 낯선 단어는 개념적으로 '규범성'(normativity)과 다르지 않다.

여기에서 설은 사회적 실재에서 새롭게 나타나는 특성이 기호작용을 통해 주어진다는 사실에 주목한다. 따라서 설의 과제는 적절한 기호 이론을 통해 사회적 실재의 구성 방식을 해명하는 일이다. 이러한 관점에서 설은 정부, 화폐제도, 결혼제도, 운동경기 등 모든 사회적 실재가 1) 기호적으로 구성되며, 2) 규약을 통해 이루어지며, 3) 나아가 공공성을 갖는다고 규정한다.[10] 그러나 설의 이러한 규정을 모두 받아들인다 해도 결정적 숙제는 여전히 미해결로 남아 있다.

설은 자연적 실재를 넘어서서 사회적 실재가 구성되는 데 기호작용이 개입된다는 사실에 주목한다. 여기에서 설의 해명은 '언어'의 기호작용에 초점이 맞추어진다. 설은 언어 자체가 기호작용을 갖는다고 가정하며, 이 때문에 모든 제도적 사실이 언어를 전제한다는 주장으로 나아간다. 이러한 설의 주장은 두 가지 버전으로 나누어 제시된다.[11]

약한 버전: 한 사회가 제도적 사실들을 구성하기 위해 최소한 원시적인 형태의 언어를 가져야 한다. 언어가 다른 제도들에 논리적으로 선행한다.

강한 버전: 각각의 제도는 그 제도 안에 사실이라는 언어적 요소를 요구한다.

두 가지 버전은 공통적으로 제도적 사실의 구성에 언어가 필수적으로 전제된다는 주장을 담고 있다. 설은 이 문제와 관련된 언어가 일상

---

10 Searle, *The Construction of Social Reality*, p. 66 참조.
11 같은 책, 3장, 특히 p. 60 참조.

적인 의미에서 완성된 형태의 자연언어를 의미하는 것이 아니라 언어의 특수한 측면, 즉 기호적 측면이라는 점을 강조하고 있다. 설은 기호적 측면을 "스스로를 넘어서 공적으로 이해될 수 있는 방식으로 어떤 것을 의미하거나 표현하거나 표상하거나 기호화하는 단어, 상징, 또는 다른 규약적 장치들"[12]이라고 말한다. 설은 제도적 사실의 기호적 구조를 이렇게 제시한다.

인류학 책들은 상투적으로 인간의 도구 사용 능력에 주목한다. 그러나 정작 인간과 다른 생명체와의 근본적 차이는 이렇게 드러난다. 인간은 어떤 기능이 단순히 물리학이나 화학에 의해 성취될 수 없는 상황에서 그 현상에 기능들을 부과한다. 그것은 어떤 기능이 할당되는 새로운 위상의 인정이나 수용, 승인이라는 구체적 형태를 띠고 지속적인 인간적 협력을 요구한다. 이 모든 것은 집단 지향성을 통해 가능하다. 이것이 제도적 형태를 띠는 모든 인간 문화의 출발점이며, 그것은 항상 "X는 C 안에서 Y로 간주된다"라는 구조를 갖는다.[13]

여기에서 설은 사회적 실재의 산출에 개입되는 기호화를 "X는 C 안에서 Y로 간주된다"로 정식화하고 있다. 그러나 이것은 기호화를 통해 나타난 결과를 말해 주기는 하지만 정작 기호화의 기제를 설명하고 있는 것은 아니다. '간주된다'라는 과정에 대한 더 구체적 해명이 제시되지 않는 한 그것은 기호화에 관해 아무런 새로운 사실도 말해 주지 않기 때문이다.

---

12 같은 책, pp. 60-61. (고딕은 원문의 강조.)
13 같은 책, p. 40. (고딕은 원문의 강조.)

대신에 설은 언어가 갖는 기호적 성격에 주목함으로써 기호작용을 언어 자체에 내재적인 본성의 일부로 받아들인다. 그러나 설은 언어 또한 하나의 제도적 사실이라는 점을 인식하고 있으며, 따라서 언어가 언어를 전제한다는 주장은 공허한 순환성을 피할 수 없을 것이라는 반론을 예상하고 있다. 그러나 정작 이 반론에 대한 설의 대응은 여전히 모호한 방식으로 제시된다.

이 수수께끼에 대한 해답은 언어가 바로 자기 동일적(self-identify-ing) 범주의 제도적 사실로 구성되어 있다는 사실을 이해하는 것이다. 어린아이는 자기 또는 다른 사람이 발성하는 소리가 어떤 것을 가리키거나 의미하거나 표상하는 것으로 간주하도록 가르치는 문화 안에서 성장한다. 이것이 바로 언어는 그 자체로 언어이기 때문에, 언어가 언어이기 위해서 언어를 요구하지 않는다고 말했을 때 내가 주장하려는 것이다.[14]

본유적으로 의미를 갖지 않은 어떤 대상에 의미, 즉 기호적 기능을 부가하는 능력은 언어의 전제 조건일 뿐만 아니라 모든 제도적 실재의 전제 조건이다. 제도에 앞선 기호화 능력은 모든 인간 제도 산출 가능성의 조건이다.[15]

이러한 해명이 설을 순환성의 늪으로부터 벗어나게 해 주는 것은 물론 아니다. 만약 언어가 단지 또 다른 제도적 사실이라면 자신의 주장에 따라서 언어가 언어를 전제하게 된다. 그렇지만 언어는 그 자체

---

14   같은 책, p. 73.
15   같은 책, p. 75.

로 이미 언어이기 때문에 언어를 요구할 이유가 없다는 것이다. 이것
은 자신의 전제에 근거한 전형적인 논리적 곡예로 보인다. 순수하게
논리적 타당성만을 감안한다면 순환논증은 그 자체로 악덕은 아니지
만 그것이 정작 아무런 새로운 것도 보여 줄 수 없다는 것 또한 사실
이다. 이것은 적어도 이 문제에 관한 한 설의 논의가 현재로서는 더
이상 나아갈 길이 없다는 것을 말해 준다. 제도적 사실이 대부분 언어
적 요소를 포함하고 있다는 사실에 동의한다 하더라도 "제도적 사실
이 언어를 전제한다"는 그의 주장은 여전히 근거가 없기 때문이다.

설은 이 문제에 답하는 대신에 제도적 사실의 산출에 대한 또 다른
설명 방식으로 나아간다. 설은 제도적 사실이 원초적 사실에 덧붙여
진다는 사실에 주목한다. 즉 원초적 사실은 제도적 사실과 상관없이
성립할 수 있지만 제도적 사실은 원초적 사실에 무엇인가 덧붙여지는
방식으로 성립한다는 것이다. 설은 사회적 실재에 덧붙여지는 것을
'위상기능'이라고 부르며, 그것이 집단 지향성에 의해 부과된다고 말
한다.

> 분자나 산에서 드라이버나 지렛대로, 아름다운 석양으로, 그리고 입법,
> 화폐, 국가에 이르는 연속선이 있다. 물리계와 사회를 이어 주는 핵심적
> 지간(span)에는 집단 지향성이 있으며, 사회적 실재의 산출에서 그 다리
> 를 이어주는 결정적 행보는 개체들 — 집단 지향적인 부과가 없이는 기능
> 들을 수행할 수 없는 — 에 집단 지향적인 기능들을 부과하는 일이다.[16]

집단적인 위상기능의 부과가 집단 지향성의 결과물이라는 설의 주

---

16   같은 책, p. 41.

장은 옳은 것이지만 우리가 궁금해 하는 기호적 과정에 대한 설명은
아니다. 대신에 설은 미식축구의 예를 들어 또 다른 방식으로 그것을
설명하고 있다.

　　언어가 없이도 우리는 그 사람이 공을 들고 흰 선을 가로지르는 것을
　　볼 수 있으며, 언어가 없이도 우리는 그 사람이 공을 들고 흰 선을 가로
　　지르는 것을 원할 수 있다. 그러나 우리는 언어가 없이는 그 사람이 6점
　　을 얻는 것을 볼 수 없으며, 그 사람이 6점을 얻기를 바랄 수도 없다. 왜
　　냐하면 점수는 단어 또는 다른 유형의 표지와 독립적으로 생각되거나 존
　　재할 수 없기 때문이다. 게임에서의 점수와 관련된 사실은 화폐, 정부,
　　사유재산 등에 관해서도 사실이다.[17]

　　그러나 언어가 모든 제도적 사실의 필수 조건이라는 설의 이러한
주장은 아무것도 새로운 것을 말해 주지 않는다. 왜냐하면 언어 자체
가 이미 하나의 중요한 제도적 사실이며, 다른 제도적 사실들을 넘어
서서 언어의 우선성을 인정해야 할 아무런 이유도 없기 때문이다. 다
시 말해서 우리는 설이 제시하는 모든 제도적 사실들, 화폐, 결혼, 정
부 등을 넓은 의미에서 다양한 형태의 언어들로 간주할 수 있기 때문
이다. 아마도 설은 '언어'라는 말을 통해 우리가 일상적으로 사용하
는 기호들의 체계를 염두에 두고 있는 것으로 추정된다. 그러나 설이
가정하는 언어와 다른 언어와의 사이에 명확한 선을 긋는 것은 사실
상 불가능해 보인다.

　　사회적 실재는 1995년 설이 『사회적 실재의 구성』을 출간한 이래

17　같은 책, p. 68.

로 지속적인 논의의 주제가 되어 왔지만 필자가 제기하는 난점은 최근에 이르기까지 여전히 미해결의 숙제로 남아 있다. 설은 『사회적 세계 만들기』(*Making the Social World*)에서 또다시 제도적 사실이 새로운 '위상기능'을 갖게 된다는 사실에 초점을 맞춘다. 설은 위상기능을 이렇게 설명한다.

인간은 대상이나 사람에게 그 대상이나 사람 스스로는 자신의 단지 물리적 구조를 통해서는 수행할 수 없는 기능을 부여하는 능력을 갖고 있다. 이 기능의 수행은 그 사람이나 대상이 지니고 있는 집단적으로 인지된 위상이 존재할 것을 요구한다. 나아가 그 사람이나 대상이 현재의 기능을 수행할 수 있는 것은 오직 그 위상 때문이다.[18]

물론 새로운 위상기능이 주어짐으로써 원초적 사실은 하나의 제도적 사실, 즉 사회적 실재가 된다. 그리고 모든 제도적 사실들은 언어를 전제한다. 그렇지만 언어적 제도가 왜 다른 제도에 우선성을 갖는지에 대해 설은 여전히 순환적인 설명을 반복하고 있다.

이 문제에 관해 생각하기에 앞서 직관적으로 언어는 일차적인 사회적 제도로 보인다. 우리는 언어는 있지만 정부, 재산, 결혼, 화폐 등이 없는 사회를 상상할 수 있다. 그러나 정부, 재산, 결혼, 화폐 등은 있지만 언어는 없는 사회를 상상할 수 없다. 직관적으로, 또 이론에 앞서 우리는 모두 언어가 제도적 실재를 구성하고 있다는 사실을 알고 있다. …… 문제는 언어가 어떻게 구성적인지를 정확히 설명하는 일이다.…… 나는 왜

---

18 Searle, *Making the Social World*, p. 7.

언어가 다른 제도들의 토대가 되는지를 보이는 방식으로 이 물음에 답하
려고 한다.[19]

설은 여기에서 문장의 의미에 관한 논의로 말문을 돌리고 있다.

"눈은 희다"라는 문장은 눈이 희다는 사태를 명제적으로 표상한다는
점에서 유의미하다. 그러나 대통령이나 사유재산은 그런 방식으로 유의
미한 것이 아니다. 그것은 아무것도 지칭하거나 표상하지 않는다. 오히
려 그것은 현재와 같은 위상기능을 갖는 것으로 표상되어야 한다. 그렇
지 않으면 그것은 그 위상기능을 가질 수 없다.[20]

여기에서 설의 난점은 논리적인 것이 아니라 경험적인 것이다. 그
에게는 현재의 주장을 위한 더 새롭고 정교한 논변이 필요한 것이 아
니라 기호적 경험의 구조에 대한 새로운 해명이 필요하다. 이러한 관
점에서 제도적 사실이 언어를 전제한다는 설의 가정은 기호화의 본성
에 대한 부적절한 가정에 근거한 것이다. 설은 기호적 확장이 언어적
구조 안에서 이루어진다는 그릇된 가정에 의존하고 있는 것이다. 언
어 자체는 기호적 경험의 산물이며, 언어가 다른 기호적 경험에 대해
우선성을 가져야 할 아무런 이유도 없다. 설은 이 물음에 답하기 위한
단일한 논변을 찾지 못한 것으로 보이며, 또 찾을 수도 없을 것으로

---

19 같은 책, p. 109.
20 같은 책, p. 111. 진리조건적 의미론 자체의 문제를 접어두고서라도 여기에서 설
    의 논의는 예상치 않은 방향으로 접어든다. 표상하는 문장과 표상하지 않는 문
    장이 구분되며, 표상하는 문장이 표상하지 않는 문장에 대해 우선성을 갖는 것
    으로 구분된다. 이 구분과 관련해서 복잡한 논의가 필요해 보이지만 이 문제를
    다루는 것은 현재의 논의에서 멀리 벗어나는 일이 될 것이다.

보인다. 의도적이든 아니든 그는 출발점에서부터 잘못된 길로 들어섰기 때문이다.

설의 논의를 궁지로 몰아가는 또 다른 요소는 그가 언어의 우선성을 해명하기 위해 '의무력'이라는 개념을 도입하고 있다는 점이다. 설의 구분에 따르면 비언어적인 제도적 사실은 항상 의무력을 수반한다. 그러나 언어적인 제도적 사실은 이러한 의무력을 수반하지 않는다. 그러나 설의 이러한 구분은 의무력의 산출에 관해 새로운 설명으로서는 의미가 없다. 대신에 우리가 주목해야 할 사실은 사회적 실재가 갖는 의무력이 기호적으로 구성된 실재에 대해 추가적으로 부과되는 '사회적 현상'이라는 점이다. 그럼에도 설은 의무력을 기호작용의 기본적 요소로 간주함으로써 스스로 정돈하기 어려운 혼란에 빠져드는 것으로 보인다.

이러한 난점을 벗어나기 위해 설은 언어의 우선성을 입증하는 대신 기호화의 우선성에 주목해야 하며, 언어 자체가 기호적 체계의 한 유형이라는 사실에 주목해야 한다. 적어도 기호적 경험의 본성 측면에서 볼 때 언어의 우선성은 없으며, 모든 기호화가 의무력을 산출하는 것도 아니다. 기호화는 추상적 층위의 경험으로 나아가는 포괄적인 작용이며, 그렇게 해서 산출된 기호적 실재의 일부는 사적 경험으로 남아 있으며, 일부는 사회적 합의의 과정을 통해 제도적 사실이 된다. 대신에 설은 기호작용을 언어에 내재적인 국면으로 간주하는 동시에 의무력의 원천 또한 언어 안에서 찾으려고 한다.[21] 설의 난점은 섬세

21 여기에서 지적해 두어야 할 것은 설의 이러한 심중한 의도에도 불구하고 그가 제시하는 구분은 매우 허술하다는 점이다. 예를 들면 설은 어떤 사실이 언어에 의존하는지의 여부에 따라 '언어 의존적 사실'과 '언어 독립적 사실'을 구분하고, 후자의 예로 "에베레스트 산의 정상 부근에는 눈과 얼음이 있다" "수소 원자

한 논변의 결여에서 비롯되는 것이 아니라 적절한 기호 이론의 부재
에서 비롯된다. 대신에 설은 '언어'라는 그릇에 너무 많은 것을 담는
방식으로 이 난제를 비켜서고 있다. 설의 논의는 핵심적인 문제를 비
켜서서 주변적인 주제들로 번거롭게 이어지지만 그것은 마치 뫼비우
스의 띠처럼 다시 출발점으로 되돌아와 있다.

4. 사회적 실재의 기호적 구성

설은 사회적 실재를 '기호화'와 '규약', 그리고 '공공성'이라는 세 가
지 축을 통해 특징짓는다. 설의 이러한 접근은 모든 사회적 실재가 기
호적 본성을 갖는다는 사실에 대한 탁월한 통찰에서 비롯된다. 여기
에서 핵심적인 주제로 떠오르는 것이 바로 '기호화'의 본성이다. 설
의 지적처럼 우리는 아직 완결된 기호 이론을 갖고 있지 않다. 기호
이론이 직면한 핵심적 숙제는 기호적 의미의 원천에 관한 해명이다.
설의 논의가 복잡한 국면으로 빠져드는 것도 바로 이 때문이다. 설은
기호적 의미의 원천 문제를 직접적으로 해명하는 대신에 언어의 내재
적 본성 안에서 기호적 특성을 찾으려고 한다. 모든 제도적 사실이 언
어를 전제한다는 주장은 바로 여기에서 비롯된다.

에는 하나의 전자가 있다"라는 문장을 들고 있다. 우리는 설의 이러한 구분의 의
도가 무엇인지를 쉽게 알 수 있다. 그것은 우리가 흔히 과학적 사실이라고 말하
는 것들이다. 그렇지만 그 구분은 여전히 모호하다. 우리는 수소나 전자를 이해
하기 위해 이미 하나의 특수한 언어를 받아들여야 하기 때문이다. 이러한 설의
구분은 물론 설의 완고한 실재론적 믿음에 근거한 것이다. 즉 설은 수소와 전자
라는 것들의 존재를 최소한 우리 시대에 자명한 상식의 영역에 드는 문제로 받
아들이지만, 그것은 의문의 여지가 있다. 다시 말해서 어떤 사실이 자명한 사실
로 받아들여졌다고 해서 언어적 해석이 개입되지 않았다는 것을 의미하지는 않
기 때문이다.

설은 기본적으로 완고한 상식적 실재론자다. 설은 "실재론과 진리 대응설이 과학은 물론이고 모든 분별 있는 철학의 전제 조건"[22]이라고 말한다. 설은 실재론에 대한 강한 믿음을 갖고 있지만 그가 옹호하려는 실재론은 매우 소박한 소극적 실재론의 한 유형이다. 그는 우리와 전적으로 독립된 실재가 존재한다고 주장하는데, 그의 이러한 주장이 옳다면 그것은 우리와 독립된 실재가 존재하지 않는다는 반실재론적 주장에 대한 반론으로서는 충분할 수 있지만, 자신이 사회적 실재라고 부르는 것의 구조에 대한 해명은 더욱 어려운 것이 될 수밖에 없다. 설의 이러한 어려움은 다음과 같은 말을 통해 드러난다.

> 비록 모든 식당, 웨이터, 프랑스어 문장, 돈, 의자, 탁자는 물리적 현상이지만, '식당' '웨이터' '프랑스어 문장' '돈', 심지어 '의자' '탁자' 를 정의하기에 적합한 물리적-화학적 기술은 존재하지 않는다.[23]

여기에서 설이 주목하는 것은 우리가 그러한 많은 대상들을 단순히 물리적 대상으로 이해하지 않고 일련의 제도적 사실들로 이해한다는 점이다. 즉 일정한 형태와 색깔을 가진 물리적 대상을 하나의 '탁자'로 이해하기 위해서는 단순한 물리적 경험 이상의 것이 요구된다. 여기에서 중요한 것은 그러한 사회적 실재들이 자연적 실재를 배제하고 이루어지는 것이 아니라는 점이다. 나아가 모든 제도적 사실은 그 토대로 원초적 사실을 전제한다. 원초적 사실 없이 제도적 사실은 존재할 수 없는 것이다.[24] 여기에서 설은 원초적 사실이 제도적 사실로 이

---

22 Searle, *The Construction of Social Reality*, p. xiii.
23 같은 책, p. 3.
24 같은 책, p. 191.

행하는 데 핵심적으로 개입하는 것이 언어의 기호작용이라고 본다. 그러나 앞서 살펴보았던 것처럼 언어 자체가 또 다른 사회적 실재라는 점을 감안한다면 설의 해명은 핵심적 물음을 비켜서고 있다.

설의 이러한 난점의 소재는 기호적 경험의 본성과 구조에 대한 체험주의적 해명에 비추어 볼 때 좀 더 선명하게 드러날 수 있다. 신체화된 경험의 본성에 대한 체험주의적 해명에서 주목할 만한 사실은 우리 경험이 물리적(비기호적) 경험과 기호적 경험으로 구분된다는 점이다.[25] 물리적 경험이란 직접적인 몸의 활동을 통해 주어지는 신체적 층위의 경험을 말한다. 우리는 몸을 통해 물리적 대상과 직접적으로 상호작용하며, 그것은 해석의 여백이 없을 만큼 우리의 몸과 밀착되어 있다. 우리는 부딪히고, 만지고, 보며, 느낀다. 이렇게 주어진 물리적 경험은 '기호적 사상'이라는 과정을 통해 새로운 영역으로 확장된다.[26] 여기에서 기호적 경험이란 특정한 대상을 이해하고 경험하는 데 다른 대상에 대한 이해와 경험이 개입되는 것을 말한다. 즉 A라는 대상의 관점에서 B라는 대상을 이해하는 경우, 우리는 B라는 대상을 기호적으로 경험하고 있다. A 경험이 B 경험에 사상되고 있으며, 그

---

25 기호적 경험에 관한 좀 더 상세한 논의는 노양진, 「기호적 경험의 체험주의적 해명」, 『몸·언어·철학』(파주: 서광사, 2009) 참조.

26 만약 설이 기호적 경험에 대한 체험주의적 해명을 받아들이게 된다면 실재론과 대응설에 대한 설의 완고한 믿음은 스스로의 이론적 구도에 치명적인 장애를 불러올 것이다. 설 자신도 그러한 가능성에 대해 무심한 것은 아니다. 설은 이렇게 말한다. "만약 사실의 존재에 대한, 또 참인 진술과 사실 사이의 대응에 대한 회의주의적 논증이 정말 타당한 것이라면 내 기획의 관련된 측면은 최소한 재구성되어야 할 것이다. 나의 사회적 실재 개념은 논리적으로 진리 대응설을 요구하는 것은 아니다. 즉 대응설을 거부하면서도 여전히 나의 분석을 받아들일 수도 있다. 그러나 내가 유지하는 전반적 구도는 외재적 실재론에 의거해서 대응설을 통해 사회적 실재로 나아가는 구도를 갖고 있으며, 나는 지금 그 구도를 해명하고 있다." Searle, *The Construction of Social Reality*, pp. 199-200.

렇게 함으로써 우리는 비로소 B를 A 경험의 '관점에서'(in terms of) 이해하고 경험한다. 설이 주목하는 사회적 실재는 바로 이 기호적 경험을 통해서 구성된다는 것을 의미한다.

필자가 제안하는 이러한 기호 개념은 레이코프와 존슨(G. Lakoff and M. Johnson)의 은유 이론에서 비롯된 것이다. 이들은 하나의 대상을 다른 대상의 관점에서 이해하는 것을 '은유적 사상'(metaphorical mapping)이라는 작용으로 설명한다.[27] 은유적 사상은 신체적·물리적 층위의 경험이 정신적·추상적 층위의 경험으로 확장되는 데 개입하는 중심적 인지 기제다. 필자는 이들이 말하는 은유적 사상이 바로 기호적 경험의 핵심적 기제라고 보았으며, 그것을 축으로 기호적 경험의 구조를 재구성할 수 있다고 제안했다. 이런 관점에서 필자는 은유적 사상 개념을 확장하여 '기호적 사상'(symbolic mapping)이라고 불렀다.[28]

우리는 기표에 특정한 경험내용을 사상하며, 사상된 경험내용이 바로 기호의 의미, 기호내용이 된다. 기호화가 이루어진다는 것은 사상된 경험내용의 '관점에서' 기표를 이해하고 경험한다는 것을 의미한다. 모든 기표는 물리적 대상이며, 그 물리적 대상은 기호화를 통해 다른 어떤 것의 관점에서 이해되고 경험된다. 이러한 관점에서 기호화는 "하나의 기표를 다른 대상[물리적이든 추상적이든]에 대한 경험의 관점에서 경험하는 것"[29]이다.

설에게서 불투명하게 남아 있는 부분은 '기호적 사상'이라는 작용

---

27 레이코프·존슨, 『삶으로서의 은유』, 수정판, 노양진·나익주 역 (서울: 박이정, 2006) 참조.
28 노양진, 「기호적 경험의 체험주의적 해명」, 특히 pp. 158-60 참조.
29 같은 책, p. 161.

을 통해 새로운 대상이 구성된다는 사실이다. 우리는 그 새로운 대상을 '기호적 실재'(symbolic reality)라고 부를 수 있다. 기호적 사상은 이미 존재하는 물리적 실재들 사이에서만 가능한 것이 아니다. 우리는 물리적 층위의 경험을 추상적인 어떤 것에 기호적으로 사상함으로써 그것에 대한 새로운 이해 방식을 구성한다. 이것이 바로 기호적 실재의 구성 방식이다. 이러한 관점에서 특정한 종이를 하나의 '지폐'로 받아들인다는 것은 그 종이에 대한 물리적 경험을 넘어서서 그 종이를 다른 어떤 경험내용의 관점에서 이해하고 경험한다는 것을 의미한다. 물리적 경험 차원에서 지폐는 다른 종이들과 크게 다르지 않을 것이다. 대신에 그 종이를 기호적으로 경험하게 되면 그것은 매우 다른 것, 바로 화폐가 된다. 어린아이는 그 종이를 한 봉지의 초콜릿의 관점에서 이해하며, 가게 주인은 그 종이를 아내의 선물의 관점에서 이해할 수도 있다. 어린아이는 그 종이에 자신만의 초콜릿 경험의 일부를 사상하며, 가게 주인은 아내나 선물과 관련된 자신의 경험내용을 '사상'한다.

모든 기호화가 그 자체로 규약적인 것은 아니다. 기호적 경험은 물리적 경험을 넘어서는 순간 편재적이지만 그 중 일부는 규약적 성격을 갖게 된다. 이 규약적 성격이 '의무력'을 산출한다. 설이 말하는 제도적 사실들, 즉 정부, 결혼, 화폐제도 등은 바로 기호적 실재에 사회적 규약이 부가된 것이다. 설의 지적처럼 제도적 사실은 인간의 합의를 통해 성립하는 것은 사실이지만 모든 기호적 경험 자체가 이러한 규약적 성격을 갖는 것은 아니다. 기호적 경험은 개인적 차원에서도 마찬가지로 작용하는 편재적인 작용이다. 동일한 기호적 사상이 이루어졌다 하더라도 규약적 규범화의 과정을 거치지 않으면 그것은 의무력을 갖지 않는 사적 기호화로 남게 된다.

　사회적 실재의 본성이 기호적이라는 설의 통찰은 낯설지만 중요한
것이다. 그러나 적어도 설의 철학적 구도 안에서 아직 기호화의 구조
를 해명할 수 있는 구체적인 이론적 장치는 없어 보인다. 설은 그 가
능성을 언어 자체의 내재적 본성에서 찾으려고 하며, 그것이 그를 '순
환성'이라는 늪으로 끌어간다. 기호체계로서 언어 또한 기호화의 정
교한 산물일 뿐이다.

　우리 경험이 '추상적' 층위로 나아가는 데 개입되는 것은 '기호화'
라는 마음의 작용이다. 설은 이 주장에 동의하겠지만 기호화의 본성
에 대한 설의 해명은 여기에서 멈추고 있다. 설은 아마도 기호화에 대
해 우리가 충분한 이해를 갖고 있는 것으로 가정하고 있을지도 모른
다. 한 세기가 넘는 기호학적 탐구의 역사 속에서 대부분의 기호학자
들은 기호가 '누군가에게 어떤 것을 대신하는 다른 무엇'이라는 정의
에 동의하지만, 정작 기호작용의 핵심적 기제와 기호적 의미의 원천
에 관한 문제는 아직도 미해결의 수수께끼로 남아 있다.

　기호학의 이러한 난점은 '기호적 사상'이라는 기제를 통해 설명될
수 있다. 기호적 경험은 이미 주어진 경험을 다른 경험 영역에 사상하
는 방식으로 이루어진다. 기호적으로 경험되는 모든 물리적 대상은
'기표'로 간주된다. 돈을 단순히 이런저런 종이로 경험하지 않는다는
것은 이 돈에 다양한 경험이 사상된다는 것을 의미한다. 이러한 사상
은 다분히 개인적인 것일 수도 있으며, 집단적인 것일 수도 있다. 설
이 말하는 제도적 사실은 집단적 사상의 산물이며, 여기에는 기호적
사상에 덧붙여 사회적 규약이 개입된다.

　설은 경험 확장의 핵심적 고리가 기호화라는 중요한 사실에 주목하
지만, 그 구체적인 작용방식에 대한 설의 해명은 '언어'라는 외투 속
에 가려져 여전히 미해결의 숙제로 남아 있다. 이것은 설이 기호화라

는 수수께끼를 구체적으로 해명하지 못하고 있다는 것을 의미한다. 체험주의적 해명에 따르면 기호적 경험은 설이 생각하는 것처럼 언어적 개입에 근거한 것이 아니라, 훨씬 더 근원적인 층위, 즉 신체적/물리적 층위의 경험에서 출발한다. 이러한 해명에 따르면 언어 자체는 기호적 경험의 산물이다. 기호화는 우리 경험의 확장에서 광범위하게 이루어지는 편재적 기제이며, 본성상 개인적 차원의 인지 과정이다. 설이 말하는 사회적 실재는 바로 이 기호적 확장을 통해 산출되는 기호적 실재의 한 유형이며, 거기에 사회적 규약이 부과됨으로써 비로소 사회적 실재가 된다. 대신에 설은 이 분리된 국면을 '언어'라는 한 평면에서 수렴시켜 해명하려고 시도함으로써 논의의 복합성을 불러오며, 나아가 그것은 기호화에 대한 해명 자체를 그릇된 방향으로 이끌어 가고 있다.

5. 맺는말

사회적 실재에 관한 설의 논의는 자신의 심리철학적 구도 안에서 물리적 경험과 추상적 경험의 구조를 해명하려는 적극적인 시도다. 이러한 시도는 우리가 흔히 자연적인 것과 대비되는 것으로 '문화적'이라고 불리는 다양한 인간 활동의 본성을 이해하는 데 중요한 실마리를 제공할 것이다. 사회적 실재의 본성에 관한 설의 해명은 스미스(B. Smith)의 지적처럼 사회적 실재의 존재론에 관한 한 가장 진전된 이론이며, '새로운 철학적 방법'을 제시하고 있다.[30]

---

[30] Barry Smith, "John Searle: From Speech Acts to Social Reality," in Barry Smith, ed., *John Searle* (Cambridge: Cambridge University Press, 2003), p. 29 참조.

그러나 이러한 중요성에도 불구하고 설의 기획이 순조로운 것만은 아니다. 설의 지적처럼 이 문제의 핵심에는 기호화 문제가 자리 잡고 있지만, 우리에게 기호화에 대한 완결된 해명의 체계는 아직 주어지지 않았다. 이러한 상황에서 설은 기호화의 문제를 언어의 내재적 본성의 일부에 포함시키는 방식으로 접근하고 있다. 그러나 체험주의적 기호 이론의 시각에서 본다면 기호적 작용은 언어에 앞선 근원적 작용이며, 언어는 그러한 기호적 경험이 드러내는 한 산물이다.

설의 해명은 기호작용을 언어의 한 국면으로 가정하고 있으며, 이 때문에 사회적 실재의 구성에 관한 논의는 순환성이라는 늪으로 빠져들고 있다. 설은 그 해결책을 언어의 기호작용에서 찾지만, 그것은 물음에 대한 답이 아니라 기호작용에 대한 해명의 문제를 비켜서는 일이다. 제도적 사실은 물리적 사실을 전제하지 않고서 구성될 수는 없지만, 제도적 사실이 물리적 용어만으로 분석될 수 없다는 것 또한 분명하다. 따라서 제도적 사실의 본성을 밝히기 위해서는 제도적 사실과 물리적 사실의 구체적 관계를 밝히는 것이 핵심적인 관건이 된다. 그 관계에 대한 해명이 바로 기호적 경험의 구조에 대한 해명이기도 하다.

설이 제안하는 사회적 존재론은 매우 중요한 통찰을 담고 있지만 기호화라는 결정적인 문제를 미해결의 숙제로 남겨 두고 있다. 체험주의적 해명에 따르면 기호적 경험의 본성은 '기호적 사상'이라는 기제를 통해 설명될 수 있다. 기호적 사상은 허공에서 이루어지는 것이 아니다. 그것은 항상 원천영역과 표적영역을 필요로 하는 과정이다. 나아가 모든 기호적 사상의 궁극적인 원천영역은 우리의 몸을 통한 물리적 층위의 경험에 있다. 기호적 사상을 통해 이루어지는 기호적 경험은 모두 물리적 층위의 경험에 근거를 두고 있으며, 이 때문에 물리적 층위의 경험에 의해 제약된다. 이러한 의미에서 모든 경험은 '신체화되어'(embodied) 있다.[31]

설의 논의는 사회적 실재의 발생이 기호화를 통해서 이루어진다는 탁월한 통찰을 통해 사회적 실재에 관한 탐구의 중요성을 환기시키는 데 결정적인 계기를 마련하고 있다. 그렇지만 설이 가정하고 있는 기호작용은 기호적 의미의 원천과 그 산출에 대한 해명을 외면함으로써 고전적인 기호 이론들이 부딪혔던 핵심적 난관을 비켜서지 못하고 있다. 이러한 난점은 사회적 존재론이라는 설의 기획을 근원적으로 무화시키는 것이 아니다. 오히려 그것은 설의 기획이 적절한 기호 이론의 구성을 통해 훨씬 더 섬세한 방식으로 확장되어야 한다는 것을 의미한다.

---

31 마크 존슨, 『마음 속의 몸: 의미, 상상력, 이성의 신체적 근거』, 노양진 역 (서울: 철학과현실사, 2000), 특히 3-5장 참조.

<보론 3>

설의 사회적 실재와
'비대응 Y항' 문제

1. 머리말

설(J. Searle)은 '사회적 실재'(social reality)의 존재론적 본성과 구조를 해명하면서 사회적 실재가 인간의 합의, 즉 '집단 지향성'을 통해 구성된다는 점에서 '자연적 실재'(natural reality)와 구별된다고 말한다. 산이나 강이 자연적 실재라면 정부, 학교, 화폐, 결혼, 야구 등 우리가 경험하는 수많은 것들은 사회적 실재다. 사회적 실재는 우리의 삶에 권리, 책무, 의무와 같은 '의무력'(deontic power)을 부과한다는 점에서 인간의 사회적 삶에서 핵심적 중요성을 갖는다. 설은 사회적 실재를 하나의 세계, 즉 물리적 세계 안에서 창발(emergence)하는 문제로 간주하며, 그 본성과 구조에 대한 자연주의적 해명을 통해 사회적 실재를 둘러싼 불투명한 마법을 해소하려고 한다.

사회적 실재가 구성되는 데 직접적인 물리적 변화가 개입되지 않는다는 점에서 사회적 실재 구성의 핵심적 소재를 우리 자신, 즉 우리의 지향성에서 찾는다는 것은 매우 자연스러운 일이다. 설은 사회적 실

재의 구성 원리를 "X는 C라는 맥락 안에서 Y로 간주된다"로 정식화
한다.[1] 즉 X는 Y로 간주됨으로써 새로운 '위상기능'(status func-
tion)을 얻게 되는데, 여기에서 중요한 것은 그 위상기능을 부여하는
주체가 바로 우리 자신이라는 점이다. 이런 의미에서 사회적 실재는
우리의 '합의'를 통해서 존재한다. 설은 이 기제를 설명하기 위해 화
행(speech act) 이론, 수행문(performatives), 지향성(intentionali-
ty), 집단 지향성, 법칙 지배적 행동 등 자신의 심리철학적 논의 과정
에서 드러난 다양한 요소들을 동원한다.

스미스(B. Smith)는 "X는 C라는 맥락 안에서 Y로 간주된다"는 설
의 공식을 받아들일 때 어떤 Y항의 경우 그것에 대응하는 X항이 불분
명한 경우가 있다고 지적한다. 즉 아무것에도 대응하지 않는 Y항이
있으며, 따라서 설의 공식은 부적절하다는 것이다. 이것이 스미스가
제기하는 '비대응 Y항'(freestanding Y terms) 문제다.[2] 스미스는 이
문제가 설의 사회적 실재 이론 자체를 근원적으로 부정하거나 무너뜨

---

1   John Searle, *The Construction of Social Reality* (New York: The Free Press,
    1995), p. 40 이하 참조.
2   'free-standing'이라는 말은 스미스가 제안한 어휘다. X항은 항상 어떤 물리적 대
    상이지만 Y항은 물리적인 대상이 아닐 수도 있다. 이때 Y항이 물리적 대상으로
    구현되어 있지 않다는 의미에서 'free-standing'이라는 말을 사용한다. Barry
    Smith, "John Searle: From Speech Acts to Social Reality," in Barry Smith,
    ed., *John Searle* (Cambridge: Cambridge University Press, 2003), p. 19 참조.
    스미스는 이 문제와 관련해서 때로는 'corresponding' 혹은 'coincidence'라는
    어휘를 사용한다. Barry Smith and John Searle, "The Construction of Social
    Reality: An Exchange," in David Koepsell and Laurence Moss, eds., *John
    Searle's Ideas about Social Reality: Extensions, Criticisms and Reconstructions*
    (Oxford: Blackwell, 2003), p. 287 참조. 필자는 이 어휘를 편의상 '비대응'이라
    고 옮겼다. 그러나 본론의 논의를 통해 드러나듯이 여기에서 사용되는 '대응'이
    X항과 Y항 사이에 어떤 확정적인 관계를 가리키는 개념은 아니며, 고전적인 진리
    대응설에서 사용하는 '대응'은 더더욱 아니다.

리는 것은 아니지만 설이 제안하는 사회적 실재 구성 원리의 결정적 결함일 수밖에 없다고 지적한다. 스미스의 문제 제기에 대해 설은 비대응 Y항이 존재한다는 사실을 인정하지만 그것이 자신의 공식 안에서 설명될 수 있는 문제라고 주장한다. 그러나 이러한 공방 과정에서 여전히 드러나지 않는 것은 비대응 Y항이 어떻게 성립하는지에 대한 구체적 해명이다.

필자는 이 글에서 체험주의(experientialism)의 기호 개념에 의존하여 스미스가 제기한 비대응 Y항 문제의 성격을 밝히고, 그 대안적 해결책을 모색하려고 한다. 체험주의적 기호 이론에 따르면 비대응 Y항이 얻게 되는 위상기능은 우리에게 이미 주어진 경험내용을 특정한 기표에 기호적으로 '사상'(mapping)하는 방식으로 주어지며, 이때 X항은 그 사상의 표적인 기표가 된다. 이러한 해명에 따르면 비대응 Y항은 기호적으로 사상된 또 다른 추상적 경험내용일 뿐이며, 따라서 Y항은 X항과의 어떤 확정적인 관계에 의해서 성립하는 것이 아니다. 체험주의적 기호 개념을 받아들인다면 스미스의 문제 제기에도 불구하고 설의 최초의 공식은 수정되어야 할 이유가 없어 보이며, 오히려 스미스의 문제 제기 자체가 X항과 Y항 사이의 관계를 모종의 대응 관계로 인식하는 데에서 비롯된 그릇된 문제 제기라고 할 수 있다. 필자는 설이 '기호적 사상' 개념을 받아들임으로써 자신의 공식을 유지할 수 있을 뿐만 아니라 사회적 실재의 구성에 관해 훨씬 더 구체적인 해명으로 나아갈 수 있을 것으로 본다.

2. 비대응 Y항의 수수께끼: 스미스의 문제 제기

설은 사회적 실재의 존재론적 본성과 구조를 해명하기 위한 '사회적

존재론'(social ontology)의 필요성에 주목하며, 그 탐구를 위해 '사
회의 철학'(Philosophy of Society)이라는 탐구 분과를 제안한다.[3] 설
은 사회적 실재가 사회과학적 탐구의 중심적 대상으로서 방대한 논의
의 대상이 되어 왔지만 정작 사회적 실재의 본성과 구조에 대한 존재
론적 해명은 이루어지지 않았다고 본다. 설의 이러한 제안은 낯선 것
이면서도 중요해 보인다. 설의 주장이 옳은 것이라면 지금까지의 사
회과학적 탐구는 탐구 대상의 본성에 대한 불투명한 이해를 토대로
이루어져 온 셈이다.

설은 물리적 실재와 대비되는 것으로 사회적 실재의 존재론적 구조
에 주목한다. 사회적 실재는 물리적 실재는 아니지만 여전히 우리 삶
에 결정적인 영향을 미친다. 화폐, 결혼, 정부, 학교 등은 그 자체로
이런저런 물리적 대상들로 구성되지만, 어떤 시점에서 단순한 물리적
구조를 넘어선 특수한 기능을 드러낸다. 설은 이 사회적 실재가 '우
리'의 합의를 통해 구성된다고 보며, 그 합의를 통해 '위상기능'이 부
여된 것으로 본다. 즉 우리는 화폐나 결혼이라는 사회적 실재에 특정
한 의무나 권리 등을 갖게 된다. 설은 이러한 사회적 실재의 구성이
물리적 실재와의 연속선상에서 이루어진다고 본다는 점에서 자신의
입장을 자연주의적이라고 규정한다.

분자나 산에서 드라이버나 지렛대로, 아름다운 석양으로, 그리고 입법,
화폐, 국가에 이르는 연속선이 있다. 물리계와 사회를 이어 주는 핵심적
지간(span)에는 집단 지향성이 있으며, 사회적 실재의 산출에서 그 다리
를 이어주는 결정적 행보는 개체들—집단 지향적인 부과가 없이는 기능

---

3 Searle, *Making the Social World: The Structure of Human Civilization* (New
York: Oxford University Press, 2010), pp. 5-6 참조.

들을 수행할 수 없는—에 집단 지향적인 기능들을 부과하는 일이다.[4]

설은 이러한 사회적 실재의 구성을 "X는 C라는 맥락 안에서 Y로 간주된다"(X counts as Y in context C)라는 논제로 정식화한다. 이 때 X항은 물리적 대상이며, Y항은 위상기능이 부여된 사회적 실재다. 예를 들어 물리적 대상인 종이는 특정한 색상이나 형태 등의 조작을 거쳐 특정한 맥락 안에서 '화폐'로 간주된다. 또 물리적 대상인 건물과 대지, 그리고 이와 관련된 사람들의 활동은 한데 묶여 특정한 맥락 안에서 '학교'로 간주된다. 이것들이 사회적 실재로 변화하면 사람들은 화폐를 더 이상 단순한 물리적 종잇조각으로 다루지 않는다. 화폐와 관련해서 세금을 내거나 빚을 갚거나 물건 값을 지불해야 하는 것 같은 이런저런 의무, 또는 그 반대편 사람이 갖는 권리와 같은 사회적 기능이 작동한다. 그것은 종잇조각의 물리적 구조가 갖지 않는 새로운 층위의 성질이다.

이때 X항과 Y항은 각각 물리적 실재의 일부이거나, 또는 적어도 물리적 실재와 병행하는 어떤 것으로 가정된다. 스미스는 여기에서 물리적 실재에 대응하지 않는 Y항이 존재하는 경우의 문제를 제기하는데, 그것을 '비대응 Y항'이라고 부른다. 클린턴 대통령, 캔터베리 대주교, 호주머니 속의 지폐 등의 경우 Y항은 물리적 실재인 X항, 즉 사람이나 종잇조각에 직접 구현된다. 그러나 존재론적으로 어떤 물리적 실재와도 대응하지 않는 개체가 있다. 은행 컴퓨터에 기록으로 존재하는 예금과 같은 것이 그 전형적인 사례다.[5] 이때 Y항은 어떤 물리

4   Searle, *The Construction of Social Reality*, p. 41.
5   Smith and Searle, "The Construction of Social Reality," pp. 287-88 참조.

적 실재와도 대응하지 않는 것으로 보인다.

　스미스는 이 문제가 설의 사회적 실재 이론이 답하기 어려운 난점
이라고 말하지만, 그것이 사회적 실재 이론 자체를 무화하거나 폐기
하는 문제는 아니라고 본다. 스미스는 사실상 설의 제안이 사회적 존
재론에 관한 가장 매력적인 이론이라는 사실을 인정하고 있기 때문이
다.[6] 즉 스미스의 문제 제기는 오히려 사회적 실재의 구성 원리, 즉
"X는 C라는 맥락 안에서 Y로 간주된다"라는 공식에 대한 문제 제기
다. 그렇다면 물리적 실재에 대응하는 X항이 존재하지 않는 Y항은 어
떻게 구성되는 것일까? 설은 이 문제에 대해 흔들리는 입장을 드러내
고 있다. 사회적 실재 이론이 처음 제시되고 있는 『사회적 실재의 구
성』에서 설은 이렇게 말하고 있다.

　　모든 사물이 화폐가 될 수 있다. 그러나 어떤 물리적 구현, 즉 단순히
　　종잇조각이든, 컴퓨터 디스크상의 휘점(blip)이든 원초적 사실(brute
　　fact) ― 우리가 제도적 형태의 위상기능을 부과할 수 있는 ― 이 존재해야
　　한다. 따라서 원초적 사실 없이는 제도적 사실은 존재하지 않는다.[7]

　스미스는 컴퓨터상의 휘점이 과연 실제로 화폐로 간주될 수 있는
지, 즉 그것이 마치 지폐나 금괴처럼 통용될 수 있는지를 묻는다. 이러
한 관점에서 스미스는 설이 기록과 그 기록의 대상인 사물을 혼동하고
있다고 주장한다.[8] 스미스의 주장이 옳은 것이라면 설의 사회적 실재
의 구성 원리는 부가적 해명이 필요해 보인다. 설은 적어도 스미스가

6　Searle, *The Construction of Social Reality*, p. 16 참조.
7　같은 책, p. 36.
8　Smith and Searle, "The Construction of Social Reality," p. 287.

제기한 비대응 Y항이 존재한다는 사실을 인정하는 것으로 보인다.

　일단 책무, 책임, 권리, 의무 등과 같은 의무력 현상들에 대한 위상기능 Y가 산출되면 우리는 X항을 필요로 하지 않는다. 그리고 이것이 내가 주장하려는 것처럼 제도적 실재 존재론의 핵심이다.[9]

　내가 [『사회적 실재의 구성』]에서 제시했던 해명에서 …… 적어도 한 가지는 잘못된 것으로 보인다. 내 말은 컴퓨터 디스크상의 휘점은 화폐가 취하는 한 가지 형태이며, 신용카드는 또 다른 형태다. 엄밀히 말해서 이들 중 어떤 것도 화폐가 아니다. 오히려 그것들은 화폐의 상이한 표상들이다. 신용카드는 여러 측면에서 화폐와 기능적으로 동등한 방식으로 사용되지만 그렇다 하더라도 그 자체가 화폐는 아니다. 제도적 사실의 이 다양한 표상들의 역할을 다루는 것은 흥미로운 작업이며, 언젠가 그것을 하고 싶다.[10]

스미스의 문제 제기에 대해 설은 그것이 대부분 사회적 실재 이론에 대한 오해에서 비롯되고 있다고 말하지만,[11] 동시에 설은 자신의 사회적 실재 공식이 그 자체로 엄밀하거나 완전하지 않다는 점을 스스로 인정하고 있다. 설은 자신의 공식이 엄밀한 정의라기보다는 위

9　같은 논문, p. 305. .

10　같은 논문, p. 307.

11　같은 논문, pp. 300-301 참조. 설이 주장하는 스미스의 오해는 다음과 같은 세 갈래로 나누어진다. 첫째, 스미스는 사회적 실재 분석의 기본적 도구에 대해 잘못 이해하고 있다. 둘째, 스미스는 사회적 실재 또는 제도적 실재를 '사회적 대상'의 관점에서 분석하려고 시도한다. 셋째, 스미스는 제도적 사실에 대한 자연주의적 해명의 필요성을 간과하고 있다.

상기능이 사회적 제도 안에서 참여자의 태도에 의존한다는 사실을 상기시켜 주는 '요약'(summary)이거나 '유용한 연상물'(useful mne-monic)로 제시된 것이라고 말한다.[12] 물론 설의 이러한 입장이 사회적 실재 이론의 철회나 폐기를 의미하는 것은 아니다.

공식의 난점에도 불구하고 여전히 중요한 것은 물리적 사물들이 물리적 구조만으로는 수행할 수 없는 어떤 특정한 위상기능을 갖게 되며, 그것은 사물 자체의 능력이 아니라 그 사물에 대한 우리의 집단 지향성에 달려 있다는 점이다. 이런 의미에서 사회적 실재는 '우리'의 산물이다. 사회적 실재가 우리의 산물이라는 사실은 사회적 실재의 구성에 관한 적절한 해명이 우리의 경험 구조에 대한 해명을 통해서 가능하다는 사실을 함축한다. 이러한 관점에서 필자는 설이 체험주의적 기호 개념을 받아들임으로써 자신의 공식을 수정하는 대신 스미스의 비판에 훨씬 더 성공적으로 대처할 수 있을 것으로 본다.

3. 사회적 실재와 기호적 경험

체험주의적 시각에서 볼 때 설이 말하는 사회적 실재는 '기호적 경험'을 통해 주어지는 '기호적 실재'(symbolic reality)의 한 유형이다. 사회적 실재뿐만 아니라 방대한 실재들, 예를 들어 우리가 '문화적' '예술적' '종교적'이라고 부르는 수많은 실재들이 기호적 경험 층위에서 구성된다. 설의 어휘를 사용하면 내가 어떤 물리적 대상 X를 사회적 실재 Y로 간주하고 경험한다는 것은 그 물리적 대상 X에 내 사회적 경험내용의 일부를 사상한다는 것을 의미한다. 그래서 X는 사

---

12 같은 논문, p. 301 참조.

상된 경험내용, 즉 Y의 '관점에서' (in terms of) 이해되고 경험된다.
예를 들어 물리적 종잇조각에 화폐와 관련된 경험내용이 사상되며,
그래서 이 종잇조각은 화폐와 관련된 경험내용의 '관점에서' 이해되
고 경험되는 것이다.

　체험주의의 새로운 기호 이론의 기본 구도는 레이코프와 존슨(G.
Lakoff and M. Johnson)이 제시했던 개념적 은유 이론에 근거하고
있다. 레이코프와 존슨은 은유가 단순히 언어적 기교의 문제가 아니
라 우리의 사고와 행위를 이끌어 가는 원리라고 주장했다.[13] 이들의
은유 이론을 특징짓는 것은 '은유적 사상' (metaphorical mapping)
이라는 기제다. 예를 들어 「사랑은 여행」 은유에서 여행 경험이 「사
랑」 개념에 사상되며, 그 결과 우리는 「사랑」을 여행 경험의 '관점에
서' 이해하고 경험하게 된다. 이 은유에서 사랑은 표적영역이 되며,
여행은 원천영역이 된다. 이러한 관점에서 레이코프는 은유를 "개념
체계 안의 영역 간 교차사상"(cross-domain mapping in a concep-
tual system)이라고 규정한다.[14]

　나아가 존슨은 우리 경험을 물리적/신체적 층위와 정신적/추상적 층
위로 구분하고 정신적/추상적 경험이 물리적/신체적 경험에 근거하여
확장되는 동시에 물리적/신체적 경험에 의해 강력하게 제약된다고 주
장한다.[15] 이때 '은유적 사상'은 경험 확장의 핵심적 기제로 제시된다.

13　G. 레이코프 · M. 존슨, 『삶으로서의 은유』, 수정판, 노양진·나익주 역 (서울:
　　박이정, 2006) 참조.

14　George Lakoff, "Contemporary Theory of Metaphor," in Andrew Ortony,
　　ed., *Metaphor and Thought*, 2nd ed. (Cambridge: Cambridge University
　　Press, 1993), p. 203.

15　마크 존슨, 『마음 속의 몸: 의미, 상상력, 이성의 신체적 근거』, 노양진 역 (서
　　울: 철학과현실사, 2000), 3-5장 참조.

필자는 존슨이 제시하는 '은유적 사상'이라는 기제가 사실상 기호적 경험의 구조에 대한 해명이라고 보았으며, 그것을 '기호적 사상'(symbolic mapping)이라고 부른다. 이러한 관점에서 기호적 사상에 근거한 기호적 경험의 대체적 구도는 다음과 같이 도식화될 수 있다.[16]

〈그림 1〉 물리적 대상의 기호화

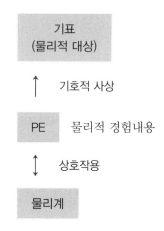

이러한 새로운 구도를 특징짓는 핵심적인 요소는 '기호적 사상'이라는 인지적 기제다. 우리는 이미 주어진 어떤 경험내용의 일부를 특정한 물리적 대상에 사상함으로써 그 물리적 대상을 새롭게 사상된 경험내용의 '관점에서' 이해하고 경험한다. 이러한 사상이 이루어지면 특정한 물리적 대상, 즉 기표는 이제 매우 다른 층위에서 이해되고 경험된다. 이러한 기호적 사상의 과정을 거쳐 종이는 '화폐'로 경험

---

16 이 책 제1장 「간략한 서론」에서 기호적 사상의 세 가지 모형을 제시했지만 현재의 논의를 위해서는 〈그림 1〉의 첫 번째 모형만으로 충분해 보인다.

되며, 특정한 건물과 사람은 '학교'로 경험된다. 이렇게 구성된 화폐
나 건물은 '기호적 실재'다. 고전적인 기호 이론들과 대비되는 것으
로서 체험주의적 기호 개념이 드러내는 특성으로 크게 다음과 같은
세 가지를 들 수 있다.

> 첫째, 기호적 경험은 물리적 경험에 근거하고 있으며, 동시에 물리적
>   경험의 기호적 확장을 통해 형성된다.
> 둘째, 기호적 경험은 기호적 사상을 통해 구성되기 때문에 기호적 의
>   미는 결코 객관적이지 않다.
> 셋째, 모든 언어적 의미는 본성상 기호적이다.[17]

이러한 체험주의적 기호 개념의 관점에서 본다면 설의 X항은 일종
의 기표이며, 그것은 무엇인가와의 대응에 의해 새로운 의미를 얻게
되는 것이 아니라 그 기표에 사상된 우리의 경험내용에 의해 새로운
의미를 얻게 된다. 바꾸어 말하면 Y항은 X항에 기호적으로 사상된 우
리의 경험내용을 담고 있다. 이때 X항에 사상되는 경험내용은 자연적
실재에 관한 경험내용일 수도 있고, 이전의 기호과정을 통해 구성된
기호적 실재에 관한 경험내용일 수도 있다. 이때 X항과 Y항은 '기호
적 사상'이라는 기제를 통해 연결되며, 여기에서 X항과 Y항은 어떤
직접적이거나 확정적인 관계도 갖지 않는다. 이러한 관점에서 되돌아
보면 우리는 스미스가 "X를 Y로 간주한다"라는 설의 사회적 실재 공
식을 받아들이면서 처음부터 X항과 Y항 사이에 모종의 '대응'(stan-

---

17 노양진, 『몸이 철학을 말하다: 인지적 전환과 체험주의의 물음』(파주: 서광사,
    2013), p. 91.

ding) 관계를 설정하고 있지 않은가라는 의구심을 갖게 된다. 만약 그것이 사실이라면 스미스의 물음은 기호적 구조에 대한 근원적으로 잘못된 구도에서 제기된 잘못된 물음이다.

설의 사회적 실재는 체험주의적 시각에서 기호적 실재의 한 유형이다. 사회적 실재가 독립적인 존재론을 갖지 않으며, 하나의 물리적 세계 안에서 창발한다는 설의 생각은 체험주의적 구도와 다르지 않아 보인다. 즉 우리는 하나의 물리적 세계 안에서 살고 있으며, 사회적 실재는 거기에서 창발하는 하나의 산물이라는 것이다. 여기에서 중요하게 등장하는 것은 사회적 실재의 구성에서 '인간'의 역할이다. 즉 사회적 실재는 우리의 집단 지향성을 통해서만 존재한다는 것이다. 설은 사회적 실재의 이러한 특성을 자연적 실재와 대비하여 이렇게 말한다.

제도적 사실의 경우 지향성과 존재론의 정상적 관계는 역전된다. 정상적 경우 사실인 것은 논리적으로 사실처럼 보이는 것에 선행한다. 그래서 대상이 무겁다는 것을 이해하고 있기 때문에, 대상은 우리에게 무겁게 보인다. 그러나 제도적 실재의 경우 존재론은 지향성에서 비롯된다. 어떤 종류의 사물이 화폐가 되기 위해서 사람들은 그것을 화폐라고 생각해야 하며 그와 관련된 적절한 태도를 가져야 한다. 또한 만약 그 사물이 그들의 태도에 의해 설정된 다른 조건들, 예를 들면 위조지폐가 아니라는 조건 등을 충족하면 그것은 화폐가 된다. 우리 모두가 특정한 사물이 화폐라고 생각하며, 그것을 화폐로 사용하고, 화폐로 간주하고, 화폐로 취급하는 데 협력하면 그것은 화폐가 된다. 이 경우 '~처럼 보인다'가 '~이다'에 선행한다.[18]

---

18   Searle, *Rationality in Action* (Cambridge, Mass.: MIT Press, 2001), pp. 206-207.

설은 스미스와의 공방이 시작된 지 상당한 시간이 지난 시점에 출
간된 『사회적 세계 만들기』에서 스미스의 문제 제기에 대해 여전히
관심을 드러내지만 그의 답변은 이전과 크게 다르지 않다. 설은 비대
응 Y항이 존재할 수 있다는 것을 기정 사실로 받아들이고 있으며, 그
것을 설명하려는 시도를 반복한다. 설은 우리가 모종의 '선언'(decla-
ration)을 통해 Y항에 새로운 위상기능을 부여한다고 말한다.

　　비대응 Y항에 대한 반론도 마찬가지로 『사회적 실재의 구성』의 구도
안에서 답변될 수 있다. 비대응 Y항은 구체적 대상에서 생겨나는 것이
아니라 현안의 의무적 힘을 가진 실제의 사람들에서 생겨난다. 그래서
회사로서의 개인이나 대상은 존재하지 않지만, 회사, 중역회의, 주주 등
이 있으며, 의무적 힘이 그들에게 미친다. 회사는 실제 사람들 사이의 실
제 권력 관계의 집합을 위한 자리(placeholder)다. 그것은 전자화폐나 판
없는 체스게임에도 마찬가지다. 화폐의 소유자나 퀸의 보유자는 관련된
힘을 갖는다.[19]

　그러나 이러한 해명에도 불구하고 사실상 스미스의 문제 제기의 출
발점이 되었던, X항과 Y항의 모호한 관계 문제는 여전히 불투명한 채
로 남아 있다. 만약 설의 주장을 따라 우리가 '어떤 것에든 자의적으
로' 위상기능을 부과할 수 있다면 그 경우 X항의 고유한 역할은 사라
지게 될 것이다. X항이 다른 어떤 것도 아닌 X여야 할 이유가 없기
때문이다. 이 때문에 설의 주장처럼 Y항을 '자리'라고 말하는 것은
이 궁금증을 해소하는 데 아무런 도움도 되지 않는다. 즉 스미스는,

19　Searle, *Making the Social World*, pp. 21-22.

그리고 우리 또한 "특정한 X항은 어떻게 특정한 Y항의 자리가 되는 가?"라고 되물을 수 있기 때문이다. 이러한 설의 곤경을 불러오는 핵심적 원천은 물리적 실재성을 갖지 않는 위상기능들(Y항)과 그것을 구현할 소재로 작동하는 물리적 대상(X항)의 연결에 관한 구체적 해명이 주어지지 않고 있다는 사실에 있다. 설의 사회적 실재 공식은 설 자신이 말하는 것처럼 그 구성의 구체적 과정을 담고 있는 공식이라기보다는 그 구성의 결과를 압축하고 있는 '요약'인 셈이다.[20]

4. 다시 스미스의 문제로

사회적 실재에 관한 설의 논의, 특히 "X는 C라는 맥락 안에서 Y로 간주된다" 공식에서 핵심적으로 문제시되는 것은 바로 이 '간주된다'라는 과정에 대한 해명이다. 여기에서 먼저 X와 Y는 다른 대상이라는 사실이 전제된다. 만약 X와 Y가 동일한 사물이라면 "X를 Y로 간주한다"는 "X를 X로 간주한다"와 같은 동어반복이 될 것이기 때문이다. 하나의 대상을 다른 대상으로 간주하는 데에는 기호작용이 개입한다는 것을 의미한다. 즉 "X가 Y로 간주된다"는 것은 "Y가 X를 대신한다"라는 말과 다르지 않다.

　체험주의적 시각에서 어떤 물리적 대상 X를 Y로 간주한다는 것은 바로 X에 Y라는 새로운 경험내용을 사상한다는 것을 말한다. 특정한 종잇조각을 화폐로 간주한다는 것은 특정한 종잇조각에 그 종잇조각이 갖는 물리적 성질 이상의 것을 새롭게 사상한다는 것을 의미한다. 이때 기호 산출자의 다양한 경험내용이 사상될 수 있기 때문에 화폐

20　Smith and Searle, "The Construction of Social Reality," p. 301 참조.

에 대한 개인적 경험은 상당히 다를 수 있다. 그러나 그것이 단지 개
인적 사상에 멈추지 않고 화폐라는 사회적 기능을 갖게 되는 것은 그
기호적 사상에 덧붙여 사회적 '합의'나 '규약'이 부과되기 때문이다.
그래서 화폐는 종잇조각에 대한 개인의 기호적 경험에 멈추지 않고
새로운 위상기능을 유지하게 된다. 즉 사회적 실재가 집단적으로 공
유하는 위상기능을 갖기 위해서는 기호적 사상에 덧붙여 사회적 합의
나 규약이 필요하다. 사회적 합의나 규약은 사회적 약속의 문제이며,
거기에는 아무런 새로운 수수께끼도 없어 보인다. 설은 합의나 선언
이라는 말을 통해 '기호적 사상이라는 기호적 과정'과 '그것에 사회
적 규약을 부과하는 과정'을 한데 묶고 있는 것이다.[21] 이 때문에 설
의 해명에는 기호적 과정에 대한 구체적 해명이 생략되어 있다.

　이러한 관점에서 설은 사회적 실재의 구성 문제에서 체험주의적 기
호 개념 자체를 거부해야 할 이유는 없어 보인다. 그렇지만 설이 체험
주의적 기호 개념을 받아들이기 위해서는 선결되어야 할 하나의 장애
가 있어 보인다. 그것은 설의 완고한 실재론적 믿음이다. 설은 스스로
이러한 우려를 드러내고 있다.

　　만약 사실의 존재에 대한, 또 참인 진술과 사실 사이의 대응에 대한 회
　의주의적 논증이 정말 타당한 것이라면 내 기획의 관련된 측면은 최소한
　재구성되어야 할 것이다. 나의 사회적 실재 개념은 논리적으로 진리 대
　응설을 요구하는 것은 아니다. 즉 대응설을 거부하면서도 여전히 나의
　분석을 받아들일 수도 있다. 그러나 내가 유지하는 전반적 구도는 외재

21　이 문제에 관한 좀 더 상세한 논의는 이 책 〈보론 2〉 「설과 사회적 실재의 구성」,
　　특히 p. 206 참조.

적 실재론에 의거해서 대응설을 통해 사회적 실재로 나아가는 구도를 갖고 있으며, 나는 지금 그 구도를 해명하고 있다.[22]

기호적 사상의 과정에서 기호적 사상의 재료가 되는 원천영역은 물리적 층위의 경험일 수도 있으며, 추상적 층위의 경험일 수도 있다. 추상적 층위의 경험인 경우, 그 경험내용은 존재하는 무엇에 관한 것이 아니다. 대신에 그 추상적 경험내용은 앞서의 또 다른 기호적 경험을 통해 구성된 것이다. 체험주의적 시각에 따르면 모든 추상적 개념은 물리적 층위의 경험내용이 이런저런 방식으로 한 추상적 영역에 사상됨으로써 구성되기 때문이다. 설이 곤혹스럽게 생각하는 비대응 Y항은 사실상 체험주의적 시각에서 볼 때 기호적 사상을 통해 구성된 추상적 개념일 뿐이다. 굳이 설이 선호하는 '실재'라는 어휘를 사용한다면 그것은 '기호적 실재'다. 그것은 기호화의 대상이 되었던 물리적 실재와 어떤 확정적인 대응 관계를 갖는 것도 아니다. Y항은 사실상 X라는 물리적 대상을 이해하고 경험하는 새로운 방식을 담고 있다.

스미스가 제기하는 비대응 Y항 문제는 설의 공식에서 X항과 Y항이 모두 실재들이며, 그것들이 모종의 대응관계에 있을 것이라는 스미스의 가정에서 비롯된 문제로 보인다. 스미스는 전자화폐의 경우 그것에 대응하는 X항이 무엇인지를 묻고 있는 것이다. 체험주의적 시각에서 본다면 전자화폐의 경우 전자적으로 표시되는 휘점이 바로 X항이다. 우리는 전자적으로 표시되는 휘점들을 '화폐'라는 추상적 개념의 관점에서 이해하고 경험하는 것이다. 즉 우리는 전자적 휘점에 화폐와 관련된 경험내용의 일부를 사상하며, 그 사상된 경험내용의

---

22 Searle, *The Construction of Social Reality*, pp. 199-200.

관점에서 전자적 휘점을 이해하고 경험한다. 대신에 설은 비대응 Y항
에 대해 물리적으로 그것을 구현하는 X항이 없이도 어떻게 존립할 수
있는지를 해명하려는 예기치 않은 방향을 택하고 있다.

다른 사례는 전자화폐다. 그 경우 화폐의 전자적 표상들이 존재한다.
은행에서 사용하는 컴퓨터 디스크의 자기 기록이 그 사례다. 거기에는
화폐나 정화(正貨) 같은 물리적 구현이 필요치 않다. 물리적으로 존재하
는 것은 컴퓨터 디스크상의 자기 기록뿐이다. 그러나 이 기록들은 화폐
가 아니라 화폐의 표상들이다. 또 다른 사례는 판 없는 체스게임이다. 선
수들은 퀸, 비숍, 성장(rook) 등 의무력들을 이용하는 능력을 갖고 있다.
그러나 퀸, 비숍, 성장 등의 물리적 대상은 존재하지 않으며, 표준적인
체스 규칙 안에서 이것들의 표상만이 존재한다.[23]

설의 이러한 해명은 문제를 해결하기보다는 오히려 "그 표상들은
어떻게 구성되는가?"라는 또 다른 물음을 불러온다. 즉 우리는 또 다
시 그 표상은 무엇의 표상인가라고 되물어야 하기 때문이다. 이때 만
약 그 '무엇'을 명확히 확인할 수 없다면 우리는 '비대응 표상'(free-
standing representation)이라고 부를 만한 새로운 문제에 부딪히게
될 것이다. 체험주의적 기호 구도에서 디스크상의 자기 기록이나 신
용카드는 화폐의 '표상'이라기보다는 물리적 종잇조각을 대체하는
새로운 기표다. 종잇조각이라는 기표가 자기 기록이나 신용카드라는
기표로 전이(metastasis)된 것이다.[24] 종잇조각이나 장부상의 기록.

---

23 Searle, *Making the Social World*, pp. 20-21.
24 기표의 전이에 관해서는 이 책 3장 참조. 현재의 논의를 위해서 지적해 둘 만한
      것은 우리가 화폐라고 사용하는 종잇조각이 매번 다른 종잇조각이라는 점을 상

컴퓨터상의 자기 기록, 신용카드는 모두 물리적 기표들이며, 그것들
은 화폐라는 위상기능을 수행하는 데 사용되는 다양한 기표들이다.

설에게는 아직 이 모든 복잡한 경우를 수렴할 만한 적절한 기호 이
론이 없어 보인다. 설은 어떤 것이 사회적 실재로 변형되는 데 기호작
용이 필수적이라는 점을 인정하지만, 그것이 언어에 내재된 기능이라
고 말할 뿐이다.[25] 기호작용에 대한 구체적 해명이 생략되어 있는 것
이다. 이것은 문제에 대한 해명이 아니라 실질적인 해명을 비켜서는
행보라고 할 수 있다. 우리는 여전히 설이 말하는 언어가 어떻게 그런
작용을 하는가를 물을 수 있기 때문이다. 이 물음에 대한 설의 답은
아직 준비되지 않은 것으로 보인다. 필자는 체험주의적 기호 개념이
비대응 Y항이라는 난문에 대한 설의 답을 마련하기 위한 가장 적절한
통로가 될 것이라고 제안한다.

5. 맺는말

지금까지의 논의를 통해 사회적 실재의 본성에 관한 설의 기획에서
핵심적인 숙제는 X항과 Y항의 관계를 적절하게 해명하는 일이라는
것을 알 수 있다. '비대응 Y항'이라는 스미스의 문제 제기는 설의 사
회적 실재 구성 공식이 불완전하다는 것을 보이기 위한 것이지만, 결
과적으로 이 복잡한 공방에서 드러난 것은 사회적 실재 구성에 개입

기해 둘 만한다. 화폐는 종잇조각뿐만 아니라 조개류, 금, 은 등이 사용되는데,
설의 용어로 말한다면 우리가 동일하게 받아들이는 Y항에 대해 무한히 다른 X
항들이 실제로 사용되고 있다. 이것은 '기표의 전이'의 매우 일상적인 형태다.

25   Searle, *The Construction of Social Reality*, p. 75 참조. 설은 여기에서 "본유적
으로 의미를 갖지 않은 어떤 대상에 의미, 즉 기호적 기능을 부가하는 능력은 언
어의 전제 조건일 뿐만 아니라 제도적 실재의 전제 조건"이라고 주장한다.

되는 우리의 인지 과정에 대한 설의 해명이 충분치 않다는 것이다. 즉 '간주된다' 라는 인지적 과정에 대한 구체적인 해명이 필요하다는 것이다.

필자는 사회적 실재가 기호적 사상이라는 기제를 통해 구성된다고 보았으며, 그런 관점에서 모든 Y항이 기호적 해석의 산물이라고 보았다. 기호적 해석의 기본적 구도는 물리적 대상을 기표로 삼아 그것에 기호 산출자의 경험내용의 일부를 사상하는 방식으로 구성된다. 이러한 기호 이론이 주어진다면 설의 사회적 실재 이론은 비대응 Y항 문제 때문에 자신의 원래 입장을 수정해야 할 이유가 없어 보인다. 비대응 Y항을 중심으로 전개된 설과 스미스의 공방은 스미스의 주장이 관철되는 양상을 띠고 있지만 사실상 그것은 설에게 처음부터 적절한 기호 이론이 결여되어 있다는 사실을 보여 준다.

체험주의적 기호 구도 안에서 Y항은 독립적인 실재의 이름이 아니라 추상적 개념이다. 종잇조각을 화폐로 간주한다는 것은 내가 그 종잇조각에 추상적 개념인 화폐와 관련된 경험내용의 일부를 사상한다는 것을 의미한다. 그래서 우리는 그 종잇조각을 그것에 사상된 화폐에 관한 경험내용의 관점에서 이해하고 경험한다. 전자화폐의 경우 컴퓨터상의 휘점들이 화폐 경험의 관점에서 이해되고 경험된다. 이때 휘점들은 장부나 신용카드처럼 원래의 종잇조각을 대체하는 새로운 기표일 뿐이다. 이처럼 기표들은 대체되거나 전이된다. 설의 어휘를 사용한다면 동일한 Y항에 다양한 X항들이 사용될 수 있는 것이다. 설과 스미스는 공방 과정에서 X항과 Y항을 각각 독립적인 실재들로 간주하고 있는 것으로 보이며, 이 두 실재들의 관계 문제에 이르러 풀 수 없는 수수께끼에 빠져든 것으로 보인다.

비대응 Y항 문제는 설이 사회적 실재 구성의 핵심적 기제로 도입하고 있는 기호작용 개념이 매우 불투명한 스케치에 멈추고 있다는 것을 말해 준다. 설은 기호작용 자체를 언어의 내재적 본성의 하나로 간주하고 있으며, 그 모든 작용을 언어에 대한 자신의 해명 안에 담으려고 한다. 이러한 관점에서 비대응 Y항 문제가 난항을 벗어나지 못하는 이유는 설의 시도가 기호적 경험의 본성과 구조에 대한 해명 없이 지나치게 성급하게 이루어지고 있기 때문이라고 할 수 있다. 스미스가 제기한 비대응 Y항이라는 수수께끼는 설의 사회적 실재 이론을 무너뜨리는 수수께끼가 아니라 체험주의적 기호 개념을 통해 해소되어야 할 문제로 보인다.

용어 해설

개념혼성(conceptual blending)

포코니에와 터너(G. Fauconnier and M. Turner)가 제안한 이론이다. 은유적 사상은 원천영역에서 표적영역으로의 일방적인 투사가 아니다. 사상된 경험내용(원천영역)은 표적영역에 대해 이미 주어진 경험내용과 '혼성'을 거치면서 새로운 경험내용을 산출한다. 개념혼성은 모든 은유적 사상에 필연적으로 수반된다.

경험내용(experiential content)

'경험'(experience)이라는 말은 철학사를 통해 매우 폭넓게 사용되며, 때로는 경험작용, 때로는 경험내용을 가리킨다. '경험내용'이라는 낯선 어휘는 '경험작용'과 구분하기 위한 것이다. 경험내용은 물리적 층위와 추상적 층위로 구분될 수 있다. 우리의 경험내용은 '기억'이라는 형태로 저장되어 있으며, 이 경험내용의 일부가 특정한 기표에 사상됨으로써 기호적 경험이 구성된다.

기표(signifier)

'기표'는 기호의 산출과 해석 과정에서 기호적 사상이 이루어질 때 그 표적

영역이 되는 모든 것을 말한다. 모든 물리적 대상이 기표가 될 수 있으며, 그 기표에 새로운 경험내용의 일부가 사상된다. 이때 사상되는 경험내용은 물리적 경험내용일 수도 있고, 추상적 경험내용일 수도 있다. 기표에 사상된 경험내용은 기표에 대해 내가 이미 갖고 있는 경험내용과 혼성되면서 새로운 경험내용을 산출한다. 이처럼 새롭게 주어지는 경험내용이 바로 '기호적 의미'가 된다. 기표는 다음과 같이 구분될 수 있다.

① 신체기표: 표정이나 몸짓, 소리, 동작 등 기호 산출자의 신체 조직을 사용하는 기표.
② 비신체기표: 기호 산출자의 몸을 제외한 모든 물리적 대상으로 조형작업이 가해지지 않은 기표
   • 자연기표: 자연계의 자연적 대상
     —생명기표: 고양이, 비둘기, 수목, 풀 등
     —비생명기표: 산, 강, 바위 등
   • 인공기표: 물리적 대상에 적절한 조형작업이 부가된 기표로 인위적으로 변형된 자연물이나 악기 소리, 그림, 조각, 건축, 공예품 등

기호(sign)

전통적인 기호 이론은 대부분 '기호'를 '어떤 것을 대신하는 다른 무엇'이라는 모호한 정의에 동의한다. 이 정의는 그 자체로 모호할 뿐만 아니라 기호의 발생적 구조에 대해서 알려 주는 것이 거의 없다. 체험주의 기호 이론은 기호를 우리 밖의 현상이나 사건, 사태의 문제가 아니라 '기호적 경험'의 문제로 보며, 이러한 시각에서 기호를 탈유폐적 자기 창발의 과정(process of ex-carcerating self-emergence)으로 정의한다.

기호대상(sign object)

일차사상의 경우 물리적 경험내용의 일부가 다른 물리적 기표 또는 추상적 정신공간에 사상되는데, 이때 원천영역을 이루는 물리적 경험내용의 대상이 바로 기호대상이다. 예를 들어 [고양이]라는 언어기표에는 실제적인 고양이에 대한 다양한 경험내용이 부분적으로 사상되는데, 이때 실제 물리계 안의 고양이가 바로 기호대상이다. 추상적 개념을 가리키는 [평화]나 [사랑]이라는 언어기표는 기호대상이 물리적으로 존재하지 않으며, 이 때문에 복잡한 언어철학적·기호학적 논란을 불러온다.

기호적 경험(symbolic experience)과 **물리적 경험**(physical experience)

물리적 경험과 기호적 경험의 구분은 체험주의에서 비롯된 것이다. 체험주의는 우리 경험을 신체적/물리적 층위와 정신적/추상적 층위로 구분하는데, 필자가 사용하는 물리적 경험/기호적 경험 구분은 이에 상응한다. 물리적 경험은 신체적 활동을 통해 직접 주어지는 경험 영역을 가리킨다. 모든 기호적 경험은 물리적 경험을 토대로 확장되며, 동시에 물리적 경험에 의해 강력하게 제약된다. 이런 의미에서 모든 경험은 '신체화되어'(embodied) 있다.

기호적 사상(symbolic mapping)과 **은유적 사상**(metaphorical mapping)

기호적 사상은 체험주의 은유 이론의 한 축인 은유적 사상 개념을 기호적 경험을 구성하는 핵심적 기제로 확장한 개념이다. 기호적 사상이란 물리적 층위든 추상적 층위든 우리 경험내용의 일부를 또 다른 물리적 대상이나 정신공간에 사상하는 것을 말한다. 기호적 사상이 이루어지면 이 사상된 경험내용의 '관점에서'(in terms of) 표적영역이 된 물리적 대상이나 정신공간을 새롭게 이해하고 경험하게 된다.

일차사상: 물리적 경험내용의 일부를 물리적 기표 또는 정신공간에 사상하
　　　　　 는 것을 말한다. 기호적 경험의 발생적 측면에서 볼 때 가장 원
　　　　　 형적인 기호적 사상이다. 이 물리적 경험내용의 일부는 또 다른
　　　　　 물리적 대상이나 정신공간에 사상되어 추상적 경험내용을 산출
　　　　　 한다.
이차사상: 일차사상을 통해 주어진 추상적 경험내용의 일부는 또 다른 사
　　　　　 상을 통해 새로운 기표 또는 정신공간에 사상된다. 퍼스의 도
　　　　　 상, 지표, 상징 구분에 따르면 상위적 작용인 상징은 바로 이차
　　　　　 사상 이상의 과정을 가리킨다.

기호적 실재/존재(symbolic reality/being)
기호적 경험을 통해 구성되는 존재를 말한다. 기호적 사상을 통해 구성된
추상적 개념에 '존재성'이 사상되며, 동시에 거기에 우리 경험내용의 일부
가 사상됨으로써 새로운 기호적 존재가 구성된다. 기호적 실재는 복합적 능
력을 지닌 상상적 존재들로 나타나며, 우리가 흔히 상상적 존재라고 부르는
모든 것은 기호적 경험을 통해 구성된 새로운 존재들이다. 그 중 일부는 종
교적/철학적 해석을 거쳐 존재론적 함축을 갖는 '초월자'의 형태로 나타나
기도 한다. 기호적 실재는 물리계 안에서 물리적인 경험내용을 제공하는 물
리적 대상인 '기호대상'(sign object)과 구분되어야 한다.

기호적 역전(symbolic inversion)
기호적 역전이란 기호 산출자인 인간이 기호의 '사역자'(server)가 되는 현
상을 말한다. 기호적 경험 안에서 구성되는 기호적 구조는 그 자체로는 물
리적으로 무기력한 추상적 구조일 뿐이며, 그것이 지각 가능한 물리계에 구
현되기 위해서는 기호 사용자인 인간의 물리적 활동을 필요로 한다. 이때

인간은 기호 산출자에서 기호 사역자가 된다.

반유폐적 해석(de-carcerating interpretation)

기호적 경험에 대한 체험주의적 해명은 기호적 실재의 발생적 기원에 대한 해명이며, 이러한 해명은 기호적 실재에 대해 갖게 되는 과도한 환상이나 무반성적 의존을 구분하기 위해 필요하다. 기호적 경험을 통해 산출된 기호적 구조에 대한 해체를 통해 그 토대인 물리적 경험으로 되돌아가는 방식의 회귀적 해석은 물리적 존재와 기호적 존재에 대한 비대칭적 태도를 교정하는 데 중요하다. 회귀적 해석은 우리가 흔히 상위적 가치 자체를 부정하려는 것이 아니라 상위적 가치라고 부르는 것이 사실상 '추상적' 또는 '정신적'이라고 부르는 기호적 구성물에 관한 것이며, 그 근원적 뿌리가 물리적 영역에 있다는 사실을 환기하기 위한 것이다.

　데리다(J. Derrida)의 '해체론'(deconstruction)은 사변적 전통의 핵심 개념들이 기호적/은유적 구성물이라는 사실을 드러냄으로써 그것들에 대한 완고한 철학적 환상을 깨뜨리는 데 기여했다. 그러나 데리다는 그 해체를 넘어서서 그 개념들의 근원적 뿌리로 되돌아가는 데 관심을 돌리지 않았기 때문에 그의 주장은 '뿌리 없이 떠도는' 주장으로 남게 되었다.

비-자족성(non-aseity)

경험의 유폐성은 다른 존재의 경험내용에 대한 직접적 접속 불가능성을 의미한다. 그러나 경험의 유폐성은 유기체 스스로의 존립, 즉 자족성을 보장하지 못한다. 유기체는 타자와의 상호작용 없이 자신만의 경험 안에 유폐된 채로 생존할 수 없다. 이러한 비-자족성이 탈유폐적 기호화를 불러오는 근원적 이유다.

사상의 부분성(partial nature of mapping)

모든 기호적 사상은 본성상 부분적이다. 즉 기호적 사상 과정에서 이미 주어진 경험내용의 일부만을 특정한 기표나 정신공간에 사상할 수 있다. 이것은 기호적 사상 과정에서 기표에 대해 이미 주어진 경험내용과 그 기표에 사상하려는 새로운 경험내용이 일치할 수 없다는 것을 의미한다.

상징(symbol)

대부분의 전통적 기호 이론이 기호와 상징을 구분한다. 체험주의 기호 이론에서 '기호'는 '기호적 경험'을 가리키며, 기호적 경험은 '기호적 사상'이라는 기제를 통해 특징지어진다. 체험주의가 말하는 기호적 경험은 물론 퍼스(C. S. Peirce)가 구분했던 도상기호(icon)와 지표기호(index), 그리고 상징기호(symbol) 같은 다양한 기호현상을 포함한다. 그러나 이 모든 유형의 기호를 외재적 현상의 문제가 아니라 기호적 경험의 양상 문제로 본다는 점에서 결정적인 차이가 있다.

체험주의 기호 이론에서 상징기호는 이차사상 이상의 다차사상을 거쳐 구성되는 기호라는 점에서 상위적 기호라고 할 수 있다. 예를 들어 일차사상을 거쳐 주어진 추상적 경험내용의 일부가 또 다른 기표에 사상되는데, 이것을 이차사상이라고 부른다. 물론 기호적 사상은 이차사상, 삼차사상, 사차사상 등 무한히 중첩적으로 이루어질 수 있다. 이때 이차사상 이상의 과정에서 산출되는 것은 모두 상위적 기호작용으로서 '상징'이라고 부를 수 있다.

예를 들어 카시러(E. Cassirer)는 동물에게 기호/신호(sign) 능력을 인정하는 반면, 인간에게 상위적 능력으로서 상징(symbol) 능력을 부과한다. 퍼스는 기호를 도상과 지표, 상징으로 구분하며, 상징을 상위적 기호로 간주한다. 체험주의 기호 이론에서 상징기호는 이차사상 이상의 다차사상을 거친다는 점에서 상위적 기호라고 할 수 있다. 예를 들어 비둘기가 '평화'를 상징한다고 말하는 것은 '평화'라는 추상적 경험내용의 일부가 [비둘기]라는 기표에 사상된다는 것을 의미하며, 이때 사상되는 '평화'라는 추상적 경험내용은 앞서 일차사상을 거쳐서 산출된 것이다.

신체적/물리적 경험(bodily and physical experience)과 **정신적/추상적 경험**(mental and abstract experience)

존슨(M. Johnson)은 경험을 신체적/물리적 층위와 정신적/추상적 층위로 구분한다. 정신적/추상적 경험은 신체적/물리적 경험에 근거하고 있으며, 은유적 사상을 통해 확장된 국면으로 나타난다. 동시에 이러한 확장은 그 토대를 이루는 신체적/물리적 경험에 의해 강력하게 제약된다. 이런 의미에서 우리의 모든 경험은 '신체화되어' 있다. 이 구분은 체험주의 기호 이론에서 물리적 경험과 기호적 경험의 구분에 대응한다.

영상도식(image schema)과 **은유적 사상**(metaphorical mapping)

영상도식은 존슨(M. Johnson)의 용어다. 영상도식은 비명제적이며 선개념적인 인식의 패턴들이다. 영상도식은 신체적 활동을 통해 직접 발생하는 소수의 패턴들이며, 구체적인 대상이나 추상적 대상에 은유적으로 사상되어, 대상 식별을 위한 패턴으로 작용한다. 예를 들어 「그릇」(Container) 도식은 안과 경계, 밖이라는 요소로 구성된다. 우리는 「그릇」 도식을 물리적 대상은 물론 추상적 대상에 사상함으로서 그것들을 안과 경계, 그리고 밖이 있는 대상으로 구조화할 수 있다. 방, 건물, 그릇, 꿈 등 본유적으로 안과 밖이 없는 대상들에 「그릇」 도식을 사상함으로써 '방 안' '건물 밖' '기억 속으로' '꿈속에서' 등과 같은 표현과 이해가 가능해진다.

원천영역(source domain)과 **표적영역**(target domain)

체험주의 은유 이론에서 사용되는 핵심적 개념이다. 은유는 '은유적 사상',
즉 원천영역의 경험내용의 일부를 표적영역에 사상하는 방식으로 이루어진
다. 은유적 사상이 이루어지면 표적영역은 사상된 원천영역의 경험내용의
'관점에서' 이해되고 경험된다. 이런 관점에서 레이코프는 은유를 "개념체
계 안의 영역 간 사상"이라고 정의한다.

원형적 유폐(proto-incarceration)와 **기호적 유폐**(symbolic incarcera-
tion)

모든 유기체적 존재는 각자의 경험 안에 갇혀 있다. 유기체의 경험내용은
타자와 공유되지 않는다는 점에서 고립적이며, 경험의 이러한 특성을 '유
폐성'이라고 부른다. 이것이 원형적 유폐다. 유폐성을 벗어나려는 모든 활
동은 제3의 매개체, 즉 기표를 사용하는 방식으로 이루어지며, 따라서 기호
적 경험의 본성을 '탈유폐성'으로 특징지을 수 있다.

   기호적 유폐는 탈유폐적 활동(기호적 활동)을 통해서 형성되는 추상적
개념을 통해 이루어지는 '이차 유폐'를 말한다. 예를 들면 초월적 존재를
구성하고 그 초월적 존재에 의존해 스스로의 삶을 유폐시키는 것을 기호적
유폐라고 부른다. 기호적 유폐는 개인에게서도 가능하지만 대부분 종교적/
철학적 이론화를 통해 집단적으로 이루어진다. 예를 들어 '꼭짓점 이
론'(apex theory)이라고 불리는 닫힌 이론들은 모든 것을 '최고선'이라는
꼭짓점으로 수렴하는데, 그 꼭짓점은 기호적으로만 구성될 수 있다. 우리는
모두 그 구도 안에 다시 갇히게 되는데, 그것이 바로 기호적 유폐다. 기호적
유폐는 종교적, 정치적, 사회적 영역 등에서 다양한 형태로 나타난다. 기호
적 경험의 본성이 유폐적이라는 사실을 상기하면 기호적 경험을 통해 또다
시 또 다른 기호적 유폐에 빠져드는 현상은 역설적이라 할 수 있다.

유폐(incarceration)와 탈유폐(ex-carceration)

몸을 가진 모든 유기체의 경험내용은 다른 존재와 직접적으로 공유되거나 접속되지 않는다는 점에서 유폐적이다. 다양한 의사소통을 통해 경험을 공유하려고 시도하지만 유폐성은 완화되거나 수정되지 않는 유기체의 원초적 조건이다.

경험의 이러한 유폐적 본성을 벗어나려는 시도, 즉 탈유폐의 시도는 제3의 매개체를 통해서 이루어진다. 기호 산출자는 이 제3의 매개체에 자신의 경험내용의 일부를 사상하며, (기호 산출자를 포함한) 기호 해석자는 이 매개체에 자신의 경험내용의 일부를 사상하는 방식으로 이 매개체를 해석한다. 이처럼 기호적 해석의 대상이 되는 것이 바로 '기표'다. 이러한 기호화의 과정이 바로 탈유폐의 과정이다.

유폐적 기표(incarcerated signifier)와 탈유폐적 기표(ex-carcerating signifier)

탈유폐적 활동 능력이 없는 물리적 대상은 물리적 경험의 대상이 될 수도 있으며, 기호적 경험의 대상이 될 수도 있다. 그러나 물리적 대상은 스스로 기호 산출자가 될 수 없기 때문에 기호적 경험 층위에서는 단순한 '기표'가 될 수밖에 없다. 이처럼 비생명체는 스스로 탈유폐적 활동을 하지 않는다는 의미에서 유폐적 기표라고 할 수 있다.

탈유폐적 기표는 유폐적 기표와 대비되는 개념이다. 모든 생명체는 물리적 대상인 동시에 탈유폐적 기호 활동 능력을 갖는다. 생명체는 탈유폐적 활동을 통해 스스로를 기표화함으로써 탈유폐적 기표가 된다.

은유(metaphor)

레이코프와 존슨은 은유가 단순히 언어적 기술의 문제가 아니라 우리의 사고와 행위를 규정하는 핵심적 인지 기제라고 주장한다. 이들의 은유 이론을 흔히 '개념적 은유 이론'이라고 부른다. 레이코프는 은유를 '개념체계 안의 영역 간 사상'(cross-domain mapping in a conceptual system)이라고 정의한다. 존슨은 이 '은유적 사상'이 신체적/물리적 층위의 경험을 정신적/추상적 층위로 확장해 주는 핵심적 기제로 본다.

의사소통(communication)

자신의 경험 안에 유폐된 모든 유기체에게 타자와의 모든 의사소통은 본성상 기호적일 수밖에 없다. 즉 우리는 서로의 경험내용에 직접 접속할 수 없으며, 따라서 이 경험내용의 전달은 제3의 물리적 매개체를 통해서 이루어질 수밖에 없다. 이때 이 매개체가 기호적 해석의 대상인 '기표'가 된다. 이런 의미에서 의사소통은 경험의 유폐성을 벗어나려는 탈유폐적 기호화의 과정(ex-carcerating process of symbolization)이라고 말할 수 있다.

참고문헌

김운찬.『현대기호학과 문화 분석』. 서울: 열린책들, 2005.

노양진.『상대주의의 두 얼굴』. 파주: 서광사, 2007.

_____.『몸·언어·철학』. 파주: 서광사, 2009.

_____.『몸이 철학을 말하다: 인지적 전환과 체험주의의 물음』. 파주: 서광사, 2013.

_____.「의사소통의 기호적 구조」.『범한철학』제75집 (2014 겨울): 345-68.

_____.『철학적 사유의 갈래: 초월과 해체를 넘어서』. 파주: 서광사, 2018.

단토, 아서.『예술의 종말 이후』. 김광우·이성훈 역. 서울: 미술문화, 2004.

_____.『일상적인 것의 변용』. 김혜련 역. 서울: 한길사, 2008.

도렌, 찰스 밴.『지식의 역사』. 박중서 역. 서울: 갈라파고스, 2010.

듀이, 존.『철학의 재구성』. 이유선 역. 서울: 아카넷, 2010.

레이코프, G.·M. 존슨.『삶으로서의 은유』. 수정판. 노양진·나익주 역. 서울: 박이정, 2006.

_____.『몸의 철학: 신체화된 마음의 서구 사상에 대한 도전』. 임지룡 외 역. 서울: 박이정, 2002.

바르트, 롤랑.『텍스트의 즐거움』. 김희영 역. 서울: 동문선, 1997.

번스타인, 리처드.『객관주의와 상대주의를 넘어서: 과학과 해석학 그리고 실
    천』. 정창호 외 역. 서울: 보광재, 1996.

비트겐슈타인, 루트비히.『철학적 탐구』. 이영철 역. 서울: 책세상, 2006.

에코, 움베르토.『기호: 개념과 역사』. 김광현 역. 서울: 열린책들, 2000.

_____.『일반 기호학 이론』. 김운찬 역. 서울: 열린책들, 2009.

정대현.「체험주의의 언어와 의미」.『철학』, 제139집 (2019 봄): 267-73.

존슨, 마크.『마음 속의 몸: 의미, 상상력, 이성의 신체적 근거』. 노양진 역. 서
    울: 철학과현실사, 2000.

_____.『인간의 도덕: 윤리학과 인지과학』. 노양진 역. 파주: 서광사, 2017.

카시러, 에른스트.『인간이란 무엇인가?』. 최명관 역. 개정판. 서울: 창, 2008.

트라반트, 유르겐.『기호학의 전통과 경향』. 안정오 역. 서울: 인간사랑, 2001.

퍼트남, 힐러리.『이성·진리·역사』. 김효명 역. 서울: 민음사, 2002.

포코니에, 질.·마크 터너.『우리는 어떻게 생각하는가?: 개념적 혼성과 상상력
    의 수수께끼』. 김동환·최영호 역. 고양: 지호, 2009.

Davidson, Donald. "On the Very Idea of a Conceptual Scheme." In his *In-
    quiries into Truth and Interpretation*. Oxford: Clarendon Press, 1984.

Deledalle, Gérard. *Charles S. Peirce's Philosophy of Signs*. Bloomington,
    Ind.: Indiana University Press, 2001.

Derrida, Jacques. *Margins of Philosophy*. Trans. Alan Bass. Chicago: Uni-
    versity of Chicago Press, 1982.

Dewey, John. *Logic: The Theory of Inquiry: The Later Works 1925-1953*.
    Vol. 12. Ed. Jo Ann Boydston. Carbondale, Ill.: Southern Illinois
    University, 1986.

Dissanayake, Ellen. *Homo Aestheticus: Where Art Comes From and Why*.

Seattle, Wash.: University of Washington Press, 1995.

Gadamer, Hans-Georg. *Truth and Method*. Trans. William Glen-Doepel. 2nd ed. London: Sheed and Ward, 1979.

Gibson, James. *The Ecological Approach to Visual Perception*. New York: Psychology Press, 1986.

Goodman, Nelson. *Ways of Worldmaking*. Indianapolis, Ind.: Hackett, 1978.

Grady, Joseph. "Foundations of Meaning Primary Metaphors and Primary Senses." Doctoral Dissertation. Department of Linguistics, University of California at Berkeley (1977).

Johnson, Mark. "The Body and Philosophy." International Conference in Celebration of the 29th Anniversary of the UN International Day of Peace, Kyunghee University, Seoul (November 3-5, 2010).

Kandel, Eric. *In Search of Memory: The Emergence of a New Science of Mind*. New York: W. W. Norton & Company, 2006.

Koepsell, David and Laurence Moss, eds. *John Searle's Ideas about Social Reality: Extensions, Criticisms and Reconstruction*. Oxford: Blackwell, 2003.

Lakoff, George. *Women, Fire, and Dangerous Things: What Categories Reveal about the Mind*. Chicago: University of Chicago Press, 1987.

_____. "The Contemporary Theory of Metaphor." In Andrew Ortony, ed. *Metaphor and Thought*. 2nd ed. Cambridge: Cambridge University Press, 1993.

Liszka, James Jacób. *A General Introduction to the Semeiotic of Charles Sanders Peirce*. Bloomington, Ind.: Indiana University Press, 1996.

Merleau-Ponty, Maurice. "Indirect Language and the Voices of Silence." In his *Signs*. Trans. Richard McCleary. Evanston, Ill.: Northwestern University Press, 1964.

Mounce, H. O. *The Two Pragmatisms: From Peirce to Rorty*. London: Routledge, 1997.

Peirce, Charles Sanders. *C. S. Peirce's Letters to Lady Welby*. Ed. Irwin Lieb. New Haven, Conn.: Whitlock, 1953.

_____. *Collected Papers of Charles Sanders Peirce*. Vols. 1-4. Eds. Charles Hartshorne and Paul Weiss. Cambridge, Mass.: Harvard University Press, 1960.

_____. *Collected Papers of Charles Sanders Peirce*. Vols. 5-6. Eds. Charles Hartshorne and Paul Weiss. Cambridge, Mass.: Harvard University Press, 1965.

_____. *Collected Papers of Charles Sanders Peirce*. Vols. 7-8. Ed. Arthur Burks. Cambridge, Mass.: Harvard University Press, 1980.

_____. *Semiotic and Significs: The Correspondence between Charles S. Peirce and Victoria Lay Welby*. Ed. Charles S. Hardwick. Bloomington, Ind.: Indiana University Press, 1977.

_____. *The Essential Peirce: Selected Philosophical Writings*. Ed. Peirce Edition Project. Bloomington, Ind.: Indiana University Press, 1998.

Reddy, Michael. "Conduit Metaphor: A Case of Frame Conflict in Our Language about Language." In Andrew Ortony, ed. *Metaphor and Thought*. 2nd ed. Cambridge: Cambridge University Press, 1993.

Searle, John. *Intentionality*. Cambridge: Cambridge University Press, 1983.

_____. *The Rediscovery of the Mind*. Cambridge, Mass.: MIT Press, 1992.

_____. *The Construction of Social Reality*. New York: Free Press, 1995.

_____. *Rationality in Action*. Cambridge, Mass.: MIT Press, 2001.

_____. *Making the Social World: The Structure of Human Civilization*. New York: Oxford University Press, 2010.

Short, T. L. *Peirce's Theory of Signs*. Cambridge: Cambridge University Press, 2009.

Smith, Barry. "John Searle: From Speech Acts to Social Reality." In Barry Smith, ed. *John Searle*. Cambridge: Cambridge University Press, 2003.

Smith, Barry and John Searle. "The Construction of Social Reality." In David Koepsell and Laurence Moss, eds. *John Searle's Ideas about Social Reality: Extensions, Criticisms and Reconstruction*. Oxford: Blackwell, 2003.

Wittgenstein, Ludwig. *Culture and Value*. Trans. Peter Winch. Chicago: University of Chicago Press, 1980.

찾아보기

|ㄱ|

가다머(Gadamer, Hans-Georg) 140

가족 유사성(family resemblances) 132

감각자료(sense-data) 41

개념체계(conceptual system) 6, 20, 80, 111

개념혼성(conceptual blending) 30-31, 61, 76, 152

개방성(openness) 26-27, 81

객관주의(objectivism) 27, 46, 54, 71-72, 76, 96, 101, 154

경험내용(experiential content) 9-10, 19, 21, 24-33, 37-38, 40, 42, 44-46, 49-52, 58, 61-62, 64-67, 69-70, 73, 79-81, 85-88, 92, 98, 100-102, 107-109, 111-16, 118-20, 128-31, 144-46, 148, 150-51, 153, 161, 169, 172, 180-83, 185, 205-206, 213, 218-21, 224, 226, 229

경험적으로 책임 있는(empirically responsible) 23, 49, 96

경험주의(empiricism) 40-41, 51

공공성(commonality) 27, 31, 51, 53, 89, 92-94, 97, 117, 120, 141-43, 194, 202

공약 불가능성(incommensurability) 127, 132

과도한 해석주의(hyper-interpretationalism) 81, 97

관념(idea) 40, 104-106, 139, 171, 173, 175-78

관여(methexis) 159

구성 규칙(construction rule) 89

구성주의(constructivism) 127, 131-32, 138, 143

구조주의(structuralism) 8, 18, 34, 59, 129, 167-68, 171-72

굿맨(Goodman, Nelson) 126-27

규약(convention) 50-51, 68, 90,
    103-104, 109, 117-18, 190,
    194-95, 202, 206-208, 225
기초사실(basic facts) 49
기표(signifier) 7, 9-10, 18-19, 24-
    26, 28-33, 38, 43-45, 50-51,
    57-58, 60-70, 73-76, 78-82, 87-
    89, 91-92, 95, 97-98, 101, 103,
    107-109, 112-16, 118-19, 122,
    129-32, 136-40, 145-46, 148-
    51, 161-62, 167, 172-73, 175,
    180-83, 189, 205, 207, 213,
    220-21, 227-29
    대리~ 29
    비신체~ 24, 62-64, 150
    신체~ 24, 62-63, 67, 150
    인공~ 24, 50, 63-64, 78, 80,
        87, 150-51
    자연~ 24, 150
기호(sign)
    ~ 사용자(sign-user) 65, 76, 79,
        116, 118, 178
    ~ 산출자(sign-maker) 19, 24,
        28, 32, 59, 61, 63-64, 67,
        69, 71, 74, 85, 87, 92, 98,
        101, 107-108, 111, 114-15,
        117-19, 129, 146, 149-51,
        167-68, 172, 178-79, 182-
        84, 186, 224, 229
    ~ 해석자(sign-taker) 67, 69,
        108, 115, 118, 178, 182,

    184
기호계(symbolic world) 147
기호의 역전(symbolic inversion)
    147-48, 152, 159, 165
기호의 전이(metastasis of signs) 57-
    59, 62-64, 67, 70-71, 74-76,
    116, 150, 227-29
기호의 주인(master of signs) 9-10,
    18-19, 62, 74, 107-108, 146,
    165, 172
기호적 경험(symbolic experience)
    6-9, 17-20, 23, 25-26, 32-34,
    37-38, 42, 44-45, 53-55, 57-63,
    65-82, 85-91, 95-97, 100, 108-
    112, 117, 119-20, 122, 128-29,
    131, 137, 143-49, 151-53, 158,
    160, 162, 164-65, 169, 172-73,
    179-80, 182-85, 188-90, 200-
    201, 204-209, 218, 221, 225-
    26, 230
기호적 불안(symbolic anxiety) 54,
    72, 153
기호적 사상(symbolic mapping) 7,
    9-10, 18-19, 23-34, 45, 51, 53-
    54, 58-61, 63-64, 67-69, 73,
    76, 78-80, 82, 85-88, 96, 100-
    101, 107-112, 114-20, 128-31,
    136-40, 145-46, 148-49, 151-
    53, 163, 179-82, 184-86, 190,
    204-207, 209, 213, 220-21,
    225-26, 229

기호적 어포던스(symbolic affordances) 25, 78, 82, 87, 89, 91, 95-98

기호적 유폐(symbolic incarceration) 54-55, 162

기호적 의미(symbolic meaning) 9, 17, 19, 27, 30-31, 33, 51, 57-64, 66, 68, 70-71, 73, 76, 79, 82, 89, 91, 105, 109-110, 112, 119, 129, 149, 168, 171, 181, 184-86, 202, 207, 210

기호적 조형(symbolic figuration) 24, 78, 87, 97, 136, 138

기호적 존재론(symbolic ontology) 147, 152-65

기호학(semiotics/semiology) 5, 7-8, 10, 17-18, 20, 27, 34-35, 45, 57, 59-60, 72-73, 80, 100, 102, 106, 109, 119, 129, 146, 167-73, 175, 178, 180, 184-86, 189, 207

깁슨(Gibson, James) 78-79, 82-85, 96

꼭짓점 이론(apex theory) 54-55, 162-63

|ㄴ|

논리실증주의(logical positivism) 41

|ㄷ|

다차사상(multiple mapping) 19, 30, 146, 161

단토(Danto, Arthur) 81-82, 121-28, 131-32, 134-35, 138, 142-43

대상체(object) 99-100, 104-107, 110, 114, 129, 161, 171, 173, 175-78, 182, 185

대응(correspondence) 31, 130, 203-204, 212, 215-16, 221, 225-26

데리다(Derrida, Jacques) 130

데이빗슨(Davidson, Donald) 126

데카르트(Descartes, René) 23, 54, 72, 153

「도관」 은유(Conduit metaphor) 46

도렌(Doren, Charles Van) 154-55

도상기호(icon) 91, 99, 101-103, 107, 114, 120, 161

도식(schema) ☞ '영상도식'

동파문자(東巴文字) 51

뒤르켐(Durkheim, Emile) 188

뒤샹(Duchamp, Marcel) 82, 125

듀이(Dewey, John) 33, 52, 54, 148, 164

들뢰즈(Deleuze, Gilles) 8, 34, 59

디사나야케(Dissanayake, Ellen) 134

|ㄹ|

레디(Reddy, Michael) 46

레이코프(Lakoff, George) 6, 20, 23, 42, 49, 58, 60, 80, 95, 110-11, 128, 148-49, 180, 205, 219

로쉬(Rosch, Eleanor) 132

|ㅁ|
마술적 지칭 이론(magical theory of
　reference) 32
메를로 퐁티(Merleau-Ponty, Mau-
　rice) 137
모아이(Moai) 91-92, 107-108, 150
몸(body) 6, 9, 19, 21, 23-24, 26,
　33, 38-39, 41-42, 47-48, 50,
　52, 63, 67, 79-80, 82, 85, 93-
　94, 97, 111, 117, 122, 128-29,
　135-36, 138, 141, 143-44, 159-
　60, 166, 179, 204, 209
물리계(physical world) 28-31, 75,
　94, 113, 146-47, 149, 151-52,
　154, 156, 158, 160-61, 165,
　181, 197, 214, 220
물리주의(physicalism) 33

|ㅂ|
바르트(Barthes, Rolan) 59, 138-40
반실재론(antirealism) 126-27, 203
버전(version) 126-27
범주화(categorization) 122, 132-33
베버(Weber, Max) 187
변이(variation) 27, 31, 85, 92, 95,
　116, 118, 120, 131, 140
변형(transfiguration) 57-58, 63, 65-
　66, 70-72, 76-78, 80-81, 87-88,
　123-24, 130-31, 136-37, 140,

150, 152, 228
부분성(partiality) 25-26, 59, 67, 76,
　130, 163
비대응 Y항(free-standing Y terms)
　211-13, 215, 217, 223, 226-30
비실재론(irrealism) 127
비트겐슈타인(Wittgenstein, Ludwig)
　55, 74, 132, 135, 157

|ㅅ|
사고기호(thought signs) 59, 168,
　170, 185
사상(mapping) ☞ '기호적 사상'
사역자(server) 146-47, 151-52, 165
사회의 철학(philosophy of society)
　188
사회적 실재(social reality) 65, 69,
　89-90, 187-91, 193-95, 197-99,
　201-205, 207-218, 221-26, 228-
　30
상대주의(relativism) 26-27, 82, 132
상상력(imagination) 21-22, 43, 97
상상적 구조(imaginative structure)
　21
상징/상징기호(symbol) 8, 10, 18,
　25, 30, 34, 91-92, 99-109, 112-
　20, 146, 151, 161, 181, 189,
　195
상호작용(interaction) 21, 24, 28-
　30, 33, 39, 42, 50, 52, 80-81,
　84-85, 93-94, 111, 113, 151,

166, 172-73, 181-82, 204, 220
생략된 현전(elliptical presence) 130
선언(declaration) 223, 225
설(Searle, John) 64, 66, 68, 89-90,
   141, 187-219, 221-30
성장(growth) 56, 148, 160, 164
세계 만들기(worldmaking) 127, 223
소쉬르(de Saussure, Ferdinand) 8,
   34, 59, 129, 167-68, 170, 172,
   176
쇼트(Short, T. L.) 102, 106, 178-79
수화(sign language) 24, 51
스미스(Smith, Barry) 208, 212-13,
   215-17, 221-24, 226, 228-30
실용주의(pragmatism) 7, 52, 167

|ㅇ|

아스테카(Aztec) 64, 70, 154-55
어포던스(affordances) 25, 77-79,
   82-85, 89, 91, 95-98
언어(language)
   ~게임(language game) 32
에코(Eco, Umberto) 5, 8, 34, 129,
   174-75
연기된 현전(deferred presence) 130
영상도식(image schema) 21-22, 93-
   94, 148
예술(art) 24, 78, 80-82, 87-89, 97,
   111, 121-26, 128, 131, 133-39,
   142-44, 147, 150, 218
예술계(artworld) 82, 123-24, 143

예술의 종말(end of art) 81, 124-26,
   143
예술의 해방(liberation of art) 135
운주사(運舟寺) 60, 150-51
워홀(Warhol, Andy) 125, 135
원천영역(source domain) 21, 26,
   58, 69, 110, 148, 161, 180, 209,
   219, 226
원초적 사실(brute fact) 190-93,
   197, 199, 203, 216
위상기능(status function) 64-65,
   69, 71, 90, 188, 197, 199, 200,
   212-16, 218, 223-25, 228
유폐성(incarceratedness) 8-9, 37-
   39, 42-50, 55, 67-68, 89, 101,
   162, 164, 183
은유적 사상(metaphorical mapping)
   ☞ '기호적 사상'
의무력(deontic power) 68, 90, 189-
   90, 193, 201, 206, 211, 227
의미 만들기(meaning making) 123,
   142
의미지반(meaning base) 140
의사소통(communication) 9, 45-53,
   67-68, 138, 141, 176-77, 183
의식(ritual) 64, 70-71, 112, 117,
   160, 176
이론의 크기(size of theory) 132, 135
이성(reason) 21
이스터섬(Easter Island) 91, 107,
   150

이차사상(secondary mapping) 10,
　19, 30, 62, 73, 92, 101-102,
　111-13, 115-16, 118, 146, 161
인상(impression) 40
인식론(epistemology) 46, 52-54,
　72, 153, 158, 170, 192
인지과학(cognitive science) 6, 41-
　42, 48-49, 76, 110, 128
인지적(cognitive) 5-7, 9-10, 19, 23,
　32, 39, 46, 68-69, 72, 86-87,
　97, 100-101, 109, 114, 117,
　119, 130, 143, 145-46, 148,
　151, 185, 220, 229
일상적인 것(the commonplace) 121,
　123-24, 142

|ㅈ|
자연적 실재(natural reality) 187,
　190, 194, 203, 211, 221-22
자족성(aseity) 38
저자의 죽음(death of author) 138,
　140
정대현 47-48
정신적 자살(mental suicide) 26, 126
정신주의(spiritualism) 6
제도적 사실(institutional fact) 190-
　203, 206-207, 209, 216-17, 222
제약(constraint) 22, 26-27, 42, 59-
　60, 62, 65, 68-69, 73, 75, 79-
　80, 82, 84, 87, 91-92, 94-98,
　100, 110, 115, 117, 122, 126-

27, 132, 143, 149, 153, 158,
　177, 210, 219
존슨(Johnson, Mark) 6-7, 20-23,
　42, 46, 49, 57-58, 60, 84, 93-
　94, 110-11, 128, 148-49, 180,
　205, 219-20
종적 공공성(specific commonality)
　93
종적 신뢰(specific commitment) 123
중관불교(中觀佛敎) 11
중층성(multilayeredness) 27, 109,
　112, 138
지표기호(index) 91, 99, 101-103,
　107, 114, 118, 120, 161
지향성(intentionality) 188, 195, 197,
　211-12, 214, 218, 222
짐멜(Simmel, Georg) 188

|ㅊ|
천국의 문(Heaven's Gate) 155-56
체험주의(experientialism) 6-12, 17-
　18, 20, 29, 31, 33-34, 38, 46-
　47, 53, 55, 57-58, 60, 75, 78-
　80, 82, 85-86, 92, 95-96, 100-
　102, 108-11, 114-15, 118-20,
　122, 128-30, 136, 141, 143-46,
　148-51, 153, 169, 179-81, 184,
　186, 188-90, 204, 208-209,
　213, 218-19, 221-22, 224-30
초월의 역설(paradox of the tran-
　scendent) 55

추상적 개념(abstract concepts) 22,
28-29, 32, 103, 107-108, 110,
112-13, 181, 226, 229

|ㅋ|
카시러(Cassirer, Ernst) 8, 18, 34,
146, 189

|ㅌ|
탈유폐(excarceration) 8-9, 37-38,
44-45, 55, 67-68, 162, 164, 183
터너(Turner, Mark) 31, 61, 152
통용의미(current meaning) 141
트라반트(Trabant, Jürgen) 175

|ㅍ|
퍼스(Peirce, Charles Sanders) 8,
10, 34, 59-60, 72-73, 91-92,
99-111, 114-15, 118-20, 129,
146, 161, 167-80, 182, 184-86,
189
퍼트남(Putnam, Hilary) 26, 32, 126
포코니에(Fauconnier, Gilles) 31,
61, 152

표상체(representamen) 100, 103-
104, 106, 108, 110, 129, 171,
173, 175-78, 182, 185
표적영역(target domain) 21, 26, 29,
58, 62, 110-11, 148, 180, 209,
219
플라톤(Plato) 23, 54, 147, 158-59

|ㅎ|
해석체(interpretant) 100, 104-106,
108, 114, 118, 129, 161, 168,-
69, 171, 173-80, 182, 184-86
해석학(hermeneutics) 126, 140
허무주의(nihilism) 26-27, 53, 127,
132, 134, 142, 144
헤겔(Hegel, G. W. F.) 125
협력(cooperation) 46, 52
화용론(pragmatics) 8, 18, 34, 129,
168, 179
화행 이론(speech act theory) 188
확실성(certainty) 40, 46, 51-54, 72,
153
환원주의(reductionism) 33